古典文獻研究輯刊

十七編

潘美月・杜潔祥 主編

第3冊

仇兆鰲年譜點校、注釋及整理研究

吳淑玲　韓成武　饒國慶　著

國家圖書館出版品預行編目資料

仇兆鰲年譜點校、注釋及整理研究／吳淑玲　韓成武　饒國慶
著 — 初版 — 新北市：花木蘭文化出版社，2013〔民 102〕
目 2+196 面；19×26 公分
（古典文獻研究輯刊 十七編；第 3 冊）
ISBN：978-986-322-428-0（精裝）
1.（清）仇兆鰲　2. 年譜
011.08　　　　　　　　　　　　　　　　102014844

古典文獻研究輯刊
十七編　第三冊　　　　　　　ISBN：978-986-322-428-0

仇兆鰲年譜點校、注釋及整理研究

作　　者　吳淑玲　韓成武　饒國慶
主　　編　潘美月　杜潔祥
總 編 輯　杜潔祥
企劃出版　北京大學文化資源研究中心
出　　版　花木蘭文化出版社
發 行 所　花木蘭文化出版社
發 行 人　高小娟
聯絡地址　235 新北市中和區中安街七二號十三樓
　　　　　電話：02-2923-1455／傳真：02-2923-1452
網　　址　http://www.huamulan.tw 信箱 sut81518@gmail.com
印　　刷　普羅文化出版廣告事業
初　　版　2013 年 9 月
定　　價　十七編 20 冊（精裝）新台幣 31,000 元

仇兆鰲年譜點校、注釋及整理研究

吳淑玲　韓成武　饒國慶　著

作者簡介

　　吳淑玲教授，古代文學博士，其博士學位論文是《仇兆鰲及其〈杜詩詳注〉研究》，已出版《〈杜詩詳注〉研究》、《古代小說家的主體意識》、《古代文學家的藝術特質》等學術著作3部，承擔國家社科項目2項，在《文學遺產》、《光明日報》等刊物發表學術論文50餘篇。

　　韓成武教授，原河北大學古代文學博士生導師，現任鄭州成功財經學院杜甫研究所所長。中國杜甫研究會副會長，出版杜甫系列研究專著5部；同時，在古籍整理方面有多年的從事經驗，曾主持點校《唐詩鼓吹評注》、點校《杜律啟蒙》、點校《杜工部詩集輯注》，均已出版，並受到學界好評。發表學術論文百餘篇。

　　饒國慶，天一閣博物館典藏部主任，副研究館員，撰有《天一閣珍藏系列‧印章》、《天一閣國家珍貴古籍名錄》、《伏跗室藏書目錄》等書籍。主要從事天一閣及中國藏書文化研究。

提　　要

　　《滄柱公年譜》(《尚友堂年譜》)是清代學者仇兆鰲的自訂年譜。
　　仇兆鰲（1638～1717），浙江省鄞縣人，康熙二十四年（1865）進士，歷任翰林院庶吉士、翰林院編修、左春坊左贊善兼翰林院檢討、侍講學士、內閣學士兼禮部侍郎、吏部右侍郎兼翰林院學士等職。清代著名學者黃宗羲的十八高弟之一，清代集大成的杜詩學著作《杜詩詳注》的作者。其自訂年譜海內稀見，現知國內僅存兩部。一部藏於北京中華書局圖書館，名為《尚友堂年譜》，已經封存，筆者因年譜點校之需要，有幸閱讀。一部藏於浙江寧波天一閣博物館，名為《滄柱公年譜》，為咸豐年間抄本，本次點校，得天一閣博物館幫助，得以抄錄並複印數頁。此次整理仇兆鰲年譜所用底本，乃筆者所見天一閣藏咸豐年間抄本，為馮貞群跗伏室藏書。
　　《滄柱公年譜》(《尚友堂年譜》)是清代著名學者、浙東學派的中堅人物仇兆鰲的自訂年譜，該年譜為仇兆鰲親自寫定，記錄其出身、家事、履歷、交往、治學思想及時代背景十分詳盡。一直是海內外杜詩學者十分關注並渴望一見的著作。這與仇兆鰲在清代的學術地位直接相關。仇兆鰲的《杜詩詳注》是研究杜甫詩歌的集大成著作，是杜詩學界同仁的必備書籍，另外，他在清代經學、史學、道學領域也具有重要的影響。其年譜對於認識其生平、思想十分重要，對於認識仇氏《杜詩詳注》的注杜指導思想、學術皈依、研究方法等，對於認識其經學、史學、道學的學術歷程，都具有至關重要的意義。本書稿是首次對《滄柱公年譜》(《尚友堂年譜》)抄本進行的點校和研究，以現存於寧波市天一閣博物館的抄本作為底本，以現存於中華書局圖書館的《尚友堂年譜》抄本為參校本。國內尚無人做相關工作。其特點在於首創性，注釋的詳盡性，集點校、注釋、研究於一體的綜合性。

目

次

前　言

　　仇兆鰲（1638～1717），清代著名學者，康熙二十四年（1865）進士，歷任翰林院庶吉士、翰林院編修、左春坊左贊善兼翰林院檢討、侍講學士、內閣學士兼禮部侍郎、吏部右侍郎兼翰林院學士等職。清代注釋杜詩的集大成著作《杜詩詳注》的作者。

　　仇兆鰲自訂年譜，現知國內僅存兩部。一部藏於北京中華書局圖書館，名爲《尚友堂年譜》，已經封存。一部藏於浙江寧波天一閣博物館，名爲《滄柱公年譜》，爲咸豐年間抄本。筆者所見乃天一閣所藏咸豐年間抄本，爲馮貞群跗伏室藏書。此譜抄自何處，前後均無相關信息。由於中華書局圖書館藏本已經封存（筆者曾有幸一見），天一閣藏本則爲世人目前僅能見到的仇兆鰲年譜，因此顯得彌足珍貴。現將天一閣藏本仇兆鰲自訂年譜的特徵簡要介紹如下。

　　天一閣所藏《滄柱公年譜》爲咸豐年間抄本，裝一冊，雙層宣紙，一面12行，行23～24字不等。首頁有跗伏室藏書章。無頁碼標識。正文共47面。前44面爲仇兆鰲自訂，後3面爲其子仇廷桂、仇廷模所續。首頁頁眉標明此本爲《尚友堂年譜》，說明是抄自《尚友堂年譜》，爲同一抄本系統。正文第一行有四字缺損，但能確認爲何字。抄寫中丟掉之字在上下兩字間右側用小字補出。抄錯字用斜線輕輕劃去，在字下或字旁用小字補出。總字數大約 1萬 2 千多，比中華書局所藏略少。內文抄寫中的處理方式與中華書局所藏本基本相同，亦是「每抄至『聖主』、『皇帝』、『王師』、『今上』、『聖駕』等，必頂格另起，以示尊敬。逢年提行另起，上寫年號年月及農曆甲子，下寫本人年庚。正文擇要記敘。簡約不繁。」「聖主」、「皇帝」、「王師」、「今上」、「聖

駕」等頂格另起，這是清抄本的共同特徵。內文內容從仇兆鰲出生開始，以一年爲分段標記，一年之內認爲該記之事，均列於此年條目之下。

《滄柱公年譜》爲咸豐抄本，較中華書局藏抄本晚出百餘年，價值很高。

（一）所抄資料可信度很高

比較《滄柱公年譜》與《尚友堂年譜》的文字，可以肯定，《滄柱公年譜》來源於《尚友堂年譜》。天一閣本《滄柱公年譜》是封面題名，二封即是《尚友堂年譜》，可見二者爲同一抄本系統。《滄柱公年譜》留存文字與中華書局藏本《滄柱公年譜》文字的基本一致性說明，《滄柱公年譜》內容雖然略有缺失，但其文字基本完整，校對水平極高，凡所留存，基本可信。

（二）目前所能見到的最詳細的仇兆鰲生平資料

仇兆鰲爲康熙二十四年春進士，同年五月，欽點翰林院庶吉士，散館授編修。四十四年乙酉（1705）七月，升左春坊左贊善兼翰林院檢討。擔任過翰林院侍講、侍讀、侍講學士，充任過皇太子講官，武殿考試彌封官，做過侍讀學士。康熙四十七年戊子（1708）十二月二十日升內閣學士兼禮部侍郎，後轉吏部右侍郎兼翰林院學士。清代集大成的杜詩注解著作《杜詩詳注》的作者。但是，《清史稿》、《清史列傳》、《清代七百名人傳》等清史系列史學著作中不見其傳記，相關的理學著作、浙東學派學人著作、方志著作中只有零零星星的資料，如果沒有自著年譜，根本無法梳理其生平，交遊，著述等情況。在《尚友堂年譜》封存的情況下，我們仍可以根據《滄柱公年譜》進行很多工作，比如，仇氏之仕履、交遊、著述等，這是值得慶幸的。

（三）校勘價值

中華書局所藏《尚友堂年譜》，方南生先生斷其爲乾隆年間的轉抄本。時間既久，紙亦變黃，文字亦有損傷。而咸豐抄本還非常清晰，基本無損，可以用爲補充。咸豐抄本在抄寫過程中對乾隆抄本中之明顯錯誤亦有糾正，如康熙三十八年條談及仇廷模入府庠學習事時，中華書局本是七個字：「文公張公希良」，而天一閣本是：「文宗張公希良」，很顯然，中華書局本的第一個「公」字是錯誤的，應爲「宗」，天一閣本的改正準確。除此，由於目前海內流傳之仇氏自著年譜僅此兩本，即使乾隆抄本沒有損傷，此本亦是唯一的對校材料，在一定程度上彌補了孤本無對校資料的缺憾。

仇兆鰲是清代杜詩學集大成著作《杜詩詳注》的作者，就目前而言，尚

無一部杜甫研究著作出乎其右。然而，由於《清史稿》、《清史列傳》、《清代七百名人傳》中均無其傳記，清代學術史著作亦很少提及，故而學界往往僅是就其學術著作進行研究，而不能從其思想、學術淵源等角度進行深入開掘。其自訂年譜海內稀見，記錄其出身、家事、履歷、交往、治學思想及時代背景十分詳盡，而能夠閱覽到自著年譜者很少，整理出來，於仇兆鰲研究和《杜詩詳注》研究都將有重要意義。本書第一作者吳淑玲在天一閣博物館饒國慶先生的幫助下，有幸親閱並抄錄年譜，並經饒國慶先生反覆核對原文，獲得了較爲完備的自著年譜資料，又在第二作者韓成武先生的幫助和指導下確立了古籍整理的研究目標，並申請到全國高校古委會的資助，在三人反覆溝通和協商中完成了目前的書稿。書稿第一部分爲點校、注釋，第二部分對仇兆鰲的經歷、思想、學術淵源、學術成就進行了詳盡研究，第三部分則彙集歷來學人有關仇兆鰲及其年譜的研究著作，旨在提供一份相對完備的《滄柱公年譜》及仇兆鰲研究的資料，以便學人參閱和進行更爲深入的拓展研究。拋磚引玉，希望不至學界同仁失望。

吳淑玲

點校凡例

1. 本書原文以寧波天一閣《滄柱公年譜》爲底本，參校中華書局《尚友堂年譜》本。

2. 兩本不同處，在校勘記中說明。校勘符號爲 [ ]。

3. 原文小字爲作者自注，今以括號括之。

4. 〔注釋〕符號爲（　）。

　　（　）爲中華書局與天一閣不同的字

　　[　] 爲天一閣本漏字

　　『　』爲中華書局所無字

　　〈　〉爲天一閣多餘字

上編 《滄柱公年譜》點校注釋

一、仇兆鰲自序

韶華易逝，衰老漸臻 (1)。念祖宗積德之醇 (2)，起家儒業；荷聖主作人之厚 (3)，備位卿班。雖志在希賢 (4)，而未能寡過；亦心存報國，而徒託空言。追往事以滋慚 (5)，敢云自序？因兒曹之固請，略紀平生。或假餘年，尚期耄學 (6)。章溪老叟滄柱父漫筆 (7)。

〔注釋〕
（1）臻：達到。
（2）醇：厚。
（3）荷：承受。
（4）希賢：仰慕賢者，願與之齊等。
（5）滋慚：滋生慚愧。
（6）耄：古人稱七十到九十歲爲耄。作此年譜時，作者已經接近八十。 耄學：年老碩學之士。
（7）章溪：仇兆鰲故居。滄柱：仇兆鰲的號。

二、《滄柱公年譜》正文

前戊寅歲十一月十六日生 (1)，時在東城章溪里故居，係曾祖曉湖公所搆 (2)。 幼年玩放 (3)，先君公路公怒形於色 (4)，祖妣陳太淑人嘗慰之云 (5)：「此兒氣格清奇，將來必不尋常，但善教之可耳。」六歲，出就外傅 (6)，從學駱寶叔先生 (7)。館在君子營後盧氏 (8)。

〔注釋〕

（1）前：前朝，這裏指明朝。戊寅：公元 1638 年。
（2）曉湖公：仇兆鰲尊稱其曾祖父。搆：建造。
（3）玩放：頑劣、放縱。
（4）公路公：仇兆鰲尊稱其父親。仇公路：名遵道，鄞縣宿儒，《鄞縣通志人物編》謂其「潛究理學，啓迪後俊，賢俊多出其門」，鄞縣縣志有其行迹。
（5）淑人：封建社會給士大夫妻子的一種封號。
（6）就：俯就。　外傅：古時有些學生的受業方式是在家中跟隨父母學習或請私塾先生來家坐館，有的是自己家族的學館，有的是依附在其他家族的學館學習。仇兆鰲是附在盧氏家族的學館學習。
（7）駱寶叔：仇兆鰲的啓蒙老師，事迹不詳。
（8）君子營：地名，在浙江鄞縣。

　　世祖章皇帝順治元年甲申 (1)，七歲。三月，避地望春橋徐宅 (2)，係嫡母徐太淑人外家也。

〔注釋〕

（1）章：這裏指顯赫的功業，是對大清開國君主順治帝的讚美，猶言「大」，含有尊崇的意思。順治元年甲申，即公元 1644 年。
（2）望春橋：地名，在浙江。

　　二年乙丑 (1)，八歲。避地頓嶴徐耿可家 (2)。時祖考慶元公已謝世 (3)，先君奉祖母陳太淑人，倥偬至山 (4)。徐氏眷戀保護，一如至親，迄今猶感其誼。

〔注釋〕

（1）二年乙丑：此處指公元 1645 年。
（2）頓嶴：浙江寧波府地名。　徐耿可：事迹不詳。
（3）祖考：對死去的祖父的稱謂。　慶元公：仇兆鰲祖父。
（4）倥偬：困苦貌。

　　三年丙戌 (1)，九歲，仍避頓嶴 (2)。秋日還家，從西鄰陸可前先生學 (3)。是歲，王師渡江，補開浙江鄉試 (4)。

〔注釋〕

（1）三年丙戌：此處指公元 1646 年。
（2）頓嶴：地名，在浙江寧波。

（3）陸可前：仇氏西鄰，事迹不詳。

（4）王師渡江：指多鐸帶領的清軍渡過長江南下作戰。王師，指清軍，仇兆鰲生於明末，是清初的入仕文人，所以用「王師」稱清王朝的軍隊。　　補開浙江鄉試：指 1646 年清軍南下以後爲籠絡漢人知識分子特意補開的浙江鄉試。

四年丁亥（1），十歲。從學陳元朗先生（2），館在學士橋陳氏（3）。

〔注釋〕

（1）四年丁亥：公元 1647 年。

（2）陳元朗：事迹不詳。

（3）學士橋：浙江鄞縣地名。

五年戊子（1），十一歲。從學彭賓王先生（2），館在四府前黃氏。

〔注釋〕

（1）五年戊子：公元 1648 年。

（2）彭賓王：事迹不詳。

先生命《后稷教民稼穡》題，作破題即得云：「並耕者非聖人，教耕者乃聖人也。」

六年乙丑（1），十二歲。仍從彭先生學。

〔注釋〕

（1）六年乙丑：此處指公元 1649 年。

七年庚寅（1），十三歲，從同居袁君履先生學（2），館在學士橋。先生仲弟王前先生亦博通古今（3），朝夕晤對（4），俾益良多。

〔注釋〕

（1）七年庚寅：此處指公元 1650 年。

（2）袁君履：袁履，事迹不詳。

（3）王前：袁履之弟袁王前，事迹不詳。

（4）朝夕晤對：早晚相見談論學問。

八年辛卯（1），十四歲。從王文客先生學（2），館在青龍橋孫氏（3）。多月，應童子試（4）。五更候考，先君憐之甚，令臥於膝。

〔注釋〕

（1）八年辛卯：此處指公元 1651 年。
（2）王文客：孫家所請坐館先生，事迹不詳。
（3）青龍橋：浙江鄞縣地名。
（4）童子試：科舉考試中的低級考試，考試合格後，即爲生員。與童子科不同。
　　童子科是國家爲十五歲以下兒童、少年準備的考試，考試合格者，國家可直
　　接授官或者出身。

　　九年壬辰 (1)，十五歲。仍就學孫氏，偕兄石濤先生肄業 (2)。同學
黃（菉園先生、淇侯卜先）、潘子與紳、徐子掄先、孫子與璜及本家二
子、魏公震毓 (3)。七月初三日，先妣徐太淑人逝世 (4)。先妣病染瘋證，
在床三載，常以先兄之疾爲憂，竭盡心力，醫藥不惜重費。

〔注釋〕

（1）九年壬辰：此處指公元 1652 年。
（2）偕：與……一同，與……一起。　　　石濤：仇兆鰲兄長仇石濤，毛奇齡《西
　　河集·傳是齋受業記》記載仇石濤在傳是齋授業的情況，其它事迹不詳。
　　肄業：此處指勤苦學習。
（3）同學姓名：黃菉園、潘與紳、徐掄先、孫與璜、魏震毓。　　黃菉園，生平
　　事迹不詳，應是刑部侍郎王士禎《居易錄》中提到的都副御史黃菉園，與大
　　學士魏裔介有交往，魏裔介《兼濟堂文集》卷九有《與黃菉園書》《復黃菉
　　園書》。其他人事迹不詳。
（4）先妣：死去的母親。

　　十年癸巳 (1)，十六歲。正月，祖妣陳太淑人逝世 (2)，服期年 (3)。
仍就學孫氏。

〔注釋〕

（1）十年癸巳：此處指公元 1653 年。
（2）祖妣：死去的祖母。
（3）服：帶孝守喪。期年：一年。

　　十一年甲午 (1)，十七歲。仍就學孫氏。

〔注釋〕

（1）十一年甲午：此處指公元 1654 年。

十二年乙未 (1)，十八歲。仍就學孫氏。

〔注釋〕

（1）十二年乙未：此處指公元 1655 年。

十三年丙申 (1)，十九歲。仍就學孫氏。邑令孫公諱奎 (2)，試童子 (3)，招榜無名 (4)。乘覆核之日 (5)，排闥請試 (6)，立就六藝 (7)。及再覆，遂為批首 (8)。是歲，伯考公卒 (9)，服期年。

〔注釋〕

（1）十三年丙申：此處指公元 1656 年。

（2）孫公諱奎：孫奎，奉天遼陽人，生員，順治二年任山西屯留縣通判，順治十三年時為鄞縣縣令。

（3）試童子：即參加童子試的考試。童子試：明清科舉考試中針對儒童進行的考試，參考者年齡一般在十五歲到二十歲之間。童子試分為縣、府、道三級考試，一般通過縣試、府試後即可獲得童生資格，童生再通過提學道的考試便可獲得生員的科名。生員是科舉考試中最低的科名，但只有獲得了生員的科名才能參加鄉試，並進而走科舉入仕、顯親揚名的人生之路。

（4）招榜無名：招考的榜文上沒有名字，意即名落孫山。

（5）覆核：復核。再次審查核對。

（6）排闥請試：推門進入，要求考官重試。

（7）六藝：科舉考試時必考的六部儒家經典：《詩》、《書》、《禮》、《易》、《樂》、《春秋》。

（8）批首：童子試的第一名。

（9）伯考：對死去的伯父的尊稱。

十四年丁酉 (1)，二十歲。谷文宗（諱應泰，直隸豐潤人）科試調考越城 (2)，寓司後謝氏 (3)。時先兄以雲蛟名首選入泮 (4)，而同學黃子卜先亦以府試首卷與余同入鄞庠 (5)（首題有民人馬四句，次題）[1]。秋應鄉試 (6)。

〔校勘記〕

[1] 「次題」後邊應有題目的具體名稱，估計是一時遺忘待補，而又沒有補上。

〔注釋〕

（1）十四年丁酉：此處指公元 1657 年。

（2）谷文宗：名應泰，字文宗，今河北豐潤人，順治丁亥（1647）科呂宮榜進士，

順治十一年任駐扎江陰縣後奉裁，官至浙江提學道（康熙二十三年改翰林院提督學政）僉事，有《明史紀事本末》八十卷。　越城：浙江紹興。

（3）寓：居住。　司：指負責考試的部門。

（4）雲蛟：仇兆鰲兄長名。　入泮：進入當時的府學學習。鄞庠：鄞縣的縣學。

（5）黃子卜先：黃卜先，即上文的黃萊園，仇兆鰲在鄞縣縣學的同學，事迹不詳。
　　首卷：考試入選名單的第一名。鄞庠：鄞縣的縣學。

（6）鄉試：明清科舉考試中每三年一次在各省省城舉行的考試，又稱「省試」，因例於秋天舉行，又稱「秋試」、「秋闈」，俗稱「觀場」。

十五年戊戌 (1)，二十一歲。在四府前黃天儀家肄業 (2)。

〔注釋〕

（1）十五年戊戌：此處指公元 1658 年。

（2）四府：地名。　黃天儀：仇兆鰲老師，事迹不詳。

十六年己亥 (1)，二十二歲。下帷於橫涇陳氏 (2)。五月，海氛掠東鄉 (3)，暫歸。平靜後赴館 (4)。從學者爲陳子保孫亦韓光璋如圭 (5)。

〔注釋〕

（1）十六年己亥：此處指公元 1659 年。

（2）下帷：即設館。這一年，仇兆鰲開始做私塾先生。　橫涇：浙江地名。

（3）海氛：指海盜。

（4）赴館：到坐館的地方去。

（5）陳子保孫亦韓光璋如圭：陳子保孫，即陳保的孫子。　亦：疑爲「及」，筆誤。　韓光璋如圭：韓光璋，字如圭，事迹不詳。

十七年庚子 (1)，二十三歲。仍館涇水。陳子嘉孫就學，秋應鄉試。

〔注釋〕

（1）十七年庚子：此處指 1660 年。

十八年辛丑 (1) 二十四歲。仍館涇水。在館三年，得《程朱語類》及蒙存等書，朝夕參玩 (2)，理境漸明 (3)。

〔注釋〕

（1）十八年辛丑：此處指 1661 年。

（2）參玩：參酌玩味。

（3）理境：指理學方面的道理。

今上康熙元年壬寅 (1)，二十五歲。仍館涇水。多月，作《易藝》百六十首，選試牘 (2)，顏曰《文徵》(3)。

〔注釋〕
（1）今上康熙元年壬寅：公元 1662 年。
（2）試牘：考試的文章，相當於今天的高考作文選。
（3）顏：封面。

二年癸卯 (1)，二十六歲，仍館涇水。

〔注釋〕
（1）二年癸卯：此處指公元 1663 年。

三年甲申 (1) [1]，二十七歲。夏，以它事忤邑令張 (2)，遂借欠糧詳草 (3) [2]。有前輩林非聞、范潞公兩先生公論伸救 (4)。郡守崔公（維雅）亦諒無他 (5)，始終禮貌。一案三年，憂及老親，事後追思，猶爲抱痛。是年課士廢八股 (6)。多末，至杭，與人正先生同選《松壇策論》(7)。

〔校勘記〕
[1] 甲申：中華書局本作「甲辰」。查中國歷史年表，康熙三年爲「甲辰」，中華書局本是。
[2] 此處表意不完整，疑「詳草」後有脫漏，中華書局本同。

〔注釋〕
（1）三年甲申：此處應爲甲辰，指公元 1664 年，中華書局本是。
（2）忤：觸忤。邑令張：此時的張姓邑令。
（3）遂借欠糧詳草：當指邑令張某借欠糧草事打擊仇兆鰲。
（4）林非聞：名必達，字非聞，崇禎十六年（1643 年）進士，與仇兆鰲父親爲硯友，自清世祖福臨三年（1646）後不復出山，與林繭庵同爲逸老，時稱二林先生。又與崇禎十三年（1640 年）榜眼葛世振（字同果，鄞縣人，官至翰林院編修，清建國後，以年老不奉詔）三人同爲高尚不仕之士，號稱四明三老。　范潞：事迹不詳。
（5）崔維雅：順治三年丙戌科（1646 年）傅以漸榜進士，直隸保定新安（今河北保定安新）人，康熙三年任寧波府知府，康熙十三年任江西按察使，康熙十八年任湖南承宣布政使，康熙二十二年任廣西布政使。
（6）課士廢八股：這一年，科舉考試廢除八股文。
（7）人正先生：姓名不詳。

四年乙巳 (1)，二十八歲。以訟事到京。同里張君心友（甲辰進士）婉爲調停 (2)，訟稍息。

〔注釋〕
（1）四年乙巳：公元 1665 年。
（2）張心友：以仇兆鰲所記，張心友爲鄞縣人，康熙三年（1664）甲辰科進士。查《浙江通志》，康熙三年（1664）甲辰科嚴我斯榜進士，鄞人姓張者爲張士塤，「心友」當爲其字，事迹不詳。

五年丙午 (1)，二十九歲。訟事未結，不與秋闈 (2)。至冬月，乘小肩輿赴台州補考 (3)，方知去年筮易得困四爻 (4)，有「來徐徐，困於金車」之語，其應在此。冬，娶先室邵淑人，係法卿公女 (5)。

〔注釋〕
（1）五年丙午：此處指公元 1666 年。
（2）秋闈：明清時期科舉考試的鄉試一般是八月份在南北直隸府和各省布政司所在地的貢院進行，故稱「秋闈」。此處指康熙五年秋天舉行的浙江鄉試。
（3）小肩輿：兩人擡的小轎。
（4）筮易得困四爻：占卜的結果是困卦四爻，其象辭即下文的「來徐徐，困於金車」。
（5）法卿公：即邵法卿，事迹不詳。

六年丁未 (1)，三十歲。寓武林名世坊徐氏 (2)，選丙午行書《易論》 (3)。

〔注釋〕
（1）六年丁未：此處指公元 1667 年。
（2）武林：杭州的別稱，以武林山得名。
（3）丙午行書：即 1666 年科舉考試時舉人的八股文章選集。　行書：八股文章的選集，所選大都是舉人的文章。

七年戊申 (1)，三十一歲。館於道壚章現卿 (2)，客現卿家 (3)。選丁未房書 (4)，不如意 (5)。未幾，策論亦廢 (6)。四月二十七日，先室邵淑人病卒，無出。服期年。

〔注釋〕
（1）七年戊申：此處指公元 1668 年。

（2）道墟：荒廢了的道觀。　　章現卿：事迹不詳。

（3）客：客居。

（4）丁未行書：即公元 1667 年科舉考試時舉人的八股文章選集。

（5）不如意：沒有能按照預定計劃完成。

（6）策論亦廢：預定的策論文選也沒有按計劃完成。當指康熙三年準備編輯的《松壇策論》。

　　　八年己酉 (1)，三十二歲。春，寓武林陳子蘊先齋中 (2)。常招汪公東川、俞子掌天談論古今時新 (3)。復八股 (4)，補選癸卯墨卷 (5)，書成大行 (6)。而旋以直筆招至訟端 (7)。久[1]，遷館於程氏 (8)。從學者爲程子遯長 (9)。選考卷，付名山堂鋟 (10) [2]。復選己酉鄉墨 (11)。數年間，往來杭、越 (12)，於古小學書院謁黃梨洲先生 (13)，並見越中姜定庵先生 (14)，相與論學。

〔校勘記〕

[1] 久：原文殘，當爲「冬」字。

[2] 鋟：中華書局本作「梓」。

〔注釋〕

（1）八年己酉：此處指公元 1669 年。

（2）寓：寄居，居住。　　陳子蘊先：陳蘊先，事迹不詳。

（3）汪公東川：汪東川，曾任國子監祭酒、翰林院編修，爲人好讀書，不慕名利，與吏部侍郎彭孫遹、翰林院編修姜宸英、吏部侍郎湯右曾、翰林院編修查慎行等皆有詩詞唱和。從資料顯示之身份、交往及《滄柱公年譜》涉及之人物等情況看，汪東川當即汪灝，清代著名學者。　　俞掌天：事迹不詳。

（4）復八股：這一年，清王朝科舉考試恢復八股文。

（5）癸卯墨卷：即康熙二年（1663 年）鄉試、會試的文章選集。墨卷：明清時科舉考試名目之一。鄉試、會試時，考生用墨筆書寫考卷，稱墨卷。謄錄生用朱筆謄錄，稱朱卷。

（6）大行：即廣泛流傳。

（7）直筆：文字中沒有注意當時規定避忌的內容。

（8）遷館：轉移坐館的地方。

（9）程遯長：仇兆鰲學生，清初學者。陸隴其《四書講義困勉錄》曾經引用他的觀點。

（10）名山堂：書坊名。鋟（qǐn）：雕刻。

（11）己酉鄉墨：己酉年也即康熙八年（1669）的鄉試墨卷。

（12）杭、越：這裏指杭州和寧波。越：古吳越所在之地。

（13）謁：拜見。　黃梨洲：黃宗羲（1610～1695），字太沖，浙江餘姚人，清初著名學者、文學家，清代浙東學派的創始人，清代樸學的奠基人，仇兆鰲的老師。明亡後不仕清朝，專注於學問，學宗晚明劉宗周，重要著作有：《易學象數論》六卷、《授書隨筆》一卷、《律呂新義》二卷、《孟子師說》二卷、《明儒學案》六十二卷、《明文海》四百八十二卷、《深衣考》一卷、《今水經》一卷、《四明山志》九卷、《歷代甲子考》一卷、《二程學案》二卷、《輯明史案》二百四十四卷，《明夷待訪錄》一卷，都與經世治世的大政有關。另有天文學著作《大統法辨》四卷、《時憲書法解新推交食法》一卷、《圓解》一卷、《割圜八線解》一卷、《授時法假如》一卷、《西洋法假如》一卷、《回回法假如》一卷。今存文集《南雷文定》十一卷、《文約》四卷。事迹可參看《清史稿》、《清代樸學大師列傳》、《清代七百名人傳》、《清代人物傳稿》等。

（14）姜定庵：會稽（今浙江紹興）人，字二濱，號定庵，明崇禎舉人，入清後官至奉天府丞。明末清初學者、詩人，與黃宗羲同學於劉宗周。與清初著名學者毛奇齡交誼甚厚。著有《左傳統箋》、《雨水亭集》、《姜定庵雨水亭餘稿》等。大學士魏裔介有《答姜定庵》書，湖州知府吳綺有《送姜定庵少京兆之任奉天序》，毛奇齡有《桂樹生玉芝歌爲姜定庵京兆作》。

　　九年庚戌（1），三十三歲。館於武林雲居山上方寺。從學者爲程子子長、子聚、曾遠、遴長（2）。寺在城南，有茂林清泉之勝。山後石壁，有宋人錢勰、江公著、柳鯤題詩遺迹（3）。寺後多怪石，有狀若犀牛者，昂首獨角，蟠伏於地（4），月夜望之，意態宛然。近鄰有翁子鏘鳴（5），明季遺逸也（6），能詳述啓、禎間事（7）。選酉戌鄉會墨（8）。多，妹氏出嫁，竭修脯佐之（妹丈徐君文駒，康熙乙丑進士）（9）。

〔注釋〕

（1）九年庚戌：公元 1670 年。

（2）程子子長、子聚、曾遠、遴長：仇兆鰲此次坐館的四個學生，即程子長、程子聚、程曾遠、程遴長。

（3）錢勰：北宋臨安（今浙江杭州）人。北宋熙寧三年，中秘閣選廷對入等。適逢王安石罷其科，以蔭歷爲尉氏知縣，歷任昆山中書舍人，給事中，開封府知府。因不避豪貴，出知越州。哲宗朝翰林缺學士，元祐三年十一月，命錢勰兼侍讀學士兼龍圖閣待制，爲章惇所詆，罷其稱謂，出知池州，元符末追復龍圖閣學士。　江公著：字晦叔，北宋睦州/桐廬/建德人，治平四年舉進士，初任洛陽尉，由《微雨》詩知名，歷任吉州（今江西吉安）太守、提點

湖南刑獄京西轉運使等職。與蘇軾有交遊，蘇軾有《送吉州江公著》詩。　柳
鰕：事迹不詳。

（4）蟠伏：蟠曲而臥。

（5）翁鏗鳴：事迹不詳。

（6）明季遺逸：明代遺民。

（7）詳述：詳細介紹。啓、禎間事：明代天啓、崇禎年間的史事。

（8）酉戌鄉會墨：己酉、庚戌年間（康熙八年至九年，即 1669～1670 年）浙江
鄉試會考的墨卷。

（9）竭：用盡。　修脯：坐館教書的報酬。　徐文駒：字子文，浙江鄞縣人，
康熙四十八年（1709）己丑科趙熊詔榜進士，任懷仁縣知縣，著有《師經堂
集》十八卷，編著有《明文遠》。

十年辛亥 (1)，三十四歲。仍館上方寺。選庚戌房書 (2)。姚江黃梨
洲先生至館，贈詩云：「禪院幽扉客至開 (3)，上方石壁翳蒼苔 (4)。題名
隱顯錢江柳 (5)，彈指興亡現去來。鏗爾磬聲留木末，悠然帆影過窗隈 (6)。
城南勝地人文萃，好傍雲山築講臺。」(7) 時黃先生七旬，留館相祝。多
十二月十四日，生姚童太淑人逝世 (8)。奔喪還家，痛念母病連年，參
苓皆需館穀，竟以此故，不得奉侍湯藥，親爲含殮，言之泫然 (9)。

〔注釋〕

（1）十年辛亥：此處指公元 1671 年。

（2）庚戌房書：庚戌，即康熙九年，也即 1670 年。房：明清時期，進士考試的
主考和考官按《五經》分房閱卷，閱卷官稱爲房或房官。房書：萬曆壬辰（1592）
科會試十八房所取進士之作，被各房官刊刻行世，以示彰顯，稱房稿，又稱
房書。後泛指進士平日所作的八股文章。

（3）幽扉：幽深的廟門。

（4）上方：即上文的上方寺。翳：遮蔽。

（5）錢江柳：即上文所提到的錢鰕、江公著、柳鰕。

（6）隈：彎曲之處。

（7）黃宗羲的贈詩共有兩首，這裏作者選錄的是第二首，第一首是：「積葉窗前
日日深，讀書好自傍岩陰。百科已竭時文力，千載惟留當下心。坊社連環何
足解，儒林廢疾望誰針。憑君一往窮經願，明月當前日未沈。」大約「百科
已竭時文力」觸及了仇兆鰲以往科場不遇的情況，而這種情況與後來仇兆鰲
中第八名進士的實際情況又不相符，可能因此故而沒有選錄。

（8）生姚：稱死去的生母。

（9）泫然：眼淚滴下的樣子。

十一年壬子 (1)，三十五歲。仍館上方寺。選壬子鄉墨 (2)。

〔注釋〕

（1）十一年壬子：此處指 1672 年。

（2）壬子鄉墨：1672 年浙江鄉試的墨卷。

十二年癸丑 (1)，三十六歲。館於諸暨五竃張鳴球家 (2)。從學有張雪芳芳谷、瑞文公遜，附學有橫山黃子旭青、孚青及其昆貽 (3)。以祠堂爲館舍。溪流環繞，雅有清致。選癸丑房書 (4)。始祖泰然公 (5)，宋明州置使[1]，封益都伯（事載宋史列傳），墓在東湖沙家山，柏樹已枯，是歲挺發一枝，歷年逾茂 (6)，土人稱爲瑞徵 (7)。

〔校勘記〕

[1] 宋明州置使：中華書局本在「置」前有「制」字。考宋代官制，有「制置使」一職，如陝西制置使、湖北制置使等。中華書局本是。

〔注釋〕

（1）十二年癸丑：此處指 1673 年。

（2）諸暨五竃：諸暨縣五竃村，諸暨即今浙江省諸暨市。　張鳴球：坐館家主姓名。

（3）此句介紹在諸暨的學生，有張雪芳，字芳谷；張瑞文，字公遜。附學：自家不能單獨請坐館先生，就附著於其他人家的學生一起讀書，交較少束脩（學費）。附學的學生有黃旭青、黃孚青及其同宗的兄弟。

（4）癸丑房書：1673 年進士的八股文章。

（5）泰然公：仇兆鰲遠祖仇悆，字泰然，益都人。大觀三年進士，授邠州司法，歷任高密縣令，遷右司及中書門下檢正諸房公事，沿海制置使，曾以淮西宣撫知廬州，抵抗金兵有功，惜張浚不能用其策；改浙東宣撫使、知明州，以挫豪強、獎善良爲理；知平江府；積官至左朝議大夫，爵益都縣伯。《宋史》有傳。

（6）逾：愈。

（7）土人：當地百姓。

十三年甲寅 (1)，三十七歲。仍館暨陽 (2)。五月，土寇作孽 (3)，去館，避地平湖 (4)，寓縣南門徐躍林家 (5) [1]。時邑令陳枚臣以文章知契 (6)，故憩遊其地 (7)。自九月至臘初，同人相聚會文 (8)，設宴作樂，殆無虛日 (9)。時而嬋娟退舍 (10)，煙火連宵 (11)；時而泛舟湖上，覽勝樓

頭。偶然托處樂郊，幾忘東土亂離之慘矣！同人有郭子皐旭、邵子擁宸、沈子浮宸、金子柳成、陸子鶴叔、馬子學海、學山、過子錫璜，而徐子鞏藩（12），猶未及弱冠也（13）。臘月還家，繼娶姚淑人，係大來公女（14）。歲暮蕭索，因仍往暨陽探問消息。見居民遁迹，骸骨浮江，冒險而進。東君室內一空（15），尚贈館穀而回（16），此人情所難得者。臺、溫兵燹（17），有仙居某庠生（18），家室被掠，為斂費贖之，同人好義之助為多云。

〔校勘記〕

[1] 徐躍林：中華書局本作「徐子耀林」。

〔注釋〕

（1）十三年甲寅：此處指 1674 年。

（2）暨陽：在諸暨。

（3）土寇作孽：當地的土匪作亂。

（4）避地平湖：到平湖（今浙江平湖縣）避亂。

（5）徐躍林：事迹不詳。

（6）陳枚臣：事迹不詳。知契：知己，好友。

（7）憩遊：憩息遊覽。

（8）同人：指志趣相投之人。

（9）殆：幾乎。

（10）嬋娟退舍：月光隱沒。

（11）煙火連宵：（遊覽之時）燭光燈火通宵達旦。

（12）參與此次文人盛遊的有郭皐旭，邵擁宸，沈浮宸，金柳成，陸鶴叔，馬學海，馬學山，過錫璜，徐鞏藩。郭皐旭：事迹不詳，只知其與吏部侍郎彭孫遹、著名詩人查慎行等有交遊。其他人事迹不詳。

（13）未及弱冠：不滿二十歲。冠：古人二十而行冠禮，表示成年。

（14）大來公：不詳。

（15）東君：坐館的東家。

（16）館穀：坐館的報酬。

（17）台、溫兵燹：台州和溫州遭遇兵災。

（18）庠生：科舉時代，府學、州學、縣學的學生都叫庠生。

十四年乙卯（1），三十八歲。仍寓上方寺。因暨陽亂後，挈張子瑞文、黃子崑貽至杭讀書（2）。秋試畢（3），錄闈卷（4），以質陳公介眉、范子國雯[1]，竟為欣賞，榜發得雋（名在十一）（5）。主考崑山徐果亭先生

（諱秉義）(6)，山左王巢雲先生（諱垓）(7)，房考海寧令安陽許酉山先生（諱三禮）(8)。榜首介眉及國雯卷[2]，並出一門。他如海昌許公時庵輩(9)，俱名著一時者。因同選江闈行書(10)，盛行海內。

〔校勘記〕

[1] 范子國雯，中華書局本作「范子國文」。

[2] 雯，中華書局本作「文」。

〔注釋〕

（1）十四年乙卯：此處指 1675 年。

（2）挈：攜帶。　張子瑞文、黃子崑貽：張瑞文，黃崑貽，仇兆鰲學生，事迹不詳。

（3）秋試：科舉考試一般在秋天舉行，稱秋試。

（4）闈卷：鄉試、會試都稱闈試，其考卷稱「闈卷」。

（5）質：核對，相當於今天考試後互對答案。　陳介眉：陳錫嘏，字介眉，鄞縣人。康熙十五年（1676）進士，官至翰林院編修。　范國雯：事迹不詳。得雋：中選。

（6）徐果亭：名秉義，字果亭，崑山人，康熙十二年（1673）癸丑科韓菼榜探花，大學士徐乾學之弟，曾知番禺縣，官至吏部侍郎，著有《易經識解》五卷，《培林堂書目》二卷，與大學士陳廷敬、吏部侍郎彭孫遹、學者朱鶴齡等有交往。

（7）王巢云：名垓，字巢雲，山東膠州（今山東膠縣）人，順治丁亥（1647）年進士，曾任資陽縣知縣。山左：山東。

（8）許酉山：名三禮，字酉山，又字典三，河南安陽（今河南安陽）人，順治辛丑（1661）科馬世俊榜進士，康熙十三年知海寧縣，曾任提督四譯館，太常寺少卿，大理寺卿，順天府府尹，右副都御史，兵部督捕侍郎。與黃宗義、朱鶴齡等有交往。著有《讀禮偶見》二卷。

（9）許時庵：許汝霖，字時庵，海寧海昌（今浙江海寧市南鹽官鎮）人，壬戌（1682）進士，曾任江南督學，翰林院編修，侍讀學士，工部右侍郎，因病以禮部右侍郎致仕。與大學士李光地，詩人查慎行等有詩詞往還。著有《德星堂》文集八卷，續集一卷，《河工集》一卷，詩集《東岡集》五卷，《嶸志》十八卷。參與了《四庫全書》的修撰工作。

（10）江闈行書：浙江鄉試的八股文章選集。

　　十五年丙辰(1)，三十九歲。正月，計皆北上，以墨選留滯也(2)。在都，謁健庵、立齋兩先生(3)。文章契合，宴會極盛。下第回杭，選丙辰房書(4)，至次春竣事(5)。從坊人請以舊日窗稿付梓(6)。

〔注釋〕

（1）十五年丙辰：此處指 1676 年。

（2）以墨選留滯：因選墨卷事宜耽擱，未能成行。

（3）健庵：即徐乾學，字原一，號健庵，崑山（今江蘇崑山）人。康熙九年庚戌科（1670）蔡啓傳榜探花，授編修，歷任左贊善，充日講起居注官，内閣學士，教習庶吉士，左都御史，刑部尚書。著有《讀禮通考》一百二十卷，《資治通鑒後編》一百八十四卷，《教習堂條約》一卷，《憺園集》三十八卷，參與編纂《大清會典》、《一統志》時任副總裁。　　立齋：即徐元文，字公肅，號立齋，江蘇崑山人，徐乾學之弟，順治己亥（1659）科徐元文榜狀元，授翰林院修撰，累遷國子監祭酒，充經筵講官，左都御史，刑部尚書，户部尚書，拜文華殿大學士，兼任翰林院掌事，著有《俄羅斯疆界碑記》一卷。

（4）丙辰房書：康熙十五年（1676）年進士的八股文章。

（5）竣事：完工。

（6）坊人：舊時書坊的老闆，相當於私人出版社的社長。　　窗稿：平日讀書時的八股文章習作。

十六年丁巳（1），四十歲，選丙辰房書小題（2），又選十三科大題（3）。房書計文一千六百首。舟次越城（4），周子奕思邀至齋中（5），論文款洽（6）。

〔注釋〕

（1）十六年丁巳：此處指 1677 年。

（2）丙辰房書小題：即康熙十五年（1676）年進士所作的小題八股文章。　　小題：是將《四書》《五經》中的句子掐頭去尾或肆意截搭而成，思路極難清理，題旨極難把握，下筆較難成文。

（3）十三科：科舉考試中的十三種考試科目。　　大題：明清科舉考試中，稱以《四書》、《五經》的句、節、章意命題的文章爲「大題」。

（4）次：停靠。越城：浙江紹興。

（5）周子奕思：周奕思，事迹不詳。

（6）款洽：融洽。

十七年戊午（1），四十一歲。五月，先君八袠（2），親友制屏爲壽，文係果亭夫子作（3）。是年，適李門姊卒（係徐淑人出）[1]，服大功（4）。姊少寡，苦節數十年，已登邑乘（5）。選戊午鄉墨（6）。往崑山弔徐太夫人喪，隨拜盛珍示先生（7）。前歲癸卯墨選出，得謗，盛公獨加稱賞。

〔校勘記〕

[1] 係徐淑人出：中華書局本作「係徐太淑人出」。「適李門姊」是仇兆鰲同父異母的姐姐，其母乃仇兆鰲嫡母，應稱「徐太淑人」。中華書局本是。

〔注釋〕

（1）十七年戊午：此處指 1678 年。

（2）八袠（zhi）：八十歲。

（3）果亭：姓徐，名秉義，字果亭，崑山（今江蘇崑山）人，癸丑科韓菼榜探花，大學士徐乾學之弟。見康熙十四年注。

（4）服大功：穿九個月的孝服（小功五個月）。

（5）邑乘：縣志。

（6）戊午鄉墨：1678 年浙江鄉試的墨卷。

（7）盛珍示：字符生，崑山人，著名詩人王士禎的門人，與大學士魏裔介、大學士張英等有詩文往還。

十八年己未 (1)，四十二歲。正月，北上闈中。沈允斌先生得卷 (2)，力薦總裁 (3)。崑山葉公海昌、楊公亦將取中 (4)，為同事所駁，遂不果 (5)。四月回杭，方聞先君之變 (6)，在三月十三日也。匍伏還家，撫棺欲絕，追悔北上之行，竟抱終天之恨。先君少時，為學使博庵黎公（諱元寬）所賞 (7)，扳己卯 (8)，得而復失。自是鍵戶著述 (9)，精研易理。八旬尚能細書。至今睹手澤而心傷（事詳邑志）(10)。冬，復至武林，選戊午行書及鄉會墨 (11)。藉修脯以供喪費 (12)，非得已也。選十四科程墨 (13)，計文一千餘首。

〔注釋〕

（1）十八年己未：此處指 1679 年。

（2）沈允斌：事迹不詳。

（3）力薦總裁：盡全力向這次主考的主考官推薦。

（4）葉海昌：葉姓考官，曾作浙江海寧縣令，其它不詳。　楊公：不詳。

（5）不果：（推薦）沒有成功。

（6）先君之變：指父親去世。

（7）博庵黎公（諱元寬）：黎元寬, 江西南昌博庵（在今江西南昌附近）人，崇禎元年戊辰（1628）劉若宰榜進士，曾任浙江提學僉事。

（8）扳己卯：公佈為己卯（崇禎十二年，即 1639 年）舉人。扳：同「頒」。

（9）鍵戶著述：閉門著述。

（10）手澤：手書文字墨迹。

（11）戊午行書及鄉會墨：即 1678 年科舉考試時浙江舉人的八股文章選集和浙江鄉試的墨卷。

（12）修脯：坐館的報酬。

（13）十四科：科舉考試中的十四種考試科目。　　程墨：程指程文，墨指墨卷。明代前期，多用考生優秀之作作爲作文程序，稱程文。明中葉以後，程文多爲主司擬作，於是便把考生的優秀之作稱爲墨卷，主司的擬作稱爲程文。二者合刊便稱「程墨」。

　　十九年庚申（1），四十三歲。選己未房書（2）。吳門坊賈公請選文，寓徐氏園，晤慕盧先生（3）。選啓禎八科大題（4），計文一千八百首。

〔注釋〕

（1）十九年庚申：此處指 1680 年。

（2）己未房書：1679 年進士所作的八股文章。

（3）慕盧先生：韓菼，字符少，號慕盧，長洲人（今蘇州西南），康熙十二年癸丑（1673）科狀元。授修撰，充日講起居注官，侍講學士，內閣學士，官至禮部尚書，死後諡文懿。有《有懷堂詩文稿》二十八卷。《清史稿》有傳。

（4）啓禎八科大題：天啓、崇禎年間科舉考試八種科目的大題八股文章。

　　二十年辛酉（1），四十四歲。寓望仙橋胡氏書樓[1]，延東陽盧子武營同參選局（2）（盧名士鎬，小品絕佳，能融液五經，而出之以雅秀）。選十四科小題（起丙戌至己未）並辛酉鄉墨（3）。秋，至吳門（4），聘顧氏女爲副室，性淑愼（5），知書明禮。父龍友（6），蘇郡庠生，祖曾爲廣文。其聘費乃坊家張明發所應（7）。杭寧兩地，支用日繁，遂並居一所，移寓柴馱橋（8）。冬，書坊西爽堂吳爾嘉子文煊來就學（後中丙戌進士）（9）。

〔校勘記〕

[1]書樓：中華書局本作「書齋」。

〔注釋〕

（1）二十年辛酉：此處指 1681 年。

（2）延：聘請。東陽：在今浙江省金華市。　　盧子武營：盧武營，事迹不詳。

（3）十四科小題（起丙戌至己未）：順治三年（1646）到康熙十八年（1679）間科舉考試中十四科的小題文章。辛酉鄉墨：即康熙二十年（1681）浙江鄉試墨卷。

（4）吳門：蘇州。

（5）淑慎：賢良謹慎。
（6）龍友：顧龍友，蘇州庠生，事迹不詳。
（7）張明發：杭州書坊主人。
（8）柴馱橋：浙江地名。
（9）吳文煊：直隸大興（今屬北京）人，康熙四十五年丙戌（1706）科王雲錦榜進士，曾任天門知縣。其父吳爾嘉。

　　二十一年壬戌 (1)，四十五歲。正月，北上不第，赴廷試李梅崖先生得卷 (2)，首薦 (3)。時吳漢陽先生爲宗伯監考 (4)，歎云：「春榜遺此名士，今日定元何疑？(5)」四月回杭，選壬戌鄉會墨 (6)。遷寓板兒巷洪虞隣先生別業 (7)。數科以來，年得脩脯二百餘金 (8)，足供家內薪水及武林寓資 (9)。但前後四上公車 (10)，經營盤費，仍有拮据之勞。

〔注釋〕
（1）二十一年壬戌：此處指 1682 年。
（2）李梅崖：李和基，號梅崖。奉天遼陽人（今遼寧省遼陽市老城區），隸屬鑲紅旗漢軍，康熙癸丑（1673）科進士，曾任湖北布政使，江西巡撫，有善政。與著名文學家施潤章、吏部尚書宋犖、內閣學士陸隴其等有詩文唱和。
（3）首薦：在推薦的人名單上名列第一位。
（4）吳漢陽：不詳。宗伯監考：文章學問都受人尊敬的大師作監考。宗伯，指文章學問都受人尊敬的大師。
（5）定元：定爲第一。
（6）壬戌鄉會墨：1682 年浙江鄉試會考的墨卷。
（7）洪虞隣：即洪若皋，字虞鄰，臨海（今浙江臨海市）人，順治乙未（1655）科史大成榜進士，官至福建按察司僉事。與著名文人、翰林學士施潤章、翰林院編修姜宸英等有詩文唱和。出版著作有《南沙文集》八卷附錄一卷，《文選越裁》、《臨海縣志》，論定未出版者有《明文瓊液》、《樂府源流》、《詩韻四書彙譜》等書。別業：別墅。
（8）脩脯：坐館教授所得之館金。
（9）寓資：房租。
（10）四上公車：四次進京參加進士考試。

　　二十二年癸亥 (1)，四十六歲。選壬戌房書 (2)。既而彙取各選房書，又刊增刪定本一集。秋，遷居豐禾巷許靈益家 (3)。《歷科大易文選》成 (4)，計三千二百首，皆前輩名文，確守朱子本義，拈出辭占象變，以近文混涉套語 (5)，全無發明故也。

〔注釋〕

（1）二十二年癸亥：此處指 1683 年。

（2）壬戌房書：即 1682 年進士的八股文章。

（3）許靈益：浙江人，事迹不詳。

（4）歷科大易文選：清朝開科舉以來歷科有關《易經》的大題八股文章選集。

（5）以：因。近文：近年的八股文章。套語：流行的公式化的言談。

二十三年甲子 (1)，四十七歲。選甲子鄉墨及行書 (2)。又同盧武營選前輩及近科小題各百餘首，備登注釋，以便啓蒙。

〔注釋〕

（1）二十三年甲子：此處指 1684 年。

（2）甲子鄉墨及行書：即 1684 年鄉試舉人的墨卷和甲子科進士的八股文章。

二十四年乙丑 (1)，四十八歲。正月北上，偕鄭子禹梅應試[1] (2)，中第八名。總裁大司寇張公（諱士甄）、少司農王公（諱鴻緒）、少宗伯董公（諱訥）、掌院孫公（諱在豐）、房考李公（諱孚青）(3)。時吳公匪庵 (4)、王公薛澱 (5)，闈中閱卷，亦深加稱賞。榜發，多爲合肥少宰門下 (6)。慶得人，以房師即其長公丹壑先生也 (7)。四月，殿試策問官方開海及皇極數學。對策謂：「官方有保舉徇庇之弊 (8)」、「開海宜蠲利於小民 (9)」。海昌楊以齋先生得卷 (10)，大爲欣賞，欲列首薦 (11)，爲同事推敲避忌 (12)，置二甲第八名 (13)。越二日，上特拔此卷，付閣臣公閱 (14)，因榜已定，不復更張，然未嘗不公同稱許也。五月，館選 (15)。時滿漢中堂及閣學諸公皆啓奏，遂欽點翰林院庶吉士 (16)。暇日，選乙丑房書 (17)。同年金穀似、徐藝初同閱 (18)。又刪定大題。全稿寄杭州梓行。是年，有歷科巧搭題文之選 (19) [2]，出自武營所定 (20)。

〔校勘記〕

[1] 偕，中華書局本作「攜」。

[2] 巧搭題文之選：中華書局本無「之」字。

〔注釋〕

（1）二十四年乙丑：此處指 1685 年。

（2）鄭禹梅：鄭梁，字禹梅，又字寒村，浙江定海縣慈溪人，康熙二十七年戊辰科（1688）進士，庶吉士，歷任户部主事，户部郎中，高州知府。亦曾從學

於黃宗羲，與仇兆鰲同爲黃宗羲得意弟子，在浙東學派中注重藝文和詩歌研究。與查慎行有詩文唱和。著有《寒村集》三十六卷。

（3）總裁：康熙二十四年科舉考試的總負責人。　張士甄：字繡紫，順天通州（今屬北京市通縣）人，一說浙江鄞縣人。順治六年己丑（1649）科劉子壯榜進士，選爲庶吉士，授編修，累官至刑部尚書，吏部尚書，禮部尚書，爲官正直無私。　王鴻緒：初名度心，字季友，江南婁縣人（今上海松江縣），康熙十二年癸丑科韓菼榜榜眼，授編修，轉侍讀學士，充明史總裁，累擢內閣學士，工部尚書，戶部侍郎。著有《詩經傳說彙纂》二十卷，《序》二卷，《明史稿》三百十卷，《橫雲山人集》十六卷。　董訥：董訥，字茲重，山東平原（今山東平原縣西南）人。康熙六年丁未科繆彤榜探花，授編修，歷任翰林院編修、侍讀學士、漕運總督、左都御史、禮部侍郎、兵部尚書，官至江南總督。爲政持大體，有惠於民。著有《督漕疏草》二十二卷。掌院：翰林院的掌院學士。　孫公（諱在豐）：即翰林院掌院學士孫在豐。孫在豐，歸安（今浙江吳興縣）人，康熙九年（1670）庚戌科蔡啓傳榜榜眼，任翰林院編修，升侍讀學士，教習庶吉士，《明史》總纂官，官至工部侍郎。房考：負責閱卷錄取的最直接的考官。　李公（諱孚青）：主考官李孚青。李孚青，字丹壑，河南永城（今安徽合肥附近）人，大學士李天馥之子，康熙十八年（1679）己未科歸允肅榜進士，任翰林院編修，與著名詩人、刑部侍郎王士禎、著名學者、翰林院檢討毛奇齡、著名文論家、左贊善趙執信等有交往，吏部侍郎湯右曾稱其爲「前輩」。著有《野香亭集》十三卷。

（4）吳匪庵：名涵，字容，號匪庵，錢塘石門人（浙江杭州市），康熙二十一年（1682）壬戌科蔡升元榜榜眼，授編修，曾任左副都御史、工部右侍郎、刑部右侍郎、吏部右侍郎兼翰林院掌事、左都御史兼翰林院掌事。

（5）王薛澱：事迹不詳，只知與大學士陳廷敬、著名詩人翰林院學士查慎行有詩詞往還。

（6）合肥少宰：指曾任少宰的合肥人、大學士李天馥，李孚青之父。李天馥，字湘北，順治十五年（1685）戊戌科進士，授檢討，歷任工部尚書、刑部尚書、兵部尚書、吏部尚書，拜大學士，在相位五年，故稱少宰。

（7）房師：分房閱卷的考官。　長公：即長公子。

（8）徇庇：徇私包庇。

（9）蠲利於小民：放棄官家利益給百姓。

（10）楊以齋：名不詳，事迹不詳，浙江海昌人，知其與吏部侍郎彭孫遹、翰林院編修查慎行有交往。

（11）首薦：作爲第一名向上推薦。

（12）避忌：指文章中沒有按規定迴避應當迴避的東西。《茶餘客話》卷二：「鄭寒村（鄭梁）與仇滄柱詩云：『吾文講學遭時忌，君策匡時置覆盆。』注云：「滄柱殿試卷直言，閱者不取。」

（13）二甲：殿試第二等。明清時期通稱進士為甲科，殿試後分為三等：一甲三名，賜進士及第，通稱狀元、榜眼、探花；二甲數名，賜進士出身，二甲第一名稱「傳臚」；三甲數名，賜同進士出身。

（14）閣臣：明清時期大學士的別稱，因大學士入閣辦事而得名。

（15）館選：科舉考試會試廷試結束後，有的直接授官，如外放或作翰林院編修，有的則需要進入翰林院作庶吉士繼續學習，學習結束後再授官。選擇何人進入翰林院，稱「館選」。

（16）翰林院庶吉士：「庶吉士」，取《書》「庶常吉士」之意，一般由進士科考試的優秀者充任，經過三年學習，散館時，成績優秀者可授以翰林院編修、翰林院檢討等職，其餘則為給事中、御史，或出為州縣官。

（17）乙丑房書：即1685年進士的八股文章。

（18）金穀似：即金居敬，字穀似，蘇州府長洲縣人（在今蘇州市西南），少負才名，為文取法歸有光。屢躓場屋，康熙乙丑（1685）科陸肯堂榜得中進士時已近暮年，知靈邱縣，未幾，卒官吳中。與仇兆鰲為同年，與著名文人、刑部尚書王士禛有詩文往還。著有《春秋五論》《通鑒綱目凡例考異》，另有《駕幸闕里樂府十二章》等詩作。　徐藝初：徐樹穀，字藝初，崑山（今浙江崑山）人，康熙二十四年（1685）乙丑科陸肯堂榜進士，任過監察御史，與大學士張英有詩歌唱和。整理過《庾開府集箋注》，著有《李義山集箋注》。

（19）巧搭題文之選：恰巧與考試題目相同的選文。

（20）武營：即上文所提之盧武營。

　　二十五年丙寅（1），四十九歲。在館中授徒（劉子夢態、華子亮宸）（2）。秋，娶側室王氏，都中王文明女（3）。冬，姚淑人挈三男廷桂、廷模、廷棟北上。舟至吳門，出痘，有名醫程子右文（4），力為調治，不受藥資，而各保安全。是年[1]，武營以予小題稿選次付梓（5）。

〔校勘記〕

[1] 是年：中華書局本作「是歲」。

〔注釋〕

（1）二十五年丙寅：此處指1686年。

（2）劉子夢態、華子亮宸：劉夢態、華亮宸，仇兆鰲在翰林院任庶吉士時收的學生，事迹不詳。

（3）王文明：事迹不詳。

（4）程子右文：程右文，醫生，事迹不詳。

（5）選次付梓：編排好次序，交給書坊刊刻。

二十六年丁卯 (1)，五十歲。夏，家眷抵都。九月，側室王氏卒。冬，散館授編修 (2)。

〔注釋〕

（1）二十六年丁卯：此處指 1687 年。

（2）散館：進士考試後，國家選擇進士考試中文學優秀或書法優秀者作爲庶吉士進入翰林院學習，三年後進行考試，成績優秀者可授以翰林院編修、翰林院檢討等職，其餘則爲給事中、御史，或出爲州縣官。學習結束，謂之「散館」。編修：翰林院編修的省稱，位次於翰林院修撰，與翰林院修撰、翰林院檢討同爲史官。

二十七年戊辰 (1)，五十一歲。三月，分校禮闈 (2)，恪矢公慎 (3)。得南卷唐子孫華（後爲考功，丙子，典試浙江）、鴻舉（後爲給諫）、淩子紹雯（後爲閣學）、陳子元（今爲黔中刺史）、沈子佳 (4)；北卷田子從典（今爲少司馬）、景子日昣（今爲鴻臚少卿）、白子畿、李子允秀 (5)，皆苦心力學之士。薦卷則張子瑗（次科會元）、胡子任輿（甲戌殿元）、朱子宸（丁丑進士）、何子通（甲戌進士）(6)。初夏出闈 (7)，副室顧氏病卒。棟兒時方五歲，喪次能答拜如禮 (8)。秋，奉命較閱《資治通鑒》、《朱子綱目》，賜蟒緞綾紗 (9)。易稿刻成，計二百餘首。選戊辰房書 (10)。是年，太皇太后昇遐得輿 (11)。覃恩敕授文林郎 (12)，封繼室姚氏孺人 (13)，贈先考功公路公文林郎[1]、翰林院編修，先妣徐氏、生妣童氏俱孺人，先室邵氏孺人。

〔校勘記〕

[1] 先考功：中華書局本作「先考」。從文意看，「功」爲衍字，可能因下文「公」同音而衍。中華書局本是。

〔注釋〕

（1）二十七年戊辰：此處指 1688 年。

（2）分校禮闈：負責禮部考試。

（3）恪矢公慎：恪守職責，恭謹行事。

（4）南卷：明代科舉考試分爲南卷、北卷、中卷，南卷用以錄取南方文士，所貼榜文爲南榜。北卷用以錄取北方文士，所貼榜文爲北榜。後南北卷各退部分名額，稱中卷，所貼榜文爲中榜。正德三年，只分南北卷，錄取名額相等，各爲一百五十名。清初沿襲明南北分卷制，只分南北卷，故科舉考試錄取時

只有南榜和北榜。　　唐子孫華：唐孫華，字實君，太倉（今江蘇太倉）人，康熙二十七年戊辰（1688）科沈廷文榜進士，曾任禮部儀制司主事，後爲考工員外郎，丙子年（1696）典試浙江，官至吏部侍郎，著有《東江集》。　　鴻舉：唐鴻舉，徽州（今安徽徽州歙縣）人，康熙二十七年（1688）戊辰科沈廷文榜進士，任徽州府學。　　凌子紹雯：凌紹雯，字子文，錢塘仁和（今浙江杭州附近）人，康熙二十七年戊辰（1688）科沈廷文榜進士，選庶吉士，授翰林院編修，累官至內閣學士兼禮部侍郎。　　陳子元：陳元，事迹不詳，仇兆鰲寫作《尚友堂年譜》時爲黔中刺史。　　沈子佳：沈佳，事迹不詳。

（5）北卷：指科舉考試中考查北人文才的試卷，其所錄取的士子稱北榜。參上注。田子從典：田從典，字克正，一字克五，號嶢山，山西陽城（今山西陽城）人，康熙二十七年（1688）戊辰科沈廷文榜進士，歷任廣東英德縣縣令，雲南道監察御史，通政司參議，光祿寺卿，兵部侍郎，左都御史，戶部尚書，皆稱職。雍正元年賜御書「清謹公方」四大字，轉吏部尚書，授文華殿大學士，以疾告歸，道卒。諡文端，入祀賢良祠。著有《嶢山文集》四卷，《詩集》一卷。　　景子日昣：景日昣，河南登封（今河南登封縣）人，康熙二十七年（1688）戊辰科沈廷文榜進士。一說康熙三十年（1691）辛未科戴有祺榜進士。歷任高要知縣，官至禮部右侍郎，戶部侍郎。著有《說嵩》三十二卷，《嵩岳廟史》十卷、《嵩陽學》六卷。　　白子畿：白畿，祖籍山西陽城，清澗（今山西陽城）人，康熙二十七年（1688）戊辰科沈廷文榜進士，新貴知縣。　　李子允秀：李允秀，長垣（今陝西長垣）人，康熙二十七年（1688）戊辰科沈廷文榜進士，曾任汀州府學、安徽桐城縣知縣。

（6）薦卷：科舉考試中被選薦的試卷，錄取名單就從薦卷裏出。　　張子瑗：張瑗，字松岩，又字蓬若，江南祁門（今安徽省祁門縣）人，康熙三十年（1691）辛未科戴有祺榜進士，中會元，授編修，曾任江南道監察御史。　　胡子任興：胡任興，字孟行，江南上元（江蘇上元）人，康熙三十三年甲戌（1694）科狀元，授修撰，侍講筵，歷升諭德。　　朱子宸：朱宸，寶應（今江蘇省寶應縣）人，《江南通志》記載爲康熙二十六（1687）年丁卯科進士，與仇兆鰲所記丁丑（1697）相差十年。　　何子通：何通，湖北黃安（今湖北紅安）人，康熙二十年辛酉（1681）鄉試舉人，曾任平和縣令，建寧府知府。

（7）出闈：科舉考試的考官在出題和監考期間被封閉，不得與任何人接觸，待考試結束時再回歸家庭和社會，稱「出闈」。

（8）喪次：停靈治喪的地方。

（9）較閱：校閱。

（10）戊辰房書：即1688年進士所作的八股文章。

（11）昇遐得輿：死的婉稱。

（12）覃恩：延恩。　　文林郎：文散官名，隋代置，歷代因之，取「徵文學之士充文林館」之意。

（13）孺人：封建社會皇帝給予士大夫的母親、妻子的封號。

二十八年己巳 (1)，五十二歲。聖駕南巡，恭進冊頁排律五十韻。與修《孝經衍義》(2)。暇日 (3)，輯注杜少陵詩 (4)：一考詩題歲月 (5)；一解詩中意義 (6)；一注典故淵源 (7)；一正從來謬說 (8)；一採諸家名論 (9)。九月，棟兒亡（自五歲讀書，能日誦五行，教以字音反切，通數韻，而各韻皆曉。朔望讀講書 (10)，能誦杜詩《古柏行》(11)，音節鏗鏘，高下不爽。讀書歲餘，能記《鑒略》、《孝經》、《四書》，嘗於黃昏後、飯後背誦《論語》全部。及病中，不能自讀，聽人讀聲即成誦。予修《孝經衍義》，旁考二十一史，能從架上檢目查出某傳某卷，應手而得。予注杜詩，朝夕持誦，行吟庭除 (12)，棟兒亦持書吟玩。予於燈下看書，棟兒必執燭侍坐。工完，秉燭入房同臥。能寫方寸大字，筆畫端，楷仿姜立綱體。夏月，有南來船客談及運官索費事，棟云：「此小人喻於利，何可做官？」一夕同食，晚適震雷，遽入內房，移時而出。問其何為？對云：「恐二哥為雷所驚，故暫陪臥內。」夏秋，食棗成痞 (13)，致髮脫。又舊多臥炕，致鼻衄 (14)，兩症交發，遂不可治。嫡母憐其病懨，抱持過力，因雙胎墮地。兒哭云：「母親為兒傷及兩弟，何以為人？」欲投地而死。臨歿之前，姚淑人夢其生母顧云：「詩兒可還我。」棟兒乳名詩，故覺而知為不詳也[1]。嘗從南坑購五經三部[2]，欲以分授三子，孰知書到而幼兒已病，亟可勝悲歡。）病時筮易得鼎三爻，蓋三子去一，折足之象 (15)，然也。

〔校勘記〕

[1] 不詳：中華書局本作「不祥」。據文意，仇兆鰲相信夢境是讖言，中華書局本是。

[2] 南坑：中華書局本作「南坊」。據文意，當指從南坊書坊買書，中華書局本是。

〔注釋〕

（1）二十八年己巳：此處指 1689 年。

（2）與修：參與修訂。

（3）暇日：有空閒的時間。

（4）輯注杜少陵詩：指《杜詩詳注》的搜集、編輯資料工作和注釋工作。

（5）一考詩題歲月：對杜詩的編年，是《杜詩詳注》中非常重要的一項工作。
（6）一解詩中意義：《杜詩詳注》對每一首杜詩都有意義解說，對理解杜詩很有幫助。
（7）一注典故淵源：《杜詩詳注》對杜詩的典故出處進行詳細解說，甚至每個字的出處也進行了追根溯源的工作。
（8）一正從來謬說：《杜詩詳注》對以往注家、評論家的觀點進行了辯駁。
（9）一採諸家名論：《杜詩詳注》每篇之後都收集有各家的評議文字。
（10）朔望：農曆的初一和十五。這裏指每天。
（11）《古柏行》：杜詩中的一首歌行體詩，七言，二十四句。仇兆鰲拈出此詩，說明仇廷棟年幼聰明。
（12）行吟庭除：在院落中臺階上邊走邊吟誦。
（13）食棗成疳：因吃棗過多而形成的兒童腹部脹大、面黃肌瘦的毛病。
（14）鼻衄（nǜ）：鼻子流血的症狀。
（15）筮易得鼎三爻，蓋三子去一，折足之象：這是記錄卜筮的情況。《周易·鼎》的象辭：「九四，鼎折足，覆公餗，其刑渥，凶。《象》曰：覆公餗，信如何也。」

二十九年庚午（1），五十三歲。與修《一統志》書。暇日，與館中知己邀吾鄉萬季野先生（名斯同，博學洽聞，時以布衣聘參史局）同講經術（2），浹旬一舉（3）。

〔注釋〕
（1）二十九年庚午：此處指 1690 年。
（2）萬季野：萬斯同，鄞縣人，萬泰八子之三，與仇兆鰲同為黃宗羲弟子，繼承了黃宗羲的史學，浙東學派史學的重要代表人物。為人講氣節，明亡後，不仕清廷，以布衣參與史局，《明史·列傳》的實際主持人，《明史·列傳》的王鴻緒稿大半出於其手，但不拿清廷俸祿。一生著述頗豐，有《廟製圖考》四卷、《歷代史表》五十九卷、《南宋六陵遺事》一卷，《庚申君遺事》一卷、《崑崙河源考》一卷、《書學彙編》十卷、《群書疑辨》十二卷、《儒林宗派》十六卷、《漢魏石經考》一卷，《唐宋石經考》一卷等。
（3）浹旬一舉：滿一旬舉辦一次。十天為一旬。

三十年辛未（1），五十四歲。與修《明史》。是年，皇上平定朔漠（2）。秋，恭進紀言五十韻。

〔注釋〕
（1）三十年辛未：此處指 1691 年。
（2）平定朔漠：平定準葛爾。

三十一年壬申 (1)，五十五歲。作《通鑒論斷》（稿佚無存）。

〔注釋〕

（1）三十一年壬申：此處指 1692 年。

三十二年癸酉 (1)，五十六歲，八月，上丁祭 (2)，太學奉命分獻兩廡 (3)，同分獻者陳公元龍 (4)。《杜詩詳注》輯成。冬，繕寫進呈，有《進表》(5)，序文備載杜詩卷首。

〔注釋〕

（1）三十二年癸酉：此處指 1693 年。

（2）丁祭：舊制，每年陰曆的二月、八月的第一個丁日祭祀孔子，稱「丁祭」。

（3）分獻兩廡：（主祭者）從太學的兩側走廊同時奉獻（給聖人）禮品。

（4）陳元龍：字廣陵，浙江海寧（今浙江海寧）人。康熙二十四（1685）年乙丑科陸肯堂榜榜眼，授編修，直南書房。累遷侍讀學士、詹事、翰林院掌院學士、吏部侍郎、授廣西巡撫、工部尚書、禮部尚書。世宗時授文淵閣大學士，兼禮部尚書。著有《格致鏡原》一百卷、《愛日堂詩》二十七卷，敕編訂《歷代賦彙》一百四十卷，《外集》二十卷，《逸句》二卷，《補遺》二十二卷。

（5）《進表》：指《進書表》。

三十三歲甲戌 (1)，五十七歲。四月，上命掌院於編檢中擇老成博學數人候點教習、庶掌常 (2)。滿漢掌院將列予名，予以先君尙浮淺土 (3)，亟欲南旋 (4)，力辭之。夏，與直南書房。命題「賦得衣露靜琴張」，五律限衣字韻，書於綾幅呈覽，並進《兩經要義》冊頁咫尺 (5)。天威荷蒙，霽顏垂問（同時入直者係魏公希徵、汪公灝、徐公元正）。越月又名試瀛臺 (6) [1]，作《理學眞僞論》、《豐澤園賦》，賜酒饌，泛舟遊苑。多臘，乞假遷葬。

〔校勘記〕

[1] 名試：中華書局本作「召試」。

〔注釋〕

（1）三十三歲甲戌：此處指 1694 年。

（2）掌院：清代翰林院掌院學士的省稱，翰林院的長官。順治十五年設，滿漢掌院各一人，正三品，兼禮部侍郎銜。雍正八年晉升爲從二品。乾隆元年後，皆以大學士或尚書、侍郎特簡兼攝。乾隆五十八年以後不再兼禮部侍郎銜。教習：翰林院的教官，一般教習庶吉士。庶掌常：當爲翰林院掌院之下管理

日常工作的人。
（3）尚浮淺土：還沒有厚葬。
（4）南旋：南還。
（5）《兩經要義》：道教注釋著作。《居易錄》卷下此年五月初八日記載：「是日，編修仇兆鰲進所注《道德經》。」
（6）瀛臺：在中南海。

　　三十四年乙亥（1），五十八歲。二月南回，夏初抵杭。寓於陳子蘊先家（2）。從王漢槎齋頭晤朱子乾若（3），相與參論杜說。端午還家。蕭然行笈（4），方擬拮据葬事（5），以剋擇未符（6），姑待之。　八月，循例以病轉假（7），復至武林，登紫陽山斗閣。冬日還家。

〔注釋〕
（1）三十四年乙亥：此處指 1695 年。
（2）陳蘊先：見前注。事迹不詳。
（3）王漢槎：事迹不詳。朱乾若：事迹不詳。
（4）蕭然行笈：形容教書生涯寂寞冷落。
（5）拮据葬事：因錢財短缺而致遷葬事簡樸。
（6）剋擇未符：所選的日子在相生相剋方面尚不符合心願。古人葬事，講究擇日，認爲日子不好會對生人有不好的影響。
（7）循例：按清廷請假的慣例。

　　三十五年丙子（1），五十九歲。孟春，往赤城弔洪虞隣先生（乙未進士）（2）。道經海寧之湖山，謁拜泰然公祖祠（3）。時宗侄永日言其地採解江瑤柱之累（4），後聞諸當事，遂勒示永停採取焉。台州蔣子際奎遣人求婚（5），以幼撫侄女許之（後庚辰年嫁）。二月，長男廷桂入府庠（文宗顏公光敔（6）），四月，遷居西門趙端簡公舊第（7）。

〔注釋〕
（1）三十五年丙子：此處指 1696 年。
（2）赤城：浙江天台縣北。洪虞隣：見康熙二十一年注。
（3）泰然公：見康熙十二年注。
（4）永日：仇永日，仇兆鰲宗侄，事迹不詳。採解江瑤柱之累：採集江瑤柱帶來的麻煩。江瑤柱：也作「江珧柱」，即江珧的肉柱，也就是江珧的閉殼肌，一種非常名貴的海味。陸游《老學庵筆記》說，明州（寧波）有江瑤柱兩種，大者稱江瑤，小者稱沙瑤。

（5）蔣際奎：仇兆鰲任女婿。事迹不詳。

（6）顏公光斆：字學山，山東曲阜人，康熙戊辰（1688 年）進士，由庶常授翰林院檢討。三十三年（1694 年）出典浙江鄉試，杜交遊，絕請託，自光斆涖任，無敢以私干者。他做到了丙夜衡文，搜羅寒畯不遺餘力，得知人之譽，隨即授提督學政，清操卓識，超絕前後，深得浙人尊敬。

（7）趙端簡公：即趙參魯，字宗傳，鄞縣人，謚端簡。據《大清一統志》記載，爲明隆慶年間進士，爲人抗直敢言。

　　三十六年丁丑(1)，六十歲。正月，葬先考妣於西塏坤山艮向(2)。　四月，雅集里中耆舊凡十餘人，有唱和諸什。　十月，至省，隨往鷲川(3)，以謝杭寧兩處親知之介祝(4)。臘月還家。

〔注釋〕

（1）三十六年丁丑：此處指 1697 年。

（2）艮向：墓地以八卦的艮位佔地。

（3）鷲川：在今浙江省寧波境內。

（4）介祝：「介」，助也，是「以介眉壽」的之意。這裏指親朋爲仇兆鰲六十歲生日所做的祝壽活動。

　　三十七年戊寅(1)，六十一歲。春，復會耆英(2)。及門田子、景子(3)，爲粵東宰，具書以邀。九月束裝，由錢江溯七里灘，上嚴陵釣臺，經縢王閣，過梅嶺，謁張曲江祠(4)。至英德，田子爲道地之名勝，與董子漢竹登臨唱和(5)，轉韶州晤研友學使左公峴(6)，與同館潘公次耕商榷杜注(7)。至廣州，晤撫軍蕭公（後爲太宰，同理銓衡）(8)。抵要(9)，晤總製石公(10)。值臘盡，景子設館水閣，後枕城垣，三面皆水，南窗負陽。注杜賦六篇。過南雄(11)，寶昌邑令某，向未謀面，至是執贄來見(12)。晤間，知以戊辰落卷(13)，曾經詳駁其疵(14)。次科因而得雋，故鳴知己之感。

〔注釋〕

（1）三十七年戊寅：此處指 1698 年。

（2）耆英：年長的才俊。

（3）田子、景子：仇兆鰲入門弟子，田子，指田從典。景子，指景日昣。見康熙二十七年注。

（4）張曲江：即唐代著名文人張九齡，韶州曲江（今廣東韶關）人，故稱張曲江。

（5）董漢：事迹不詳。

（6）左峴：字襄南，寧波府鄞縣人，康熙九年庚戌（1670）科蔡啓傳榜進士，曾任福建龍岩知縣、咸州知州、陳州知州、直隸茂州知州、廣東提學。仇兆鰲注釋杜詩，頗得左峴支持，其首刊之經費，亦是左峴資助。

（7）潘次耕：潘耒，字次耕，吳江（在今江蘇南部，上海市鏡太湖尾吳淞江）人，顧炎武學生。曾以布衣舉博學宏詞，官檢討，纂修《明史》，與大學士李光地、著名文人刑部尚書王士禎、著名詩人朱彝尊、著名學者朱鶴齡、戶部侍郎田雯等有交往。著有《類音》八卷、《遂初堂》文集二十卷、《詩集》十五卷、《別集》四卷、書法詩格著作《雁園集》。潘耒一生，只做過檢討，可能曾與仇兆鰲同時參與明史館工作，故稱「同館」。

（8）蕭公：事迹不詳。

（9）抵要：抵達高要縣（在廣東）。

（10）石公：事迹不詳。

（11）南雄：今廣東省南雄縣。

（12）執贄：帶著禮品。

（13）落卷：未被錄取者的卷子。

（14）詳駁其疵：仔細地批駁其卷子中的毛病。

　　三十八年己卯（1），六十二歲。二月，復抵廣州，遊三層樓（鐵犁梁柱）。晤同館梁公藥亭、鄭公珠江及香山楊子錫震（2）。時崑山徐藝初年友亦在廣城（3），方伯魯謙庵屢招飲（4），令子某執經問業慈水，顏子二玉即其西席（5），嘗以詩古制藝見示，讀之擊節。　夏日回棹，抵贛關，守道劉君喬南（後爲黔撫）出迎（6），氣誼藹然。中途忽遭風浪，舟人震恐，係纜古廟，得免於難。秋初抵家。七月，次男廷模入庠府（文宗張公希良）（7）。

〔注釋〕

（1）三十八年己卯：此處指 1699 年。

（2）梁藥亭：廣東南海人，事迹不詳，只知其與刑部尚書王士禎、湖州府知府吳綺、吏部侍郎湯右曾、翰林院編修查愼行、黃宗羲弟子鄭梁等有詩文唱和。鄭珠江：不詳何人，查愼行稱其爲前輩。　楊錫震：廣東香山人，監生，康熙三十二年癸酉（1693）廣東鄉試舉人。

（3）徐藝初：見康熙二十四年注。

（4）方伯：對地方長官的稱呼。魯謙庵：事迹不詳。只知其與吳偉業（清初著名詩人，「江左三大家」之一，其詩號稱「梅村體」）、吳綺（清初詞人，曾任湖州知府）有詩文交往。著有《江左仁聲》。

（5）西席：即坐館的教師。

（6）守道：清初，布政使下設左右參政、參議，駐守在某一地方，稱爲守道。劉
君喬南：劉蔭樞，字相鬥，又字喬南，陝西韓城人，康熙十五年（1676）丙
辰彭定求榜進士，性至孝，官至貴州巡撫。著有《大易蓄疑》七卷、《春秋
蓄疑》十一卷、《宜夏軒雜著》。

（7）張希良：字石虹，湖北黃安人。康熙己酉（1669）年被鄉里舉薦，爲江夏（湖
北武昌）教諭。康熙二十四年乙丑（1685）與仇兆鰲同科進士，位居第四名，
官翰林編修。歷任左右春坊贊善，累典浙江、順天鄉試。參與纂修《三朝國
史》、《大清一統志》、《明史》、《春秋講義》、《淵鑒類函》等大型文化工程。
累官侍講、提督浙江學政，後致仕歸。享年八十二。張希良湛深古學，著有
《春秋大義》、《宋史刪》、《文章翰海》、《格物內外編》諸書，其詩文亦爲士
林推重，有《寶宸堂集》四卷。

　　三十九年庚辰（1），六十三歲。春，至武林，仍寓陳氏，多日還家。
十一月，桂兒歲試食餼（文宗姜公楫）（2）。繕寫杜注發刻，凡二十六卷，
皆旌德葉承武所書（3）。　前庚辰進士林繭庵先生（4），素稱博學，至是
重遇。庚辰年已九十矣，尚矍鑠，能讀書，見予注杜詩，出所記名論數
十條見示。前輩之好學如此。

〔注釋〕

（1）三十九年庚辰：此處指 1700 年。

（2）歲試：各省每年一度的考試。　食餼：明清時期，在科舉考試中取得廩生資
格的人可以獲得國家的膳食補貼，相當於今天的助學金。　歲試食餼，即參
加浙江歲試後，獲得了廩生資格，享受到了國家的廩膳補貼。　姜公楫：即
姜楫，字仲端，號崑麓，山西保德州（今山西保德縣）人，康熙乙丑（1685）
年與仇兆鰲同科進士。曾任麻城知縣。三十九年（1700）以鴻臚寺少卿兼刑
科給事中任督學浙江，官至吏部左侍郎。

（3）葉承武，書坊雇傭的書手，旌德（今安徽旌德）人，事迹不詳。

（4）林繭庵：林可成，字弘治，號繭庵，浙江寧波鄞縣人，明崇禎十三年（1640）
庚辰科進士，曾任太康縣令，御史，爲政有清聲。明亡後不仕清朝。

　　四十年辛巳（1），六十四歲。二月，遷居於新橋高中丞舊第（同居有
侄學周昆仲）。先是，卜易得解三爻：「負且乘，致寇至」（2）。初不解其
說，迨季夏，有市井窮丁以邑中丁糧改（3），事正從奮（4），疑爲與議（5），
暮夜鼓譟，毀我牆垣，方知占辭響應如此（6）。是月到杭，秋盡還家。

〔注釋〕

（1）四十年辛巳：此處指 1701 年。

（2）卜易得解三爻：「負且乘，致寇至」。這句話的意思是說，通過《易經》占筮，得到「解」卦的六三爻辭，爻辭爲：「負且乘，致寇至」。

（3）市井窮丁：市井窮人。

（4）事正從奮：事情正處於群情憤激狀態的時候。奮：憤激。

（5）疑爲與議：懷疑仇兆鰲參與了意見。

（6）響應：應驗。

　　新居在縣學之東，廳壁拈一聯云：「祖武宜繩，北自益都開南宋；聖人可學，西瞻泮水即東山。」(1)

〔注釋〕

（1）上聯的意思是：祖宗的武功值得勉勵，南宋時抗擊金兵建立了歷史功勳。下聯的意思是：聖人的業績值得仿傚，向西看即是周公東征的遺迹。

　　四十一年壬午 (1)，六十五歲。三月，爲模兒娶董氏，國子監學正石雲公女 (2)。四月，詣杭發刻杜注。桂兒登秋榜（主考傅公作楫、阿公爾賽，房考米公調元）(3)。九月，皇上御乾清宮，遣中使持所進《兩經要義》冊頁至南書房傳旨，問「此人現在否？」澤州陳冢宰回奏 (4)：「此人現在，今告假在家。」又問：「所告何假？」奏云：「告的是病假。」又問：「多少年紀了？」奏云：「約有六十餘歲。前在衙門時，極肯讀書，今告假在家，聞亦只是杜門讀書。」十月還家。

〔注釋〕

（1）四十一年壬午：此處指 1702 年。

（2）學正：宋、元、明、清時期國子監的學官，協助博士進行教學，並負訓導之責。　　石雲：不詳。

（3）傅作楫：奉天人，一說廣寧人，隸屬正白旗，一說隸屬鑲白旗，舉人，曾整飭洮岷道，分巡建昌道。阿爾賽：又作阿珥賽，滿洲人，隸屬鑲藍旗，內務府員外郎，康熙三十六年丁丑（1697）李蟠榜進士，翰林院檢討，康熙六十年（1721）以翰林侍講學士提督福建學政。　　米調元：崇陽（今湖北崇陽）人，康熙三十三年甲戌（1694）胡任輿榜進士，其它不詳。

（4）陳冢宰：指陳廷敬。陳廷敬，字子端，一字說岩，山西澤州人，順治十五年（1658）戊戌科進士，翰林院庶吉士，因原名陳敬，同科進士有重名者，清世祖福臨賜名陳廷敬。康熙即位後授內秘書院檢討，擢國子監司業。曾任侍

講學士，日講起居注官，侍讀學士，詹事府詹事兼翰林院侍讀學士，內閣學士兼禮部侍郎，充經筵講官，翰林院掌院學士，教習庶吉士，禮部侍郎，吏部侍郎兼戶部錢法侍郎，左都御史，工部尚書，刑部侍郎，戶部尚書，拜文淵閣大學士兼吏部尚書等。諡文貞。著有《午亭史評》二卷，《午亭文編》五十卷，《杜律詩話》二卷。

四十二年癸未 (1)，六十六歲。三月，皇上南巡，因詣吳江縣地方迎駕 (2)。停舟，顧問「年齒幾何？(3)」奏云：「臣年六十六歲。」又問：「鬢髮可白？」奏云：「鬢髮已白，寸心猶赤。」上即手書此語。及駕幸杭州，行宮召見。聖顏和豫 (4)，垂問周詳，及於妻子。回奏訖，又奏云：「臣連日在宮門，見皇上大小諸事隨物付物 (5)，各當其則 (6)。」上云：「朕心只是一個『靜』。」會《杜詩詳注》刊刻告成 (7)，恭進二冊，退，蒙頒賜御書「餐霞引年」四字綾匾。越數日，送駕至嘉興。黃昏，中使傳旨云：「再到蘇州來見」。隨至，候於行宮。十八日，朝賀萬壽。更初召見。於御塌前從容奏對畢。上云：「後有所進書，交杭州織造敖福合送來 (8)。」因奏云：「摺子上臣用圖章為記。」上許之。時宮門外人馬雜沓 (9)，上命中使撤炬送還 (10)，又諭：「可再到鎮江來見。」越二日，至江口，聞前跪迎。漏已二下 (11)，上坐舟中，聞啟奏姓名，中使傳旨云：「明日到金山來見。」時上將幸江寧 (12)，江干迎駕 (13)，復傳旨云：「回鑾時可在金山伺候 (14)。」因扈從諸臣皆寓金山僧舍 (15)，仍退舟江口。越二日，黃昏，聞炮聲。次番，舟渡金山，而聖駕已啟行矣，不得面奏。回至杭州，具摺上陳，蒙御筆批回，有「忠誠肺腑」之語。七月，為桂兒娶胡氏，臺中鹿亭公女（後升京兆）(16)。 十一月，模兒歲試一等二名廩食（文宗文公志鯨）(17)。臘月還家。

〔注釋〕
（1）四十二年癸未：此處指 1703 年。
（2）詣：到。 吳江縣：在江蘇省。
（3）年齒：年齡。
（4）和豫：和顏悅色。豫，快樂。
（5）隨物付物：是什麼事情按照什麼事情的特點處理。
（6）各當其則：符合各自的規律。

（7）會：恰逢。

（8）敖福合：康熙三十一（1692）年任杭州織造。

（9）雜沓：眾多雜亂貌。

（10）上命中使撤炬送還：康熙命令宦官撤掉自己的蠟燭用以送歸仇兆鰲。仇兆
　　　鰲認爲這是極大的恩寵。

（11）漏巳二下：即夜間十一點。二更，十一點到一點。到夜間十一點，更夫敲
　　　二下更鼓報時。

（12）幸：特指皇帝到某處。

（13）江干：江岸。

（14）回鸞：皇帝車駕返回。鸞：指帝王的車駕。

（15）扈從：皇帝出巡時的侍從、護衛人員。

（16）臺中：地名，今浙江台州中部地區。鹿亭公：即胡鹿亭，曾任京兆尹。

（17）饋食：意同「食饋」。　　文公志鯨：文志鯨，字石濤，湖廣崇陽桃源人，
　　　康熙三十年辛未（1691）戴有祺榜進士，康熙四十二年以翰林院編修提督
　　　浙江學政，康熙四十四年任邠州知州，康熙四十九年任直隸瀘州知州，翰
　　　林院侍講，翰林院教習，康熙五十一年以翰林院檢討充日講起居官，康熙
　　　五十四年任奉天府府丞，五十八年升任奉天府侍郎兼管府尹。

　　　四十三年甲申（1），六十七歲。四月，將上京，過辭前輩林非聞先
生（諱必達）（2），前癸未進士（3），於先君爲硯友（4），自丙戌後不復出
山（5），與繭庵同爲逸老（6），稱二林先生。又有前庚辰科葛同果（諱世
振），亦高尚不仕，故或稱四明三老云（7）。　　五月在杭，蒙皇上頒賜
御書詩扇（御製《聞灤河溜聲》七律，後面係仇十洲圖畫（8））及松花
石硯、土木人參到杭。焚香祗受（9）。自是，經營途費，遲滯數月。多
初就道，由中州抵都（10），往南海子進謝恩摺子。會歲終，不及轉奏而
回。

〔注釋〕

（1）四十三年甲申：此處指1704年。

（2）過：拜訪。

（3）癸未：明崇禎十六年（1643）。

（4）硯友：文字之交。

（5）丙戌：清順治三年（1646）。

（6）繭庵：林繭庵，見康熙三年注。

（7）四明：四明山，在浙江鄞縣西南百五十里，由天台山發脈，東北湧爲二百八

十峰，中三十六峰，周回八百餘里，綿延於鄞縣、奉化、慈溪三縣及紹興的餘姚、上虞、壔臺，以及海寧等地。三老：指林非聞、林繭庵、萬世振，見康熙三年注。

（8）仇十洲：字實甫，號十洲，太倉（江蘇省太倉）人，明代著名畫家，名作有《漢宮春曉圖》、《蓬萊仙弈圖》、《四皓圖》、《雪後山茶圖》、《芍藥圖》、《秋蘭圖》、《折枝梅花》、《湖上仙山圖》、《上林較獵圖卷》、《前赤壁圖卷》、摹趙松雪《沙苑圖》等。

（9）祗受：恭敬地接受。

（10）中州：今河南一帶。

四十四年乙酉（1），六十八歲。正月，赴暢春園候見。傳旨：「俟回宮時來見。」越數日，賜《皇輿表》一部，御製詩集一部（2）。二月初三日，上御乾清宮。中堂張京江、陳澤州同在南書房（3）。上出古字古畫展玩畢，又出御詩一首。及見，上問對詳悉，良久而退。初五、初七等日，又召見，各奏對良久。上命中使扶起（4）。時皇上將巡幸江南，因奏云：「臣俟皇上回鑾辭歸。」上云：「朕往江南八十日，汝無事，正可在此養身。」五月回鑾。初五日還宮，召見南書房，垂問身體。十五日，召至暢春園，賜御膳。後傳旨：「少詹事彭會淇、編修仇兆鰲、顧圖河（5），着總裁纂修《方輿程考》」。時有浙江文士楊開源、宮鴻歷、楊士徽、鄒元斗、王會期、高不騫、顧祖雍、張果濬、郭元釪、徐球等分司其事（6），開局南薰殿。先是，四月間，筮易得大畜上爻（7），至是修書，朝夕出入殿廷。且修皇輿路程，皆天衢之兆（8）。又越數年而簡佐天卿（9），亦其驗也。是月，賜綠石硯一方。七月，特升左春坊左贊善兼翰林院檢討（10）。上自熱河賜御書扇一柄，錄東坡《養生說》一條（11）。九月，特升翰林院侍講（12）。十月，轉侍讀（13）。臘月，賜山麕野雞鮮魚等物。

〔注釋〕

（1）四十四年乙酉：此處指 1705 年。

（2）御製詩集：康熙皇帝自己的詩集。

（3）張京江、陳澤州：均屬敬稱。張京江，當指大學士張玉書。張玉書，字素存，江南丹徒（今江蘇丹徒）人，順治十八（1661）年辛丑進士，選庶吉士，授編修。累遷左庶子，充日講起居注官，加詹事銜，擢內閣學士，充經筵講官，

邊禮部侍郎，兼翰林院掌院學士。曾任刑部尚書，兵部侍郎，戶部尚書。諡文貞。著有《張文貞集》十二卷，《張文貞外集》二卷，奉敕任《明史》、《大清律例》、《康熙字典》、《佩文韻府》、《佩文齋詠物詩選》的總纂，爲大清的文化事業做出了突出的貢獻，死後配祀賢良祠。 陳澤州，即前文所提之陳冢宰陳廷敬，見康熙四十一年注。

（4）中使：太監。

（5）彭會淇：溧陽（今江蘇溧陽）人，康熙十四年（1675）乙卯恩科進士，曾任翰林院侍讀學士，工部侍郎。康熙四十五年（1706）因科場弊案罷官。 顧圖河：字書宣，江都人，康熙三十三年（1694）甲戌科胡任興榜榜眼，授編修，充日講官，直南書房，與修《一統志》、《皇輿表》，出視湖廣學政，卒於任所。著有《雄雉齋集》。

（6）楊開源：事迹不詳。 宮鴻歷：即宮恕堂，字鴻歷，號友鹿，泰州人，江左十五子之一。少以詩名，壯年游京師。讀書蕭寺中，常與一二貧士行歌於酒肆中，渾然忘身爲太史之子、中丞之弟。康熙四十四年（1705）舉人，康熙四十五年（1706）進士，授翰林院編修、武漢殿纂修官，著有《恕堂詩抄》。其他事迹不詳。 楊士徵：武進（江蘇武進）人，貢生，康熙五十一年（1712）壬辰科王世琛榜進士，翰林院庶吉士、翰林院編修。 鄒元斗：常熟人，監生，曾任中書舍人，議敍候選知縣。 王會期：不詳。 高不騫：華亭人，曾爲内廷纂修臣，翰林院待詔。 顧祖雍：監生，議敍候選知縣。 張果潛：上海人，監生，議敍候選知縣。 郭元釬：事迹不詳。 徐球：字端林，奉賢華亭人，監生，議敍候選知縣，康熙五十五（1716）年任福建浦城知縣。這一批人均爲康熙四十五年南巡時收羅的浙江文士。

（7）筮易得大畜上爻：用《易經》占卜，獲得了「大畜」這樣上好的卦象。

（8）天衢：上天的庇蔭、福祐。

（9）簡佐天卿：選拔出來輔佐皇帝的大臣（一般指宰相）。簡：選拔。

（10）左春坊：太子宮所屬官署。唐時設太子詹事府，統領諸物，左右春坊，統領諸局。歷代相承，屬官有所增減。明清時期成爲翰林院編修、檢討開坊陞遷之所。清末廢。 左贊善：左贊善大夫。「贊善」，「贊善大夫」的省稱，唐時始設，分左右贊善，在東宮掌侍從、講授。清代設左右贊善大夫各二人，漢員兼翰林院檢討之職。 翰林院檢討：翰林院的三種史官之一，位置低於翰林院修撰和翰林院編修。

（11）東坡：蘇軾。蘇軾《養生説》，見《東坡志林》卷一，有「已飢方食，未飽先止」等語。

（12）侍講：侍講學士。

（13）侍讀：侍讀學士。

　　四十五年丙戌（1），六十九歲。是年，彭公以科場事去（2），顧公視

學楚中 (3)，遂獨監書局。四月，升侍講學士，充補皇太子講官，十月充武殿試彌封官 (3)。賜古《文淵鑒》一部。

〔注釋〕

（1）四十五年丙戌： 此處指 1706 年。
（2）彭公以科場事去：指彭會淇因涉嫌科場考試作弊案罷官事。
（3）顧公視學楚中：指顧圖河任湖廣學政事。
（4）殿試彌封官：在殿試中負責密封考卷的官員。

四十六年丁亥 (1)，七十歲。春盡，先兄訃到，設位奠哭者三日，服期年。冬至日，上從南郊回，諭內務府監造書局官云：「朝官中如仇兆鰲者，言行不苟，真所謂『先行其言而後從之』者 (2)，不可多得。」又顧澤州陳中堂云：「仇兆鰲今年七十。」陳隨奏：「原與臣同庚」。上因問：「生月誰先？」回奏：「同在十一月，臣差後十天。」上笑云：「還是他長。」隨賜玉篆匣硯一方，後銘云：「以靜為用，是以永年。」

〔注釋〕

（1）四十六年丁亥：此處指 1707 年。
（2）先行其言而後從之：《論語》中記載的孔子言論。意思是：先去實踐自己想要說的話，等到真的做到了以後才把它說出來。

四十七年戊子 (1)，七十一歲。四月，轉侍讀學士。十月，上自暢春園傳旨召問，又諭使臣云：「他有年紀了，可令緩來，毋促。」及使到，急詣暢春園。日將暮，奏對良久。上以夜深，城門已闔 (2)，恐不及回京回奏，明日係進書日期，必須到殿，隨命二大人偕回 (3)，請鑰以入 (4)。次早，復遣二員來問，恐昨宵偕回者不得護入，而逗留中途也。十二月二十日，特升內閣學士兼禮部侍郎 (5)。時大學士京江張公、澤州陳公、安溪李公三君子 (6)，學博養優，氣象雍和 (7)，因歎三代禮樂猶見此堂 (8)。

〔注釋〕

（1）四十七年戊子：此處指 1708 年。
（2）闔：關閉。
（3）偕回：這裏指護送回京。

（3）偕回：這裏指護送回京。

（4）請鑰以入：特請守城門的人拿來鑰匙開門進城。

（5）内閣學士：清初以國史院、秘書院、弘文院内三院爲内閣，設大學士，參與軍政機密。雍正以後，設軍機處掌管軍事大權，内閣學士就變得有名無實了。

　　禮部侍郎：禮部爲封建社會設置的六部之一，負責國家的典章制度、祭祀、學校、科舉和接待四方來賓等事務，其最高行政長官爲禮部尚書，禮部侍郎是其副職。

（6）京江張公：指張玉書，見康熙四十四年注。　　澤州陳公：指陳廷敬，見康熙四十一年注。　　安溪李公：指大學士李光地。李光地，字晉卿，福建安溪人，康熙九年（1670）庚戌科蔡啓僔榜進士，選庶吉士，授編修。積功至永州總兵，後任内閣學士、直隸巡撫。一生著述極豐，僅《清史稿》列目的就有《周易折中》二十二卷，《周易通論》四卷，《周易觀象大指》二卷，《周易觀象》十二卷，《尚書解義》一卷，《尚書句讀》一卷，《洪範說》一卷，《詩所》八卷，《周官筆記》一卷，《禮記纂編》六卷，《朱子禮纂》五卷，《古樂經傳》五卷，《春秋大義》、《春秋隨筆》共一卷，《春秋毀餘》四卷，《孝經全注》一卷，《大學古本說》一卷，《中庸章段》一卷，《中庸餘論》一卷，《讀論語札記》二卷，《讀孟子札記》二卷，《榕村韻書》五卷，《欽定音韻闡微》十八卷，《韻譜》一卷，《月令輯要》二十四卷，《圖說》一卷，《朱子全書》六十六卷（奉敕撰），《性理精義》十二卷（奉敕撰），《通書注》一卷，《注解正蒙》二卷，《二程子遺書纂》二卷，《邵子觀物篇注》二卷，《尊朱要旨》一卷，《榕村語錄》三十卷，《榕村講授》三卷，《經書筆記》、《讀書筆錄》共一卷，《道南講授》三卷，《觀瀾錄》一卷，《初夏錄》一卷，《握奇經注》一卷，《曆象本要》一卷，《星曆考原》六卷，《陰符經注》一卷，《參同契章句》一卷，《鼎符》一卷，《離騷經注》一卷，《九歌注》一卷，《榕村集》四十卷，《古文精藻》二卷。

（7）氣象雍和：指人的氣質風度大方温和。

（8）歎三代禮樂猶見此堂：感慨從張玉書、陳廷敬、李光地三位學者身上仍可重現三代的禮樂風範。

　　以模兒長女許字郭子南英之子（1）。時南英計偕在都。

〔注釋〕

（1）許字：許嫁。郭子南英，郭南英，事迹不詳。

　　四十八年己丑（1），七十二歲，正月，充補經筵講官（2）。　　三月，充殿試讀卷官（3）。是月，奉恩詔遣官祭告嶽瀆陵寢（4）。上以鰲年老，令就畿輔近地（5）。　　四月，領敕就道，出安定門望祭元世祖（6）。至

昌平州 (7)，祭明宣宗、憲宗、孝宗、世宗四陵，房山縣祭金世宗、仁宗陵，內黃縣祭顓頊高陽氏陵，滑縣祭帝嚳高辛氏陵。　六月朔回京 (8)，中途受暑。七月，湧鼻衄不止 (9)，得良方萊菔汁和陳酒，飲之輒停。　十月，上還宮，奏除解送羊皮陋費並直隸苛派等項 (10)。　是月充武殿試讀卷官 (11)，賜坐觀射 (12)。舊制，惟中堂得坐，此出自異數也 (13)。

〔注釋〕

（1）四十八年己丑：此處指 1709 年。
（2）經筵講官：漢唐以來帝王爲講解經史而特設的御前教習，宋代始稱「經筵」，元明清沿襲此制。
（3）殿試讀卷官：明清科舉考試最後一關殿試時，用權臣中文學優長者閱卷，稱讀卷官。一般情況下，讀卷官擬定殿試的名次，皇帝臨軒欽定，較少改動。
（4）遣官祭告嶽瀆陵寢：（皇帝）派官員祭祀五嶽、重要河流和歷代帝王陵寢。這是清初統治者爲收服人心所進行的文化活動。
（5）畿輔：京城附近的地方。
（6）望祭：不眞正到墓地進行祭祀活動，而是向著所要祭祀的墓主的墓地所在方向遙祭。
（7）昌平州：今北京市昌平縣。
（8）六月朔：六月初一。
（9）鼻衄：鼻子流血的症狀，見前注。
（10）解送羊皮陋費：一種類似於割頭稅的收費方式。苛派：亂攤亂派。
（11）武殿試讀卷官：明清科舉考試時，在武舉殿試時擬定殿試名單的官員。
（12）觀射：代指觀看武舉考試。
（13）異數：特殊的禮遇。

四十九年庚寅 (1)，七十三歲。四月十一日特升吏部右侍郎兼翰林院學士 (2)。　五月，有題請武昌稅務歸併荊關督者 (3) [1]，命下廷臣議 (4)，時戶、工二部將如所請 (5)，具覆 (6)。予思添設百關口 (7)，病及商民 (8)，力諍不可。因改議，不果行 (9)。　六月，會議江督參陳鵬年一案 (10)。奏稱：「陳鵬年總是一人，舊年朝班公薦，今年百姓謳歌。」衆皆駭愕 [2]。　閏七月，抱病伏床。向有下體陰濕之症，至六月盛暑，終日卿班會議，飲水啖果 [3]，遂至破囊流水。自秋至冬，勢轉甚，竭清俸進苓參 (11)，而仍艱於步履。十月，皇上回宮，御門吏部奏事畢，問

及鰲名，因以病對。時正卿數缺，久懸而病未愈。　是月，家眷來京侍病疾[4]。時次侄廷楣在京，命其占易，得小過。象詞云 (12)：「小過亨，可小事，不可大事。飛鳥遺之音，不宜上，宜下，吉。」(13) 知病雖未瘥，猶不大害也。

〔校勘記〕

[1] 歸併荊關督者：中華書局本在「督」前有「兼」字。

[2] 驚愕：中華書局本作「駭愕」。

[3] 飲水：中華書局本作「飲冰」。

[4] 病疾：中華書局本無「病」字。

〔注釋〕

（1）四十九年庚寅：此處指 1710 年。

（2）吏部右侍郎：吏部爲封建社會國家最高行政機關的六部之一，負責官員的考覈、提拔、任命等事務。吏部的最高行政長官是吏部尚書，吏部右侍郎爲吏部尚書的副職。

（3）有題請武昌稅務歸併荊關督者：有人提出將武昌稅務歸併荊州地方官兼管。

（4）下廷臣議：指皇上將一些重要的事情交由在朝堂上的大臣們議論。下廷：相對皇帝而言，大臣們列朝的地方。

（5）如所請：同意提出來的方案。

（6）具覆：已經準備好了答覆的文件。

（7）添設百關口：增加很多官員管理。

（8）病及商民：對經商的百姓不利。

（9）不果行：沒有實行。

（10）會：恰逢。　江督：兩江總督，此時任兩江總督者爲噶禮。噶禮，滿洲正紅旗人，任兩江總督時與巡撫張伯行有隙，甚至互相攻訐。而張伯行素重陳鵬年，噶禮因此亦忌恨陳鵬年，於是想盡一切辦法彈劾陳鵬年。先是污蔑陳鵬年覈報不實，吏議奪官，遣戍黑龍江，皇上寬大處理，命陳鵬年來京修書。噶禮不甘心，又密奏陳鵬年《虎丘詩》中有怨望之詞，欲用文字獄的方式使陳鵬年獲罪，這些事情都沒有得逞。　陳鵬年：字滄洲，湖廣湘潭（今湖南湘潭）人，康熙三十年（1691）辛未科戴有祺榜進士，授浙江西安知縣，曾任江寧知府、蘇州知府等職。陳鵬年任江寧知府時，爲政有政聲，曾帶領百姓治理河道，親運土石，以解百姓河患之災，深得百姓愛戴。當時的兩江總督阿山，忌恨陳鵬年，曾經給他羅織過許多罪名，甚至奪其官職，將其關入江寧大牢，但江寧老百姓「呼號罷市，諸生千餘建幡將叩閽」（《清史稿》本傳），可見陳鵬年在民間的聲望甚高。著有《道榮

堂文集》六卷,《近詩》十卷等。

（11）竭清俸：用盡微薄的俸祿（用以買藥）。

（12）彖詞：《易經》中論卦義的文字,也叫卦辭。

（13）「小過亨,可小事,不可大事。飛鳥遺之音,不宜上,宜下,吉。」：是《易經》卦辭。其《彖》詞原文曰：「小過,小者過而亨也。過以利貞,與時行也。柔得中,是以小事吉也。剛失位而不中,是以不可大事也。有飛鳥之象焉,『飛鳥遺之音,不宜上,宜下,大吉』,上逆而下順也。」《年譜》中的彖詞是仇氏概括《易經》卦辭意思。

　　五十年辛卯 (1),七十四歲。正月十七日,具疏告病乞休。蒙皇上遣內務監造兩殿官傳旨問疾。覆奏後,又遣御醫西洋羅德先臨寓視疾 (2)。皆整朝服,力疾叩頭謝恩。羅奏：病係外症,無大礙,然年老血衰,恐不能驟愈,須從容調養方好。二月,奉旨准以原官致仕 (3)。隨扶病赴暢春園叩謝。　先是,乙酉年以旅邸獨居,娶都中馬氏女,經兩番侍病,甚為憐切,茲以年齒不齊 (4),令其歸寧 (5),多方慰諭,而別有截句 (6)：「採藥須求此地花,丹經錯認玉生瑕。蘇臺凋後燕臺謝,悔恨當年問鼎差。」(7) 三月,買棹南回。舟次 (8),輯《杜詩補注》,命模兒編次。六月到蘇,往崑山哭奠果亭夫子 (9)。七月歸寧。病稍愈,模兒登鄉榜（主考胡公作梅,薄公有德,房考鮑公開）(10)。十月,復自杭抵蘇就醫。臘月還家。冬,模兒舉子,旋殤 (11)。老年得孫而不育 (12),惋惜久之。

〔注釋〕

（1）五十年辛卯：此處指 1711 年。

（2）羅德先：康熙時期的御醫,西洋人,事迹不詳。

（3）以原官致仕：以原官吏部侍郎的身份告別官場。

（4）不齊：不相當。

（5）歸寧：女性結婚後又回到娘家。

（6）截句：即絕句,是唐代律詩出現以後的絕句形態,其截句方法有四：截律詩首尾、截律詩前兩句、截律詩中兩句,截律詩末兩句。其與古絕句的最大區別是：使用律詩的黏對規律。

（7）採藥須求此地花,丹經錯認玉生瑕。蘇臺凋後燕臺謝,悔恨當年問鼎差：這四句講的是娶馬氏女的原因及自己對道教的認識。意思是：當年娶馬氏女是道教陰陽和合的需要,但自己對丹經的選擇是有錯誤的,以致美玉生瑕（比

喻的説法，本意是讓身體好，結果導致了身體不好）。當年姑蘇臺的長夜之飲已經不在，燕王求賢的高臺也已遠去（意思是錯過了快樂的生活和進取的機會），因而很是悔恨當年學習道教煉丹養生之術。　花：指女性，道教養生説的男女和合之術在修煉時需要男女雙修。　蘇臺：即姑蘇臺，也叫胥臺，在蘇州西南姑蘇山上，相傳爲春秋時吳王闔閭所築，吳王夫差於臺上立春宵宮作長夜之飲。越國攻打吳國，吳太子友戰敗，遂焚其臺。蘇臺由是成爲歡歌夜飲的代稱。　燕臺：指戰國時燕昭王所築的黃金臺，又稱賢士臺、招賢臺，故址在河北省易縣東南，相傳燕昭王築此臺以招賢納士，由是，燕臺成爲招賢納士的代稱。

（8）舟次：指船靠岸的時候。

（9）果亭夫子：果亭夫子，即徐秉義，字果亭，崑山人，康熙十二年（1673）癸丑科韓菼榜探花，見康熙十四年注。

（10）胡公作梅：胡作梅，字修予，荊門（今湖北荊州）人，康熙二十一年（1682）壬戌科蔡升元榜進士，選庶吉士，曾充會試同考官，督學陝西，任祭酒，少詹事，典試浙江、江西，皆稱得人，升禮部侍郎。後多年督餉塞外，力疾而逝。薄公有德：薄有德，順天府大興（今北京大興）人，康熙四十二（1703）年癸未科王式丹榜進士，左春坊左諭德兼翰林院編修。　鮑公開：鮑開，蘇州人，康熙二十九年（1690）庚午科進士，翰林院庶吉士。

（11）旋殤：不久就夭折了。

（12）不育：沒有養大。

　　五十一年壬辰（1），七十五歲。春，進祝聖壽並謝恩摺子。時兩兒應試在都，同捧至隆宗門具奏（2）。傳旨垂問病體及起居飲食。回奏後即蒙頒賜內府膏藥二封。謝恩而出。五月，齎捧到家（3）。九月，上自熱河頒御書金扇（係唐白居易詩，後面係詞臣蔣廷錫花卉），命織造府家人齎賜到家，隨繕摺並紀恩詩奏謝。　冬，老友陸子鈗俟自廣南回（4），相對甚喜。又毛子煥文以近日詩稿見示（5），鬚髮皓然。慨故交之零落，歎聚首之無多。至次年而毛子已賦玉樓矣（6）。十一月，束裝擬祝來春皇上六旬萬壽。臘月至吳門度歲。刻《杜詩補注》。

〔注釋〕

（1）五十一年壬辰：此處指 1712 年。

（2）隆宗門：當時皇帝居住的地方的大門。

（3）齎捧：抱著。這裏指態度恭敬。

（4）陸子鈗俟：即陸鈗俟，浙江鄞縣人，明廣東布政使陸銓（字選之，號石溪）

之後人，事迹不詳。

（5）毛子煥文：即毛煥文，事迹不詳。

（6）已賦玉樓：一種委婉的説法，指已經去世。

　　五十二年癸巳 (1)，七十六歲。正月終，北上，三月初旬抵都，即赴暢春園進請安摺子。十一日進賀萬壽詩章冊頁。傳旨云：「今年年紀多少？身體可好？」又問禮部侍郎王思軾年齒多少 (2)。均以七十餘歲回奏。　十八日黎明於浙江棚廠迎駕。時上乘步輦，露冕注視云：「汝身體可好？」辰刻，御殿百官外國，同時拜慶呼嵩 (3)。午後，仍幸暢春園。再於浙廠前迎候。蒙賜御用果餅 (4)。　二十一日，賜宴暢春園前。酒行數巡，上命諸皇子授茶。臨案，又命諸皇孫酌酒。臨筵，復命滿大臣傳旨云：老典成型 (5)，欲命皇孫輩出來瞻視，不須起立。宴畢，皇上御門召各省耆民 (6)，賜以壽酒，慰問殷勤，凡致政舊臣年八十以上者，御前賜酒存問 (7)。時年未八十，皇上亦召問賜酒，皆爲異數 (8)。上見犀光滿斚，問云：「如不能飲，可飲半杯。」回奏云：「臣向蒙皇上命臣節飲，不敢過渡，今欣逢萬壽，不敢不盡此杯。」又諭：「暇可再來進見 (9)。」隨與群臣叩謝而退。及皇上回宮，又傳旨：「年老大臣進二門候旨。」隨頒賜貂帽團龍五爪緞袍褂及松花石硯。此皆七十以上大臣始得蒙恩。今以致仕之員一體均霑，出於格外 (10)。　二十三日，太宰徐公潮、大司空徐公元正、閣學王公之樞、顧公悅履等商列予名 (11)，同請封陰 (12)。奏訖，隨諭富冢宰云 (13)：「狠款 (14)，予他。」次日，吏部覆奏：「舊例所無。或予封典，停其蔭子。旨概予封陰祖父，兩世受封。」而季侄廷以循例移蔭 (15)，眞殊恩曠典也。　四月二十一日，赴暢春園便見 (16)。近侍引入西房。須臾，頒賜御膳。午後謁見。謝恩之後，上問及各省官方，又問張伯行修《近思錄》何如 (17)？奏云：「《四子近思錄》原是朱子所定，《五子近思錄》乃張伯行增上者。」又奏云：「臣記元人亦有《五子近思錄》。」上云：「此係葉寀所修 (18)，亦未盡善。」奏云：「朱子之《書經》，皇上輯定，誠爲完備。張伯行所採，未免簡略。皇上於朱子之學表章盡善，復升祔大成殿上 (19)，誠千古所未

有者。」奏畢即退。中使又傳旨云：「以後有請安摺子，從杭州織造孫文成處附奏 (20)。」　五月十一日，百官齊候石槽村送駕。　上凝睎垂顧，隨遣中使傳旨云：「所修之書，在此繳入；還在南方，另進奏。」云：「俟到南方，從容酌定呈進。」　是歲入都，而京江、澤州兩先生已相繼逝世矣，惟李相公講學相聚 (21)。　十五日，從水路南回。　六月抵蘇。　八月抵杭，恭繕謝恩摺子，從織造孫公處附奏。　舟過松江，候座師王大司農 (22)。九月還家。冬月，下體之疾全愈 (23)。

〔注釋〕

（1）五十二年癸巳：此處指 1713 年。

（2）王思軾：字小坡，興國（今江西興國）人，康熙壬戌二十一（1682）年進士，授翰林檢討，官至刑部右侍郎，禮部左侍郎兼翰林院學士。

（3）呼嵩：山呼「萬歲」。

（4）果餅：相當於今天加了水果的糕點。

（5）老典成型：老年臣子可以作為行為典範。

（6）耆民：指此次參加康熙皇帝千叟宴的各省老人。

（7）存問：帶有安撫意義的問話。

（8）異數：特殊的禮遇。

（9）暇：有時間。

（10）格外：規格之外。

（11）徐公潮：徐潮，字青來，一字浩軒，浙江錢塘（今杭州）人，康熙十二年（1673）癸丑科韓菼榜進士，選庶吉士，授檢討，遷春坊贊善，歷任諭德庶子少詹事，通政使，副都御史，工部右侍郎，督理錢局，刑部右侍郎，河南巡撫，戶部尚書，經筵講官兼翰林掌院學士，教習庶吉士，官至吏部尚書兼翰林院掌院學士。　徐公元正：徐元正，字子正，德清（浙江德清）人，康熙二十四（1685）年乙丑科陸肯堂榜進士，選庶吉士，授編修，曾任吏部右侍郎，左都御史，工部尚書。　王公之樞：王之樞，直隸定州（今河北定州）人，康熙十二年（1673）癸丑科韓菼榜進士，曾任翰林院學士，翰林院檢討，翰林院侍讀學士，提督學院等。著有《歷代紀事年表》一百卷。　顧公悅履：顧悅履，海寧（今浙江海寧市）人，康熙三十三（1694）年甲戌科探花，授翰林院編修，累官內閣學士兼禮部侍郎。

（12）陰：同「蔭」。

（13）富冢宰：應指富安寧，姓富察氏，滿洲鑲藍旗人，阿蘭泰之子。查《清史稿》，富安寧康熙四十六年十二月任左都御史，四十七年五月任禮部尚書，四十八年任吏部尚書，《清史稿·溫達傳》記載，康熙五十年因孝義受康熙誇讚：「孝為百行首。如大學士溫達，尚書穆和倫、富寧安之孝，不特眾所

知，朕亦深知之也。」《清史稿・湯右曾傳》記載，康熙五十二年仍爲尚書，康熙五十四年，《清史稿》仍以「尚書」稱之，雍正朝尚有很大作爲。據此，仇兆鰲此處所説「富冢宰」當指富安寧。冢宰：原是周官名，爲六卿之首，亦稱太宰，後稱吏部尚書爲「冢宰」。

（14）狠詼：狠，很，清時通用。詼，原意「詼諧」，「有趣」。此處大概是説：這事很有意思，給他吧。

（15）季任廷以循例移蔭：季任廷，當指仇氏廷字輩侄子們。　　以循例移蔭：按舊例規定，將仇兆鰲這裏獲得的封蔭移恩至任輩。

（16）便見：非正規的接見。

（17）張伯行：字孝先，河南儀封（在今河南省蘭考縣附近）人。康熙二十四（1685）年乙丑科陸肯堂榜進士，授内閣中書，改中書科中書。曾協助河道總督張鵬翮治理河道，歷任江蘇按察使，福建巡撫，江蘇巡撫，　戸部侍郎，禮部尚書。著有《三賢政書》十八卷（與湯斌、宋犖合作），《道統錄》二卷，《附錄》一卷，《道南源委》六卷，《伊洛淵源續錄》二十卷，《居濟一得》八卷，《二程語錄》十八卷，《朱子語類輯略》八卷，《近思錄集解》十四卷，《續近思錄》十四卷，《廣近思錄》十四卷，《小學集解》六卷，《小學衍義》八十六卷，節錄《薛文清讀書錄》八卷，《濂洛關聞書》十九卷，刪削陸世儀《思辨錄輯要》爲三十五卷，刪削陸世儀《論學酬答》爲四卷，《困學錄集粹》八卷，《性理正宗》四十卷，《養正類編》十三卷，《學規類編》二十七卷，《居濟一得》八卷，《正誼堂集》十二卷，《正誼堂集續集》八卷，《唐宋八大家文鈔》十九卷。

（18）葉寀：宋建安人，著有《近思錄集解》十四卷，曾任昌化縣令，邵武軍知軍。

（19）升祔：升入祖廟附祭於先祖。

（20）孫文成：監生，曾任粵海督關，江寧織造。　　附奏：附在（織造府）奏摺後。

（21）京江、澤州兩先生已相繼逝世矣，惟李相公講學相聚：指張玉書、陳廷敬已經離世，李光地仍在。

（22）座師：科舉考試中稱錄取自己的主考官爲座師。王大司農：指王鴻緒，見康熙二十四年注。

（23）全愈：痊愈。

　　五十三年甲午⑴，七十七歲。春，進慶賀萬壽摺子。差家人齎京⑵，從武英殿轉奏。當蒙御批封發，着家人齎回。　內閣頒給誥命三軸。四月，家人齎到，望闕焚香拜受。晉通議大夫，加封繼室姚氏淑人，贈祖考慶元公通議大夫、吏部右侍郎兼翰林院學士。祖妣陳氏淑人。晉贈顯考通議大夫，吏部右侍郎兼翰林院學士。兩顯妣俱淑人⑶，先室邵氏淑人。　五月，有金陵之行。重遊古迹，晤故城賈君青南於舟次⑷。

季夏回蘇。

〔注釋〕

（1）五十三年甲午：此處指 1714 年。

（2）齎京：齎送至京的簡稱。

（3）兩顯妣：兩位已經去世並已經受封「孺人」的母親（嫡母和生母）。

（4）賈君青南：賈青南，故城人。事迹不詳。故城當在廣西青南山附近，故稱其爲賈青南。

五十四年乙未 （1），七十八歲。春，繕摺祝聖壽。摺子仍從織造府進[1]。蒙御批發回。

〔校勘記〕

[1]進：中華書局本作「附進」。

〔注釋〕

（1）五十四年乙未：此處指 1715 年。

五十五年丙申 （1），七十九歲。春，仍從織造府附摺祝聖壽，蒙御批發回。吾寧連歲歉收 （2），至今春夏之交米價尤昂，奈薄田數畝，不敷饘粥，未能分潤里黨 （3），心甚缺然 （4）。冬，長侄廷枚病卒，服期年。

〔注釋〕

（1）五十五年丙申：此處指 1716 年。

（2）寧：指江寧府。

（3）分潤里黨：指將好處分給鄉里共享。

（4）缺然：遺憾的樣子。

五十六年丁酉 （1），八十歲。親友有預謀稱祝者，命兒輩力止。 之春 （2），繕摺祝聖壽，內有云：臣自慚柳蒲弱質 （3），望秋易零，叨蒙雨露栽培，經春仍茂，家居，晨夕焚香叩祈，長願聖壽無疆，而百官廉潔，年登大有 （4），而萬姓安寧。蒙御批：「四願最好。」（5）

〔注釋〕

（1）五十六年丁酉：此處指 1717 年。

（2）之春：到春天。

（3）柳蒲：形容身體素質不好，如柳樹蒲草一樣。

（4）年登大有：收成特好。登：莊稼成熟。
（5）仇兆鰲自訂年譜至此擱筆。

三、仇廷桂、仇廷模《附識》

嗚呼痛哉，先大夫年譜 (1)，其竟絕筆於此耶！先大夫舉不孝等也晚，不孝等苦碌碌無所表見 (2)，又均未有子息，以慰含飴願望 (3)，罪憾實深。惟冀天年未艾 (4)，庶幾稍補子職之虧 (5)，不謂昊天不弔 (6)，而遽降閔凶也 (7)。痛念先大夫自癸巳赴闕以還 (8)，舊恙盡瘳，耳目聰明，動履康吉 (9)，凡朔望令節 (10)，必虔詣學宮 (11)，焚香叩祈聖壽。遇里中水旱賦役，亦未有不步禱於明神 (12)、持論於廣眾者。於所交後進知名士，每樂與之講學論文，亹亹不倦 (13)。若聞可矜可愕之事 (14)，則情見乎色，而義激於中。家居常手執一卷，樂此忘疲。興至，即短牘長章，斟酌盡善，皆與少壯精神意氣無異。抑且恬淡寡營，絕無歎老嗟貧之意，尤爲耄期之明徵焉 (15)。詎意前月二十四日偶遊南郊 (16)，即冒風寒。次日，飲食少進，二十六、七兩日，吐泄交作，然猶起坐自如，延賓談笑。是晚，不孝廷模侍側，先大夫尙展誦少陵古體一首，指示詩法頗詳。因固請休息 (17)，始就寢。次日，疾益甚，即伏枕，不能起坐。每進葠苓，搖手卻去。既而覺喘息漸微。不孝等長跪請命，先大夫爰口授遺本 (18)，復慨然曰：「吾受皇上隆恩，未能報稱，汝曹勉之。」並戒不孝等：毋得刻行述 (19)。翌晨，端坐以逝。時十月初五日卯時也。天呼痛哉！不孝等崩裂餘生。竊欲吮血含毫 (20)，以紀君恩，而揚先德 (21)，乃先大夫謙衷若谷，遺命又未可違用，敢以先大夫手記年譜，將續登家乘者 (22)，敬鋟梨棗 (23)，以備名公大人之採擇。所痛者，先大夫一生行實 (24)，不孝等雖未能備悉，而譜略，中而不載、載而不詳者甚多，不知先大夫捹管時偶爾遺忘 (25)，抑或別有深意耶？不等等前此罔知 [1]，愛日之誠，於所宜載，載而宜詳者，既不能問明補入，今又何敢少刪一字與妄增一筆，以獲罪於九京也 (26) [2]。然而先大夫立朝行己諸大節，久爲當代先生所洞鑒，至如睦婣任卹 (27)，他人得一二可爲美談者，

在先大夫固不足述，亦不勝述矣。又聞先大夫未生以前，王父夢有神人授以金鎖巨魚者，故諱從魚（28）。今卒前之八日更初，有巨星墜地，光焰熒碧，而先大夫遂卧病。人因謂先大夫之不祿，信非偶然。第不孝等方呼天搶地之無從（29），寧竟與巨魚之夢任爲生卒大數耶（30）？若夫含殮之時（31），顏色溫潤，膚體和柔如生，此則先大夫邃養有素耶（32）？苫凷昏迷（33），略陳病逝始末，附諸譜餘。伏乞。

〔校勘記〕

[1] 等等：中華書局本第一個「等」字作「孝」。中華書局本是。

[2] 九京：中華書局本作「九原」。

〔注釋〕

（1）先大夫：指仇兆鰲。此後文字，係仇兆鰲二子仇廷桂、仇廷模續譜。

（2）表見：表現。見，通「現」。

（3）含飴：「含飴弄孫」的省稱。

（4）未艾：「方興未艾」的省稱，此處指身體康健，尚有餘年。

（5）子職之虧：做兒子做得不夠的地方。

（6）昊天：蒼天。弔：憐憫。

（7）閔凶：凶喪。閔：憂患，凶喪。

（8）癸巳赴闕以還：指康熙五十二年仇兆鰲進京赴千叟宴祝康熙六十歲聖壽事。

（9）動履康吉：指行走健康自如。

（10）朔望令節：農曆的初一、十五和節令（如立夏、冬至）、節日。

（11）虔詣學宮：虔誠地來到學宮。

（12）步禱於明神：步行到廟裏進行禱告。

（13）亹亹：勤勉貌。

（14）可矜可愕：值得表揚和令人驚愕（的事）。

（15）耄期：本指八九十歲的年紀，此處指長壽。　　明徵：特別明顯的徵兆。

（16）詎：豈，表反問。

（17）固請：堅決地請求。

（18）爰：於是。　　遺本：即指此《尚友堂年譜》。

（19）毋得刻行述：指不能刊刻仇兆鰲的自訂年譜。

（20）吮血含毫：指含淚執筆。

（21）揚先德：頌揚父親的德行。

（22）家乘：家譜。

（23）敬鋟梨棗：指交與刻書者刊刻。

（24）行實：生平事迹。

（25）搦管：執筆。

（26）九京：即九原，泛指墓地，猶九泉。

（27）睦嫻任卹：即「睦嫻任恤」，語出《周禮·地官·大司徒》：「二曰六行：孝、友、睦、姻、任、恤。」睦：親於九族。姻：親於外親。任：信於友道。恤：振憂貧者。四字合解爲：對宗族和睦，對外親親密，對朋友誠信，對貧弱愛惜。

（28）諱從魚：此交待仇兆鰲字的來歷。

（29）第：只，只是。

（30）任爲：作爲，成爲。　　大數：命運注定的壽限。

（31）含殮：人死以後裝入棺材時，稱「入殮」。因爲在入殮時要給死人的嘴裏含上一枚銅錢，故稱「含殮」。

（32）邃養有素：指平常注重養生。

（33）苫凷昏迷：指爲父親治喪時昏昏沉沉地跪在鋪於地上的草苫上，形容痛苦至極。

大人先生哀而錫以鴻章[1]，垂之簡策 (1)，不孝等感應沒齒 (2)。

〔校勘記〕

[1] 錫：中華書局本作「賜」。

〔注釋〕

（1）簡策：史籍、典籍。

（2）沒齒：終身。

不孝廷桂、廷模泣血稽顙 (1)，謹附識。

〔注釋〕

（1）稽顙：古代一種跪拜禮，屈膝下拜，以額觸地，表示極度虔誠。

中編 《滄柱公年譜》研究

第一節 《滄柱公年譜》內容研究

一、考學與選書：集馬二先生與魯編修於一身的八股信徒

　　《儒林外史》裏，有兩個對科舉考試最癡迷的人物，一個是名落孫山的馬二先生，一個是榜上有名的魯編修。仇兆鰲的一生，集二人特點於一身。

　　馬二，名純上，一個「補廩二十四年，蒙歷任宗師的青目，共考過六、七個案首」，卻「科場不利」的老廩生，但卻始終把科舉考試作爲人生頭等大事，把八股選業作爲一項眞正的事業，並盡心竭力爲八股舉業進行吹捧的未中的八股士，一個眞正崇尚八股選學的道德君子。他在《儒林外史》中的首次亮相便是力勸蘧公孫走科舉「正途」：

　　　　馬二先生道：「你這就差了。『舉業』二字，是從古及今人人必
　　要做的。就如孔子生在春秋時候，那時用『言揚行舉』做官，故孔
　　子只講得個『言寡尤，行寡悔，祿在其中』，這便是孔子的舉業。講
　　到戰國時，以遊說做官，所以孟子歷說齊梁，這便是孟子的舉業。
　　到漢朝用『賢良方正』開科，所以公孫弘、董仲舒舉賢良方正，這
　　便是漢人的舉業。到唐朝用詩賦取士，他們若講孔孟的話，就沒有
　　官做了，所以唐人都會做幾句詩，這便是唐人的舉業。到宋朝又好
　　了，都用的是些理學的人做官，所以程、朱就講理學，這便是宋人
　　的舉業。到本朝，用文章取士，這是極好的法則。就是夫子在而今，

> 也要念文章、做舉業，斷不講那『言寡尤，行寡悔』的話。何也？
> 就日日講究「言寡尤、行寡悔」，那個給你官做？孔子的道也就不行
> 了。」一席話，說得蓬公孫如夢方醒。又留他吃了晚飯，結爲性命
> 之交，相別而去。〔註1〕

馬純上對蓬公孫可謂諄諄教導，他對科舉的推崇是發自內心的，他對自孔子
而後的「舉業」的分析可謂頗中肯綮，說到底，就是不同時代有不同時代的
讀書做官的法則，有不同的「學而優則仕」的路徑，人得隨著時代的變換而
變化，在他們所處的時代，就必須走科舉考試這一人生的正途。

馬二先生對關注舉業的後輩是眞心幫助、盡力提攜的，看到匡超人落魄
時一邊在大街上測字一邊讀他的《三科程墨持運》，立刻把匡超人招呼到自己
的下處，讓匡超人作一篇八股文，「將文章按在桌上，拿筆點著，從頭至尾，
講了許多虛實、反正、吞吐、含蓄之法與他。」〔註2〕之後又拿出十兩銀子送
給匡超人（匡超人只想借一兩），又送了一件舊棉襖、一雙鞋，只是希望對方
回家以後，能夠安心舉業，有機會進學而已。

馬二先生對八股選學的崇奉體現在他對這一事業的執著和維護這一事業
的純淨上。當蓬公孫被他的科舉取仕道理完全折服並願意追隨他馬純上一起
在選學方面有所作爲、希望在他的《歷科墨卷持運》附名的時候，他卻正顏
厲色地拒絕了：

> 「這個是有個道理的。站封面亦非容易之事，就是小弟，全虧
> 幾十年考校的高，有些虛名，所以他們來請。難道先生這樣大名還
> 站不得封面？只是你我兩個，只可獨站，不可合站，其中有個緣故。」
> 蓬公孫道：「是何緣故？」馬二先生道：「這事不過是名利二者。小
> 弟一不肯自己壞了名，自認做趨利。假若把你先生寫在第二名，那
> 些世俗人就疑惑刻資出自先生，小弟豈不是個利徒了？若把先生寫
> 在第一名，小弟這數十年虛名，豈不是都是假的了？還有個反面文
> 章是如此算計，先生自想，也是這樣算計。」〔註3〕

在馬純上看來，這科舉選業不是誰想插手誰就能插手、誰想占名誰就能夠占
名的，那是多年的研讀和不懈的努力獲得的，容不得沒有任何資質的人無功
得名。

〔註1〕吳敬梓《儒林外史》第十三回，人民文學出版社1984年，頁167～168。
〔註2〕吳敬梓《儒林外史》第十五回，人民文學出版社1984年，頁193。
〔註3〕吳敬梓《儒林外史》第十三回，人民文學出版社1984年，頁168。

馬二先生對選業可謂殫精竭慮、精益求精,「總是採取《語類》、《或問》上的精語。時常一個批語要做半夜,不肯苟且下筆」〔註4〕二十四年來樂此不疲、永不言悔。他絕對不像匡超人,一個連「先儒」究竟是什麼意思都搞不清楚的人,竟然仗著幾分才氣,一夜要批文章四五十篇甚或七八十篇——一種極端不負責任、只憑選文賺錢、踐踏舉業的行為。

對八股舉業癡迷、熱愛、恭謹和尊崇,這就是馬二先生在《儒林外史》中的部分形象。在這一點,仇兆鰲與馬二先生有很多相像。

仇兆鰲從順治八年(1651)開始應童子試,順治十六年(1659)年開始坐館授徒,康熙元年(1662)開始選八股制藝文選《易藝》,到康熙二十四年(1685)考中進士,期間長達 34 年時間,一直在八股制藝的生活中摸爬滾打。這段時間他的主要工作就是考試、授徒、選八股制藝文選,約有 26 種八股制藝文選面世,有些還在市場上頗為流行,如癸卯墨卷(康熙八年墨卷)就是「書成大行」。

仇兆鰲對八股舉業的執著和專一是堪與馬二先生媲美的。幾十年的時間,一種又一種的科舉考試,一次又一次的失敗,沒有動搖過仇兆鰲科舉的信心。康熙十年(1671),仇兆鰲三十四歲,在武林(杭州)雲居山上方寺坐館授徒,黃宗羲曾來這裏看望仇兆鰲,還贈給仇兆鰲兩首詩,其一中有說:「百科已竭時文力,千載惟留當下心」,意思是在科舉這條道路上,你已經竭盡全力了,就不要再下無謂的功夫了,勸仇兆鰲關注些時事,做些經世致用的事情。黃宗羲是仇兆鰲的恩師,當時的學界泰斗,且年事已高,德高望重,其意見是值得思量的。但仇兆鰲沒有聽從黃宗羲的意見,依然在科舉考試的道路上堅持走下去,直到康熙二十四年(1685)以二甲第八名考中進士為止。由此可以看到仇兆鰲對科舉考試的癡迷和堅執。26 種八股制藝文選的面世、二十六年的坐館授徒和三十餘年如一日的參加科舉考試,與《儒林外史》中的馬二先生相較,仇兆鰲堪稱現實生活中的馬二先生。

但仇兆鰲比馬二先生幸運,因為他到底獲得了讀書人夢寐以求的進士身份,實現了「十年寒窗無人問,一朝成名天下知」的夢想。「朝為田舍郎,暮登天子堂」,大展才能的機會似乎在向他招手。但考中進士又能怎樣呢?從仇兆鰲年譜所透露的信息看,他在相當長的一段時間不過就是一個「做窮翰林的人」,一個現實生活中的魯編修而已。

〔註 4〕吳敬梓《儒林外史》第十三回,人民文學出版社 1984 年,頁 167。

　　魯編修是一個成功了的馬二先生，也是《儒林外史》中「學歷」最高的八股士，他所能夠炫耀的，只是他的翰林身份，考中進士，並沒有給他帶來直接的實惠，他的翰林生涯其實可以用「寒酸」「清貴」概括。他之所以帶著魯小姐「告假返舍」，不是因爲他做了翰林以後威風八面，返鄉可以光宗耀祖，而是因爲他的翰林生涯太清苦，他幾乎不能靠自己的俸祿支應自己在京城的開支，《儒林外史》第十回，當妻家二公子問及魯編修告假返鄉的原因時，魯編修頗有點憤憤地說道：

> 「老世兄，做窮翰林的人，只望著幾回差事。現今肥美的差，
> 都被別人鑽謀去了，白白坐在京裏，賠錢度日。況且弟年將五十，
> 又無子息。只有一個小女，還不曾許字人家。思量不如告假返舍，
> 料理些家務，再作道理⋯⋯」〔註5〕

考中進士，是人生的輝煌，也是仕途的開始，由此進入官場，並進而獲得榮華富貴，是讀書人的夢想，但魯編修卻因爲不善於鑽營而未能謀得好的差事，以至於在京中的生活都是「賠錢度日」。由此可見，魯編修對自己的翰林生涯感到多麼的失落，告假還家，不過是他緩衝京中「賠錢度日」生活的一種方式而已。

　　仇兆鰲康熙二十四年考中進士以後到康熙四十四年再次返京爲官的二十年間，大約所過的正是魯編修式的翰林生涯。他在考中進士後，先是欽點爲翰林院庶吉士修習課業，三年之後散館授編修，其後的七、八年時間，就是編書、著述、館中授徒。康熙三十三年，當館中選擇滿漢教習、庶掌常時，仇兆鰲作爲學養深厚之人，又成爲被選擇對象，但這樣的結果不過就是一個更高級的教書匠而已。估計這樣的結果與仇兆鰲「心存報國」的理想相去甚遠，故此他沒有接受任命，而以先君「尚浮淺土」爲由告假回家了。

　　估計他的返鄉原因與魯編修相類是有依據的。康熙三十四年的二月，仇兆鰲就回到了浙江，但他並沒有立刻爲父母遷葬。這一年的記事有一句話值得玩味，他說：「蕭然行笈，方以拮据葬事，以勑擇未符，姑待之。」所謂「蕭然行笈」，就是指自己教書生涯的寂寞冷落，而「拮据葬事」亦可見他沒有多少積蓄，由此可見編修生涯確實寂寥清苦。他在康熙三十六年將父母遷葬，但遷葬是他告假的原因，他卻沒有在葬事完畢後回京城任職，而是雅集里中耆舊、開始了天南地北的遊覽，鶩川、杭州、閩越，直到康熙四十三年才再

〔註 5〕吳敬梓《儒林外史》第十回，人民文學出版社 1984 年，頁 126～127。

回京城。十年時光，歲月流逝，仇兆鰲不在京城的編修職位上盡職盡責供奉翰林，可見這翰林院編修的職位確實沒有太多的吸引力。

由此看來，康熙四十三年以前的仇兆鰲，沒有考中之前，完全把精力集中於坐館授徒和參加科舉考試；考中之後，也不過是在翰林院繼續原來的教書生涯，所謂「館中授徒」正是此意。那麼，作為一名以八股科舉為人生努力方向的人來說，仇兆鰲在考中進士前確實是現實生活中的馬二先生，而考中進士以後，則是現實生活中的魯編修。但在八股科舉這個問題上，不管失敗還是成功，他就像馬二先生和魯編修一樣，從來沒有動搖過，他確實是集馬二先生和魯編修於一身的八股信徒。這一點，甚至在他解說杜詩的問題上都可以找到答案。他解說杜詩，很多時候都用八股術語，也用八股方法拆解杜詩，這不能不說是八股文風和選批八股文帶給他的影響。至於他的拆解方法是好是壞，我們可以大致給出這樣的判斷：仇兆鰲將八股文的理解帶入杜詩的解說，用八股構文法分析杜詩結構，這種解詩方法不是完全沒有道理，甚至有時還很中肯綮，合情對景，對理解詩篇的結構很有幫助，甚至對分析中國古代詩歌都很有啟示意義，我們現在對律詩的起承轉合之說，主要就是得力於仇兆鰲的杜詩解說。但問題是，任何一種方法都忌諱走極端，而仇兆鰲解釋杜詩，尤其是解釋杜律，幾乎都要以八股方法衡量之，亦給《杜詩詳注》解說杜詩帶來弊端，比如，他的八股解杜也有時難免僵直、割裂之弊。

二、交遊名流：《杜詩詳注》的材料來源和學術底蘊

仇兆鰲自己編著了反映自己生平際遇的《滄柱公年譜》（《尚友堂年譜》），但他自己是一個非常低調的人，年譜的記事極其簡略。雖然曾經任過翰林院侍讀學士、侍講學士，禮部右侍郎，但並沒有過多記載官場中的交往，而且他不允許家人刊刻自己的自訂年譜，所以此譜流傳甚少，至今只有兩個抄本。在談及仇兆鰲自定年譜的簡略情況時，他的兒子們在續譜中說：「所痛者，先大夫一生行實，不孝等雖未能備悉，而譜略，中而不載、載而不詳者甚多，不知先大夫掭管時偶爾遺忘，抑或別有深意耶？不孝等前此罔知，愛日之誠，於所宜載，載而宜詳者，既不能問明補入，今又何敢稍刪一字與妄增一筆，以獲罪於九原也。」如此，他在朝中的任職情況、交往情況，我們也就難知其詳。這或許也是仇兆鰲身份如此之高，卻在《清史稿》中無傳的重要原因，很可能當時編纂《清史稿》的人根本就沒有見到過仇兆鰲的自訂年譜。

　　雖然《滄柱公年譜》記事非常簡略，但從《滄柱公年譜》所記仇兆鰲交遊的情況，我們似乎能夠找到《杜詩詳注》成爲杜詩研究的集大成著作的原因。

　　從《滄柱公年譜》所記的仇兆鰲的交遊情況，在其所交往的人群中，對《杜詩詳注》的成功產生影響的主要集中於以下三類人物：

（一）學界名流

　　仇兆鰲生於明末清初學術氛圍十分濃厚的浙江東部。這裏從漢唐時期就孕育著浙東學派的源。從浙東學術的研究資料看，北宋時期的「慶曆五先生」（楊適，字道安，慈溪人，人稱大隱先生；杜醇，慈溪人；王致，字君一，鄞縣人，人稱鄞江先生；王說，字應求，號城南，人稱西湖先生，本奉化人，後遷居鄞縣）、慶曆年間的鄞縣縣令王安石、元代的「明州四先生」（楊簡、袁燮、舒璘、沈煥）、明末清初的黃宗羲（在甬上證人書院講學）、萬泰、高斗魁、李鄴嗣、萬斯大、萬斯同、萬斯備、萬言等等，都是生活於仇兆鰲家鄉並爲浙東學派作出突出貢獻的學者。仇兆鰲的早期生活就是在鄞縣良好的學術氛圍中成長的。他也是黃宗羲的弟子，在黃宗羲著名的十八弟子中，他是深得老師欣賞的一個，萬斯大、萬斯同、李鄴嗣等甬上證人書院弟子都是他的同門師兄弟。在黃宗羲的甬江弟子中，萬斯大專攻經學，萬斯同特長史學，李鄴嗣長於文學，萬言主要是史學，他們把證人講書會搞得非常熱鬧，給寧波地區的學術帶來了特別的活力。在甬江證人書院活動期間，仇兆鰲積極參與，與老師、同門師兄弟探討學問，在明末清初浙東學術的氛圍裏接受薰陶，爲後來的學術事業奠定了堅實的學術基礎。

　　清初學術是中國學術史上的輝煌時期，這一時期湧現了很多著名學者，除了浙東學術、浙西學術的專家學者以外，還有很多在官場上的學人。仇兆鰲考中進士以後，接觸了很多身在官場的學界名人。

　　康熙二十四年他參加進士考試，他的考官多是一些有見識、有學問的人。如康熙十二年癸丑科榜眼王鴻緒，歷任翰林院編修，轉侍讀學士，充明史總裁，累擢內閣學士，工部尚書，戶部侍郎，著有《詩經傳說彙纂》二十卷，《序》二卷，《明史稿》三百十卷，《橫雲山人集》十六卷。康熙六年丁未科（1667）探花董訥，歷任翰林院編修、侍讀學士、漕運總督、左都御史、禮部侍郎、兵部尚書，官至江南總督，著有《督漕疏草》二十二卷。　康熙九年（1670）庚戌科榜眼孫在豐，歷任翰林院編修，侍讀學士，教習庶吉士，翰林院掌院

學士，《明史》總纂官，官至工部侍郎。康熙十八年（1679）己未科進士李孚青，翰林院編修，著有《野香亭集》十三卷。康熙乙丑（1685）科進士金殼似，著有《春秋五論》、《通鑑綱目凡例考異》，另有《駕幸闕里樂府十二章》等詩作。康熙二十四年（1685）乙丑科進士徐藝初，任過監察御史，整理過《庾開府集箋注》，著有《李義山集箋注》。等等。在與這些人的交往中，仇兆鰲開闊了眼界，增長了見識，豐富了各方面的知識。

在仇兆鰲爲官期間所接觸的學界名人中，最值得提及、對他影響也較大的是萬斯同、陳廷敬、張玉書和李光地。

萬斯同是清代著名的史學家，浙東學派史學的代表人物，仇兆鰲早年求學的同門師兄弟，早期官場生涯的至交。康熙四年（1665年），黃宗羲在家鄉餘姚授徒講學。這一年春天，仇兆鰲與萬斯同、萬斯大等二十餘甬上青年前往受業，與仇兆鰲同爲黃宗羲弟子。他是萬泰八子之第三子。萬氏家族在明代累受高官，對明王朝有深厚的感情，明亡後，萬泰遺命其諸子不爲清朝官吏。受家庭環境影響，萬斯同爲人講氣節，明亡後，不仕清廷。但爲了不讓清王朝史官任意纂改明朝歷史，受黃宗羲重託，他以布衣參與清朝史局，而不拿清朝俸祿。他是《明史·列傳》的實際主持人，《明史·列傳》的王鴻緒稿大半出於其手。當時參與史局的人凡遇史學問題多去請教於他。萬斯同一生著述頗豐，有《廟製圖考》四卷、《歷代史表》五十九卷、《南宋六陵遺事》一卷，《庚申君遺事》一卷、《崑崙河源考》一卷、《書學彙編》十卷、《群書疑辨》十二卷、《儒林宗派》十六卷、《漢魏石經考》一卷，《唐宋石經考》一卷等。仇兆鰲以遷葬爲由告假回鄉之前的京城爲官生涯，應該與他的這個同門、同鄉有過從甚密的交往。仇兆鰲對清代浙東學術最大的貢獻就是請萬斯同到翰林院講學，宣傳浙東學派的經學和史學思想。《年譜》康熙二十九年條中說：「暇日，與館中知己邀吾鄉萬季野先生（名斯同，博學洽聞，時以布衣聘參史局）同講經術，浹旬一舉。」也就是，滿十天就舉行一次「經術」演講討論活動，讓萬斯同的學問得以在京中學子中間傳播，給浙東經學、史學在學術界影響提供了機會。萬斯同的史學與經學水平都堪稱高深，仇兆鰲請萬斯同講學，可見其對浙東經學、史學都深爲崇奉。從仇兆鰲的經歷看，仇兆鰲自己在經學和史學方面也下過相當大的功夫，能夠與萬斯同「同講經術」，自是造詣匪淺。這當是仇兆鰲以經證詩、以史證詩的重要原因。

大學士陳廷敬、張玉書、李光地對仇兆鰲的影響主要是理學思想方面。

　　陳廷敬，字子端，號說岩、午亭，澤州（山西晉城）人，順治十五年（1658）戊戌科進士，翰林院庶吉士，因原名陳敬，同科進士有重名者，清世祖福臨賜名陳廷敬。康熙即位後授內秘書院檢討，擢國子監司業。曾任侍講學士，日講起居注官，侍讀學士，詹事府詹事兼翰林院侍讀學士，內閣學士兼禮部侍郎，充經筵講官，翰林院掌院學士，教習庶吉士，禮部侍郎，吏部侍郎兼戶部錢法侍郎，左都御史，工部尚書，刑部侍郎，戶部尚書，拜文淵閣大學士兼吏部尚書等。死後諡文貞。著有《午亭史評》二卷，《午亭文編》五十卷，《杜律詩話》二卷。仇兆鰲與陳廷敬同為館閣重臣時，閒暇時必當互相交流對杜詩之觀點。陳廷敬《杜律詩話》雖然只有兩卷，選詩亦不多，只有 55 首七言律詩，但其學問功底甚深，對 55 首杜詩詳加注釋，分析章法，辯駁疑難，頗有新見。仇兆鰲不僅在理學思想方面受其影響，在杜律的分析方面亦多接受其說，《杜詩詳注‧例言》裏「近人注杜」條專門提及「澤州陳冢宰之《律箋》」，所指當為此書。《杜詩詳注》採擇陳廷敬說杜約 26 條，幾占陳氏論杜之半，且每每引用，必言「澤州陳冢宰」或「澤州陳冢宰廷敬」，尊重之情溢於言表。可見陳廷敬對仇兆鰲影響之大。

　　張玉書，字素存，江南丹徒（今江蘇丹徒）人，順治十八（1661）年辛丑進士，選庶吉士，授編修。累遷左庶子，充日講起居注官，加詹事銜，擢內閣學士，充經筵講官，遷禮部侍郎，兼翰林院掌院學士。曾任刑部尚書，兵部侍郎，戶部尚書。為官清正廉潔，自律甚嚴，死諡文貞。著有《張文貞集》十二卷，《張文貞外集》二卷，奉敕任《明史》、《大清律例》、《康熙字典》、《佩文韻府》、《佩文齋詠物詩選》的總纂官，為大清的文化事業做出了突出的貢獻，死後配祀賢良祠。張玉書對仇兆鰲的影響主要在理學方面，仇兆鰲接觸張玉書以後，再次回歸理學，「益以理學自任」〔註6〕。

　　李光地，字晉卿，福建安溪人，康熙九年（1670）庚戌科蔡啓僔榜進士，選庶吉士，授編修。積功至永州總兵，後任內閣學士、直隸巡撫。一生著述極豐，僅《清史稿》列目的就有《周易折中》二十二卷，《周易通論》四卷，《周易觀象大指》二卷，《周易觀彖》十二卷，《尚書解義》一卷，《尚書句讀》一卷，《洪範說》一卷，《詩所》八卷，《周官筆記》一卷，《禮記纂編》六卷，《朱子禮纂》五卷，《古樂經傳》五卷，《春秋大義》、《春秋隨筆》共一卷，《春秋毀餘》四卷，《孝經全注》一卷，《大學古本說》一卷，《中庸章段》一卷，

〔註 6〕陳訓正《鄞縣通志人物編》，1938 年排印本，臨時抽印本，頁 328。

《中庸餘論》一卷，《讀論語札記》二卷，《讀孟子札記》二卷，《榕村韻書》
五卷，《欽定音韻闡微》十八卷，《韻譜》一卷，《月令輯要》二十四卷，《圖
說》一卷，《朱子全書》六十六卷（奉敕撰），《性理精義》十二卷（奉敕撰），
《通書注》一卷，《注解正蒙》二卷，《二程子遺書纂》二卷，《邵子觀物篇注》
二卷，《尊朱要旨》一卷，《榕村語錄》三十卷，《榕村講授》三卷，《經書筆
記》、《讀書筆錄》共一卷，《道南講授》三卷，《觀瀾錄》一卷，《初夏錄》一
卷，《握奇經注》一卷，《曆象本要》一卷，《星曆考原》六卷，《陰符經注》
一卷，《參同契章句》一卷，《鼎符》一卷，《離騷經注》一卷，《九歌注》一
卷，《榕村集》四十卷，《古文精藻》二卷。李光地對仇兆鰲的影響也在理學
方面，仇兆鰲接觸張玉書、李光地以後，再次回歸理學，李光地精深的理學
思想起到了重要作用。

仇兆鰲年輕時曾經尊奉理學，後來師從黃宗羲以後，由於黃宗羲接受的
是他的老師劉宗周的影響，仇兆鰲也接受了劉宗周的蕺山學說，提倡治學不
走心學一路，而以「敬則誠，誠則天」為治學旨歸，尊重前人的學術成果，
反對冥思妄斷，注重用材料說話。但後來在京城為官，則主要接受陳廷敬、
李光地、張玉書等人的治學理念，回歸理學一路。雖然他依然不排斥劉宗周
的蕺山學說，依然注重材料的使用，但理學觀念和理學方法的影響也使得《杜
詩詳注》在思想上相對趨於保守，在材料的使用上也有一些不十分嚴謹之處。

總體來看，仇兆鰲所接觸的學界名流，在知識範圍、思想認識、思維方
法、治學路徑等方面對他有較大的影響，這是《杜詩詳注》之所以成為《杜
詩詳注》的思想根底和學問方法來源。

（二）研杜學者和杜詩愛好者

仇兆鰲的學術生命，與《杜詩詳注》緊密相連。《滄柱公年譜》顯示，他
的一生，也為了成就《杜詩詳注》不懈努力。仇兆鰲從康熙二十八年輯注杜
詩，在此之後，他除了利用閒暇時間輯注杜詩，也在平時的交往活動中為《杜
詩詳注》進行著各個方面的努力。其交往之人中，多有為他提供注杜資料者，
亦有資助其出版《杜詩詳注》者。

林非聞，名必達，字非聞，崇禎十六年（1643 年）進士，與仇兆鰲父親
為硯友，自清世祖福臨三年（1646）後不復出山，與林繭庵同為逸老，時稱
二林先生。又與崇禎十三年（1640 年）榜眼葛世振（字同果，鄞縣人，官至
翰林院編修，清建國後，以年老不奉詔）三人同為高尚不仕之士，號稱四明

三老。仇兆鰲年輕時曾有訟事纏身，林非聞曾以前輩身份搭救仇兆鰲。仇兆鰲《杜詩詳注》中的王嗣奭評語，均來自林非聞抄本。《杜詩詳注・諸家詠杜》收有王嗣奭《杜臆脫稿覆閱漫題》：「佳句死耽憐性僻，晚看律細倍情真。劍門巫峽經行地，到處傷心憂國人。論事迂疏唐史陋，逢時轗軻皇天仁。學詩聞道企游夏，煉世得仙輕惠詢。蒿里重來遺憾少，草堂一夢晤言親。已招稷契作前輩，應許偶翁爲後身。」〔註7〕詩後引有李鄴嗣對王嗣奭注杜情況的介紹：「王公右仲，少有異才，長通文史，尤嗜杜少陵詩。嘗夢至草堂，與杜公對酒談詩。後知涪州，以事赴錦官城，拜少陵祠下，仰瞻遺像，彷彿夢中。及里居，遂詮次其詩，名曰《杜臆》，多前人所未發者。」〔註8〕其後又介紹了仇兆鰲自己從林非聞處獲得《杜臆》的情況：「余近纂杜注，聞王氏向有《杜臆》一書，從林非聞先生齋頭得授抄本，集中採錄，鉅細不道。林先生素與右仲爲詩文故交，各以名節相砥，林公隱身高尚，六十餘年，樂道人善，蓋至老不衰也。」〔註9〕由此可知，仇兆鰲《杜詩詳注》所用《杜臆》底本爲較早的林非聞抄本。這個抄本，從今天來看，與王嗣奭順治二年順治三年的最後時間所修訂的本子有很大差別，其中很多精彩言論，今本《杜臆》不見，可知王嗣奭晚年修訂《杜臆》時思想和審美情調都發生重大變化。林非聞抄本《杜臆》，借仇注杜詩得以保存，是研究王嗣奭美學思想變化的非常重要的資料。

朱乾若，事迹不詳。康熙三十四年（1695），仇兆鰲五十八歲，告假南回爲父母遷葬。由於遷葬地點和遷葬時間久久未定，他便把心思用到了《杜詩詳注》的輯注工作上。這一年，他通過王漢槎得以與一杜詩研究者朱乾若相識，二人互相啓發，互爲發明，共同探討，「相與參論杜說」應該有不少收穫。

左峴和潘耒。康熙三十六年（1697），仇兆鰲爲父母遷葬。但遷葬事畢，他並沒有返回京城任職，而是流連江南勝景，與江南名流詩文唱和，過起了悠哉遊哉的閒居生活。康熙三十七年（1698），六十一歲的仇兆鰲在粵東做縣令的兩個學生田子、景子，邀請他入粵遊玩，他除了會見學生，在學生引導下遊覽了當地的名勝，還會見了左峴和潘次耕，這是兩個與《杜詩詳注》有重要關係的人。

〔註7〕 仇兆鰲《杜詩詳注》，中華書局 1979 年，頁 2295。
〔註8〕 仇兆鰲《杜詩詳注》，中華書局 1979 年，頁 2295。
〔註9〕 仇兆鰲《杜詩詳注》，中華書局 1979 年，頁 2295。

左峴，字襄南，寧波府鄞縣人，仇兆鰲同鄉，康熙九年庚戌（1670）科蔡啓僔榜進士，曾任福建龍岩知縣、威州知州、陳州知州、直隸茂州知州等。仇兆鰲南遊時，他正任廣東提學，得以同鄉會於南粵。

左峴是杜甫的眞誠崇拜者，任威州知州期間，對蜀中地理形勝、歷史古迹頗多留意，對杜甫在四川的行蹤有詳細考訂，推崇杜甫爲一代詩宗。他作有《杜工部草堂記》一篇，可見其對杜甫的推崇。仇兆鰲認爲左峴的考證是有價值、值得流傳於藝苑的考證，收錄於《杜詩詳注》附編中，茲錄之於下：

　　嗚呼，杜少陵當天寶之亂，干戈騷屑，間關秦隴，崎嶇巴蜀，於成都浣花裏種竹植樹，結廬枕江，縱酒賦詩，與田父野老相狎侮，彼其心曷嘗須臾忘故國哉！思家宵立，憶弟晝眠，憂盜賊縱橫，卷懷宗國，而每飯不忍忘君，一篇之中三致意焉。千載而下，讀之者有餘悲也。考公於肅宗乾元二年己亥十二月自同谷入蜀至成都，依成都尹裴冕以居。至次年，改元上元元年庚子，是歲，始營草堂，嘗間至新津青城。而三月李光弼已代冕，所謂「主人爲卜林塘」者，非必盡出於冕也。王司馬攜營茅屋資相訪，則曰「憂我營茅棟，攜錢過野橋」；王錄事許草堂資不到，則曰「爲嗔王錄事，不寄草堂資」。蓋其旅次未安，資斧不快，而經始之艱且勌也如此。時公先寓居草堂寺中，高適寄詩所謂「傳道招提客，詩書自討論」者是也。上元二年辛丑，以嚴武爲成都尹，竹裏行廚，花邊立馬，自此逢迎得有主人，堂垂成於次年改元寶應元年壬寅，而是年建巳月乙卯，上皇崩。丁卯，肅宗崩。秋七月，嚴武召還爲二聖山陵橋道使，公送至綿州。未幾，徐知道亂，遂入梓州。冬復歸城（成）都，迎家至梓。冬十一月，往射洪縣南之通泉縣。時嚴武入朝，遂遊東川，依高適，而公已去草堂矣。代宗廣德元年癸卯，自梓往祭房相國於閬州。是年，除京兆功曹，道阻不赴。二年甲辰春，復自梓往閬，嚴武代高適爲節度使，再鎮蜀。春晚，遂歸成都。六月，在武幕中，武表爲節度參謀、檢校工部員外郎，幕中多不合意，故有《晚晴懷西郭茅舍》之作。至次年，改元永泰乙巳，即辭幕府，歸浣花溪草堂。四月嚴武卒，郭英乂代武。英乂武人，粗暴，無能刺謁，公流落劍外，無所依，即於五月舍草堂南下，自戎州、渝州，旋寓居雲安、夔州矣。是時公雖在蜀已七載，而居草堂者不過三四歲。又此三四歲之

中，經營卜築已費其太半，及斷手於寶應年，而是秋即在梓閬間。往來梓閬幾三載，公詩所謂「三年奔走空皮骨」者也。及武再鎮，留院中半年歸浣溪，不逾時即離之而去。已然公雖流離困頓，自成都往梓閬，復往雲安、夔州，而并州故鄉之感，時刻縈於懷。《遣弟占歸檢校草堂》則曰「東林竹影薄，臘月更須栽」;《寄題草堂》則曰「爲念四小松，蔓草易拘纏」;《送韋郎歸成都》則曰「爲問南溪竹，抽稍合過牆」;《懷錦水居止》則曰「雪嶺界天白，錦城曛日黃」:形諸篇什，其惓惓不忘如此。公卜居浣花裏，地名百花潭，與草堂寺相近，因名草堂。今寺與堂相近，疑恐非舊址。然《卜居》詩有曰「浣花溪水水西頭」，《狂夫》詩有曰「萬里橋西一草堂，百花潭水即滄浪」，《堂成》詩「背郭堂成陰白茅」，《出郊》詩「時出碧雞坊，西郊向草堂」，《懷居》詩「萬里橋南宅，百花潭北莊」……讀其詩，弔望其山川里居，而草堂背成都郭，在西郊外萬里橋南，百花潭北，浣花水西，歷歷如舊。公當日歸草堂，時出西郊。自南郭而言之，則草堂在萬里橋西，自西郭而言之，則草堂在萬里橋南，故互文曰橋西橋南也。明皇使吳道子繪蜀道圖，歸索其畫，曰無有，盡在臣腹中。及明皇入蜀，而所過山川城邑，無不按圖悉肖。今去公千載，陵谷幾變遷，而江村白沙之路，竹翠椒丹，橘刺藤梢，雖其一草一木，亦盡態極容，形於楮上。有公詩，即草堂如見。余竊怪楊升菴修《全蜀藝文志》，而於杜詩寥寥止數首。夫以杜之九鑽巴火，三蟄楚雷，其太半所作，豈獨爲瞿塘岷峨生色，乃多抑而不載。黃魯直在涪州，盡書子美夔州之詩而刻之於石壁，世有君子，當同是心也。〔註10〕

左峴的考證，將杜甫在四川幾年的時間裏何時在何地以及在何地會見何人或依靠何人，都交代得非常清楚。仇兆鰲注釋杜甫在川詩，基本遵從左峴的考證。

左峴非常支持仇兆鰲注釋杜詩，《杜詩詳注》首刊之經費，亦由左峴資助。仇兆鰲對左峴的支持，銘記不忘，《杜詩詳注》除收錄左峴《杜工部草堂記》外，還特意對左峴的資助進行了說明:

故友左君湘南（《年譜》作「襄南」），登康熙庚戌科進士，初任龍岩

〔註10〕仇兆鰲《杜詩詳注》，中華書局 1979 年，頁 2254～2256。

令，後補蜀之威州，故於蜀中形勝古迹多留意焉。再知陳州，升部
郎，見余注杜，囑之曰：「少陵千載詩宗，注家林立，往往彼此譏彈，
子箋此集，恐具目者且四面而環攻之矣！」後衡文東粵，振拔孤寒，
高出從前學使。歸里時，克捐餘資以佐剞劂之不逮。此書告成，甫
寓目而旋逝世。噫！表韻事於先賢，撫遺文而歎息，草堂一記，考
據精詳，眞堪流傳藝苑矣。歲在甲申菊月兆鰲附記。

短文對左峴爲人評價甚高，對左峴考訂杜甫在川經歷的評價是「考據精詳」。
對其資助自己刊刻《杜詩詳注》則深表感激。

　　潘次耕，即潘耒，字次耕，吳江（在今江蘇南部，上海市鏡太湖尾吳淞
江）人，顧炎武學生。曾以布衣舉博學宏詞，官檢討，纂修《明史》，與大學
士李光地、著名文人 刑部尙書王士禎、著名詩人朱彝尊、著名學者朱鶴齡、
戶部侍郎田雯等有交往。著有《類音》八卷、《遂初堂詩集》十五卷、《遂初
堂文集》二十卷、《別集》四卷、書法詩格著作《雁園集》。潘耒一生，只做
過檢討，可能曾與仇兆鰲同時參與明史館工作，故稱「同館」。潘耒於史學深
有研究，亦對杜詩有深入研究，但拘于忠君思想。在這一方面，仇兆鰲與潘
耒同氣相應，對於潘耒解說杜詩的忠君內涵，仇兆鰲幾乎不加辨別，甚至爲
維護杜甫的忠君思想而捨棄錢謙益的重要解說。如關於《洗兵馬》一詩是否
有忠君思想，是否爲蘊含譏刺的作品，杜詩學界存在不同意見，錢謙益認爲
此詩已經暴露出玄、肅父子之間的深刻矛盾，認爲是一篇很有諷刺意味的作
品，而朱鶴齡、沈壽民、潘耒等堅持忠君說，曲爲迴護。

　　朱鶴齡曰：中興大業，全在將相得人。前日「獨任朔方無限功」，
下曰「幕下復用張子房」，此是一詩眼目，使當時能專任子儀，終用
張鎬，則洗兵不用，旦夕可期，而惜乎肅宗（用）非其人也。王荊
公選杜工部詩，以此詩壓卷，其大指不過如此。若玄、肅父子之間，
公爾時不應遂加譏切也。〔註11〕

　　沈壽民曰：兩京克復，上皇還宮，臣子爾時當若何歡忻。乃逆
探移仗之舉，遽出誹刺之詞，子美胸中不應峭刻如此。〔註12〕

　　吳江潘耒曰：《洗兵馬》一詩，乃初聞恢復之報，不勝欣喜而作，
寧有暗含譏刺之理。上皇初歸，肅宗未失子道，豈得預探後事以責

〔註11〕仇兆鰲《杜詩詳注》，中華書局 1979 年，頁 520。
〔註12〕仇兆鰲《杜詩詳注》，中華書局 1979 年，頁 520。

之。詩人以忠厚爲本，少陵一飯不忘君，即貶謫後，終其身無一言
怨懟。而錢氏乃謂其立朝之時，即多隱刺之語，何浮薄至是。噫！
此其所以爲牧齋歟。又曰：天子之孝，在乎安國家、保宗社。明皇
既失天下，肅宗起兵朔方，收復兩京，再造唐室，其孝亦大矣。晚
節牽於婦寺，省覲闊疏，子道誠有未盡。若謂其猜忌上皇，並忌其
父之臣，有意剪鋤，則深文矣。移宮倉卒，上皇不樂，容或有之。
幾爲兵鬼之言，出自《力士傳》，稗官片語，乃據以實肅宗之罪，至
比之商臣、楊廣，論人當若是耶？房琯雖負重名，而鮮實效，專師
辱國，門客受賕，罷相亦不爲過。子美論救，固是爲國惜賢，雖蒙
推問，旋即放免。逾年乃謫官，不知坐何事。今言其坐琯黨，亦臆
度之辭耳。子美大節，在自拔賊中歸行在，不在救房琯也。錢氏直
欲以此爲杜一生氣節，欲推高杜，則極贊房，因極贊房，遂痛貶帝。
明末黨人，多依傍一二大老，脫失路，輒言坐某人故牽連貶謫，怨
誹其君，無所不至，此自門戶習氣。杜公心事，如青天白日，安有
是哉。以此推之，牧齋而秉史筆，三百年人物，枉抑必多。絳雲一
炬，有自來矣。〔註13〕

朱鶴齡與錢謙益發生注杜公案，二人觀點相左，朱鶴齡顯然是針對錢謙益逆
探移仗之舉發言，認爲錢氏之說曲解杜詩，並認爲杜甫此時不會譏諷玄、肅
父子矛盾。這個觀點符合杜詩原意。沈壽民認爲，杜甫此時只能爲國家收復
失地高興，至於玄、肅兩天子的父子人倫關係如何，杜甫不會如此峭刻。潘
耒則認爲杜甫「一飯不忘君」「終其身無一言怨懟」，詩中根本沒有任何譏刺
之語；他還爲肅宗提前即位進行迴護，認爲肅宗只是在後來受女寵影響未能
克盡子道，卻從未猜忌過玄宗及其舊臣；還認爲杜甫的忠君愛國之心在於「自
拔賊中歸行在」，而不在於救房琯，更不會因爲救房琯受牽連而生怨懟之心並
進而對天子行爲指手畫腳。但筆者引此三則資料，不爲論其是非，旨在說明，
錢謙益的分析，既揭肅宗不盡子道，又可能使杜甫成爲「峭刻」不忠之人，
仇兆鰲堅持忠君說，認爲寫作《洗兵馬》時，杜甫絕不會「逆探移仗之舉」，
因而只收錄朱鶴齡、沈壽民、潘耒的說法，而捨棄錢謙益的解說。而潘耒的
解說，雖有一定道理，但最後竟至攻擊謾罵，有失學術探討的風範，仇兆鰲
仍然大段收錄，不加擇別，可見對潘耒意見的重視。由此不難想像，仇注杜

〔註13〕仇兆鰲《杜詩詳注》，中華書局 1979 年，頁 521。

詩應該受到潘耒不少影響。

　　這一年（康熙三十七年）在廣東，仇兆鰲與他的學生田從典（時為廣東英德縣縣令）、景日昣一起詩酒流連。他的學生大概也是杜詩愛好者，在高要縣令景日昣的支持下，仇兆鰲在「後枕城垣，三面皆水，南窗負陽」、環境優美的水閣裏，完成了「注杜賦六篇」的《杜詩詳注》書稿。

　　康熙三十九年庚辰（1700），仇兆鰲六十三歲。這一年，《杜詩詳注》已經完成，並繕寫發刻完畢，「凡二十六卷，皆旌德葉承武所書」（《年譜》），但仇兆鰲並沒有停止對杜詩資料的搜集。當他遇到明朝庚辰（1640）進士林繭庵先生時，依然向已經九十歲的老先生認真請教。林繭庵，即林可成，字弘治，號繭庵，浙江寧波鄞縣人，明崇禎十三年（1640）庚辰科進士，曾任太康縣令，御史，為政有清聲。與林非聞同稱「二林先生」，四名三老之一。明亡後不仕清朝。《滄柱公年譜》這一年記載：「前庚辰進士林繭庵先生，素稱博學，至是重遇。庚辰年已九十矣，尚矍鑠，能讀書，見予注杜詩，出所記名論數十條見示。」林老先生激勵後學，將自己收集的注杜名論數十條出示仇兆鰲，可見仇兆鰲從這些遺老們中間獲得不少注杜資料。

　　從仇兆鰲居家和旅遊的活動中我們不難感受到，他把杜詩的注釋當成一項事業，時時刻刻都在考慮著注釋的工作，隨時隨地都在注意搜集各個方面的材料，不管成書的還是不成書的。在清初的注杜名著中，在搜集當代人的注杜成果方面，沒有人能夠如仇兆鰲搜集得全面，這種隨時隨地的搜羅材料應該是《杜詩詳注》成為杜詩集大成著作的重要基礎。

（三）詩友

　　封建社會的知識階層，有一種非常文雅的交往活動，就是舉辦詩會或詩詞唱和。作為封建社會知識階層的一員，仇兆鰲的社交活動中也有一群詩友。京中的活動除了應制唱酬，有時也與朋友郊外覽勝，他的《壬申重九後造昌平訪隱者不遇悵然有作》、《文丞相祠》是這種生活的印記。

　　《滄柱公年譜》中反映他與詩友流連唱和的情況有三處。

　　一是康熙十三年甲寅（1674），諸暨縣土匪猖獗，他不得不離開坐館之所，到平湖縣避亂，與郭皋旭、邵擁宸、沈浮宸、金柳成、陸鶴叔、馬學海、馬學山、過錫璜、徐鞏藩等同人在平湖過著悠閒自在、詩酒流連的生活：「自九月至臘初，同人相聚會文，設宴作樂，殆無虛日。時而嬋娟退舍，煙火連宵；時而泛舟湖上，覽勝樓頭。偶然託處樂郊，幾忘東土亂離之慘矣。」「同人相

聚會文」，當然少不了詩詞歌賦，可惜這些作品不知遺失何處。

　　一是康熙三十六年（1697），在完成爲父母遷葬的事情之後，組織了一次里中耆舊的詩會：「四月，雅集里中耆舊凡十餘人，有唱和諸什。」這一次活動規模很大，有些人的作品也被保留在《甬上耆舊詩》和《續甬上耆舊詩》中，但仇兆鰲自己的作品很難確認，可能《四賢祠》是此時的作品。

　　一是三十七年戊寅（1698）春天，他又組織了一次雅集活動，但年譜中只有「復會耆英」一句，這一次活動的規模、情況不甚清楚。

　　這一年，他應弟子之邀去廣州遊玩，「至英德，田子爲道地之名勝，與董子漢登臨唱和」。也就是說，南遊旅途，也有不少文人雅集，其中自然不免詩酒流連、歌詞助興、你唱我和。但這些詩歌也都沒有保存下來。

　　除以上外，仇兆鰲的詩詞活動便知之甚少了。

　　雖然活動不多，但從中亦可看出，仇兆鰲愛好詩詞，他自己也是有詩詞功底的，而且他的詩，有些顯然是模仿學習杜詩的（見著述考詩文部分），這正是他注釋評價杜詩的文學基礎。

三、爲宦官場：清貴的翰林生涯與《杜詩詳注》的成功

　　仇兆鰲的自訂年譜對官場生涯的情況涉及甚少，什麼原因，說不清楚。他的兒子們在《續譜》中說：「所痛者，先大夫一生行實，不孝等雖未能備悉，而譜略，中而不載、載而不詳者甚多，不知先大夫搦管時偶爾遺忘，抑或別有深意耶？」〔註14〕「譜略，中而不載、載而不詳者甚多」，說明仇兆鰲生前的許多事情，在年譜中都未能反映出來，仇兆鰲既然未作說明，其兒子們臆測仇兆鰲或許另有深意，我們也不便妄加揣測。但從仇兆鰲年譜所記，可明確的是，他在官場，大多時候過的都是清貴的翰林生活，而這應該是《杜詩詳注》成功的重要原因。

　　仇兆鰲於康熙二十四年考中進士，康熙二十六年散館授編修後步入仕途。其後官職變動情況如下：

　　康熙二十七年，分校禮闈；

　　康熙二十九年，與修《一統志》；

　　康熙三十年，與修《明史》；

〔註14〕仇兆鰲《滄柱公年譜》康熙五十六年，天一閣藏抄本。

康熙四十四年，總裁纂修《方輿程考》；七月，特升左春坊左贊善兼翰林院檢討；九月，特升翰林院侍講；十月，轉侍讀；

康熙四十五年，獨監書局（指獨自主持《方輿程考》事）；四月，升侍講學士，充補殿試彌封官；

康熙四十七年，轉侍讀學士；十二月，特升內閣學士兼禮部侍郎；

康熙四十八年，充補經筵講官；殿試讀卷官；充武殿試讀卷官；

康熙四十九年，升吏部右侍郎兼翰林院學士；

康熙五十年，具疏告病乞休。

二十四年的官場生涯，仇兆鰲除去告假在家的歲月，一直在京城任職，而且都是在皇帝的左近周圍，不可謂不貴。但在仇兆鰲所有的官職中，只有「吏部右侍郎兼翰林院學士」是一個比較有實權的位置，「內閣學士兼禮部侍郎」的官位雖然與「吏部右侍郎兼翰林院學士」差可等同，但只不過是一個裝點昇平的職位而已。而「吏部右侍郎兼翰林院學士」他只做了一年的時間，就因病「乞休」了，因此，也不可能獲得太多的實惠。

二十四年的官場生涯，期間竟有十一年時間告假在家。告假的原因是爲父母遷葬，但告假是在康熙三十四年，遷葬是在康熙三十六年，另有九年的時光，竟然沒有回京供職，這是非常奇怪的事情。「雖志在希賢，而未能寡過；亦心存報國，而徒託空言」〔註15〕這是仇兆鰲積極參加科舉考試的目的，如果可以獲得治國平天下的機會，如果翰林生涯悠閒而富足，仇兆鰲不可能因爲告假遷延九年時光。這一點，我們在本節第一部分已經有過分析，此不贅言。總而言之，翰林生涯對仇兆鰲來說，就是高貴而清苦。

對於仇兆鰲來說，他的官場生涯的確「清貴」。康熙三十三年仇兆鰲因爲父母遷葬告假回家，但直到康熙四十四年才回到京城擔任《方輿程考》總纂官，這中間十一年的間斷，耐人尋味。仇兆鰲在《年譜》的康熙五十年得病時說過這樣一句話：「竭清俸以供藥資」。由此我們知道，仇兆鰲在京城的爲宦生涯確實並不寬裕。聯繫《年譜》中所反映的他爲百姓申請解除羊皮陋費和苟派諸事，以及爲武昌稅務、陳鵬年諸事力排眾議的行爲，仇兆鰲的職場生涯可用「沒錢」「沒有實權」「正直」八字概括。國家需要這樣的正直之士，但現實往往青睞於善於逢迎、工於心計、八面玲瓏的人，故此，與仇兆鰲交往的人就可能相對較少。仇兆鰲自訂年譜很少反映他官場交往的情況，或許

〔註15〕仇兆鰲《滄柱公年譜》康熙五十六年，天一閣藏抄本。

確如其兒子們所說有作者深意在，但他交往面相對狹窄應該也是不爭的事實。今檢清初文人交往、官員交往的諸多文字，都難以發現仇兆鰲的蹤迹，應該能證明我們的推測大致不差。

門前沒有車喧馬鬧，為宦不去左右逢迎，人際交往沒有太多東奔西走，職場沒有機務鞅掌之事，生活就相對安靜清閒，於是，仇兆鰲便在「暇日，輯注杜詩。一考詩題歲月；一解詩中意義；一注典故淵源；一正從來謬說；一採諸家名論」，將身心沉入學術探討，在杜詩研究方面做出了突出貢獻。

根據仇兆鰲的著述目的，結合《杜詩詳注》的實際，作為杜詩學史上的集大成著作，《杜詩詳注》最突出的成就是薈萃了太多的材料，主要體現在：

一是對文字訂正方面。仇兆鰲參合以前杜詩各種版本，確認杜詩用字：「杜詩各本流傳，多有字句舛訛，昔蔡伯世作《正異》，而未盡其詳。朱子欲作考異，而未果成書。今遇彼此互異處，酌其當者書於本文。參見者分注句下，較錢箋、朱注，多所辯證矣。」〔註16〕（《遊龍門奉先寺》附考）

二是考證文字來源方面。仇兆鰲不僅將以前各家所進行的文字來源考訂基本收錄，而且進行了許多新的工作，較之於前人的文字來源考訂，變本加厲，詳之又詳，幾至每字必考，以證杜詩「無一字無來處」。

三是杜詩編年。仇兆鰲將前代著名的編年資料搜羅殆盡，《杜詩詳注》所載《杜工部年譜》有一段仇兆鰲按語：「宋人作少陵年譜，其傳世者，有呂大防、蔡興宗、魯訔、趙子櫟、黃鶴數家。明初則有單復之譜，近日則有錢謙益、朱鶴齡、顧宸諸譜。唯朱氏裁別異同，簡淨明當，可稱定本。但末後一條，關於生死大事，而其時其地，皆未分明。茲仍採舊譜，以正其訛云爾。」〔註17〕可見仇兆鰲是參考了各家的年譜，並加以個人的見解，使杜詩編年更加接近原貌。

四是在杜詩「詩史」說方面。杜詩「詩史」說自宋代有之，後世多有申發，仇兆鰲除引證前人的詩史說資料外，最多的是引證錢謙益的詩史考證資料，並加以個人的考證，集「詩史」說之大成，使「以史證詩」成為一種文學研究中頗可借鑒的方法。

五是收集歷代典章故實資料方面。杜甫「轉益多師」，是唐代集大成的詩人，其作品涉及許多前代文化知識，為了能更深刻地理解杜詩，仇兆鰲收集

〔註16〕仇兆鰲《杜詩詳注》，中華書局 1979 年，頁 2。
〔註17〕仇兆鰲《杜詩詳注》，中華書局 1979 年，頁 19。

了歷代學者對杜詩涉及的典章制度、州縣設置、山川河流、飲食服飾、風物傳說等方面的資料，使人們在閱讀《杜詩詳注》時還能夠受到各種文化知識的薰陶。

六是對杜詩詩體進行了全面關注。杜詩的集大成亦體現於對唐代所存在的各種詩體的使用以及對各種詩體的貢獻。仇兆鰲對杜詩詩體的關注，主要附着在每一種詩體第一次出現的那篇詩文之後，既論及到了各種詩體的源流變化，又談及到了杜詩在各種詩體中達到的水平，是比較全面關注杜詩在詩體方面的成就的研究學者。

七是薈萃名家評論。杜詩研究，向有「千家注杜」之說，仇兆鰲在《杜詩詳注》每篇之後薈萃名家評論，使人們閱讀一部《杜詩詳注》，便可獲得多位名家對杜詩的認識，可以在對各家觀點的對比中尋求自己認爲最接近杜詩原意的解說。這項工作，最難的是對近人注杜材料的搜集。因爲前人注杜搜集雖難，畢竟可通過已經刊刻之版本獲得，而近人注杜，有的尚未刊刻，有的並未眞正成稿，完全都是靠辛勤訪問，時時搜集，而今天來看《杜詩詳注》對清初研杜資料的搜集，名家幾乎搜羅殆盡，可見其用功之深。

由《杜詩詳注》的材料工作可以看出，完成這部著作，需要花大力氣閱讀大量典籍，需要充分彙集各種研究資料，需要對研究資料有相當的辨識能力，如果沒有較爲充裕的時間和較高的文化修養，是根本不可能完成這樣卷帙浩繁的工作的。而仇兆鰲較高的文化修養和清貴的官場生活給《杜詩詳注》成爲杜詩學史上的集大成著作提供了條件，使得他有時間、有能力完成這樣一部杜詩學的扛鼎之作。

第二節　仇兆鰲思想綜述

關於仇兆鰲思想，根據仇兆鰲自訂《滄柱公年譜》，結合《鄞縣縣志》、《寧波府志》、《浙江通志》、《國朝耆獻類徵》、《兩浙輶軒錄》以及《杜詩詳注》、《周易參同契集注》、《悟眞篇集注》等相關資料分析，基本可以獲得的結論是：仇兆鰲的思想以儒家爲宗，以道教爲附翼。

一、以儒家思想爲主導

正統的儒家思想伴隨仇兆鰲一生。

　　仇兆鰲出生於一個「起家儒業」的傳統家庭，他的父親公路公仇遵道，晚明諸生，鄞縣宿儒，以教育啓迪後學爲己任，鄞縣「賢俊多出其門」〔註18〕，對鄞縣的教育事業做出過一定貢獻。雖然仇兆鰲幼年頑皮，以致仇遵道對他常常「怒形於色」〔註19〕，父親對仇兆鰲的教育可能還不如對里中青年的教育有效用，但耳濡目染的影響應該是深入內心的，也就是說，以儒術傳家的家庭環境一定會對仇兆鰲有重要影響。

　　仇兆鰲六歲開始進入私塾學習。根據明清教育資料來看，私塾裏所學無非是四書五經之類的內容，這種教育在很大程度上影響著仇兆鰲後來的人生之路。根據《滄柱公年譜》記載，仇兆鰲二十四歲時獲得《程朱語類》一書，「朝夕參玩，理境漸明」〔註20〕，可見仇兆鰲受程朱理學影響很大。仇兆鰲三十二歲時在古小學書院謁見清初著名學者黃宗羲，幾年間與黃宗羲來往漸密，受其影響較深，主要是接受了黃宗羲所信奉的劉宗周的蕺山學說，對程朱理學有所偏離。但後來在京都，與大學士李光地、陳廷敬、張玉書等人交往，受他們影響，又回歸理學，復以程朱學派爲宗。另外，仇兆鰲多年在科舉考試的道路上奔波，所學主要是四書五經一類，二十多年的坐館生涯也主要以教授四書五經爲主。再加上他在《杜詩詳注》中流露出的思想情緒，基本可以判定，仇兆鰲思想的主導方面是儒家思想。可以從以下幾個方面認識：

（一）忠君思想

　　仇兆鰲有濃厚的忠君思想，對滿清王朝從無二心。仇兆鰲出生於明朝末年，經歷了清朝入關南進的戰火，在明末清初濃厚遺民情緒的環境中成長，尤其是生存於遺民思想濃厚的浙東學術的文化氛圍中，按理說，他的思想深處也應該受遺民思想的影響，但從年譜反映的情況以及現存的他的詩作看，遺民情緒在他的思想裏沒有留下任何痕迹。原因可能是多方面的：一，仇兆鰲雖然出生於晚明，但在他只有 7 歲的時候滿清就已經立國，滿清立國以後又採取了高壓政策和籠絡漢人的統治手段，晚明的社會生活在他心中不會留下太深的印記，而清朝統治者籠絡漢人的統治手段可能對正在求學期間的仇兆鰲產生較大的吸引力，因爲沒有強烈的故國之思的讀書人容易把目光集中在讀書做官的傳統人生道路上來；二，仇兆鰲雖然經歷了晚明的戰火，但由

〔註18〕陳訓正《鄞縣通志人物編》，1938 年排印本，臨時抽印本，頁 327。
〔註19〕仇兆鰲《滄柱公年譜》，浙江寧波天一閣博物館藏咸豐抄本。
〔註20〕仇兆鰲《滄柱公年譜》，浙江寧波天一閣博物館藏咸豐抄本。

於其家庭在戰亂中沒有遭遇太多災難，也就很難引起他對清軍入關的刻骨仇恨；三，其父仇遵道在明朝沒有做官，只是一個諸生，對明朝不會有太多的感情，不會以抗清思想教育仇兆鰲，因爲沒吃朝廷俸祿，可能決定仇遵道的政治立場沒有同居鄞縣的萬泰那樣強烈的遺民情結。（萬氏家族在明代聲名顯赫，遷居鄞縣後，歷十三世，而可載史傳者十數人，「三世四忠」、「三節一義」使萬氏家族名播四方，萬表、萬泰、「萬氏八龍」又使萬氏家族的聲名和儒學地位更加顯赫。萬氏在明代的顯赫聲名和地位使萬泰心向明朝，萬泰教育子孫尤重氣節，要求他們不仕清朝，他的兒子們也都遵從父訓，萬斯同被逼無奈又受黃宗羲之託參與修訂明史的工作，但到死沒有穿清朝的官衣，沒有拿清朝的俸祿）。可能因爲如上原因，仇兆鰲入清後積極參加科舉考試，沒有表現出對滿清王朝的任何牴觸情緒，甚至屢經科舉失意、黃宗羲勸其放棄科考留意學問都不曾動搖他科舉入仕的決心。

　　仇兆鰲的忠君思想應該來源於他所受的教育，與儒家思想的影響分不開。

　　中國先秦儒家思想在君臣關係的闡述上比較開明，並不絕對要求臣子忠於君主，而是要求「君仁臣忠」，君與臣是互動的關係。孔子的「君使臣以禮，臣侍君以忠」〔註 21〕；孟子的「聞誅一夫紂矣，未聞弒君也」，「君之視臣如手足，則臣視君如腹心；君之視臣如犬馬，則臣視君如國人；君之視臣如土芥，則臣視君如寇讎」〔註 22〕等，都可以說明早期儒家思想在對待君臣關係上的開放性，但這種開放性在後來的儒家思想裏越來越少，到「三綱」「五常」把君臣關係絕對化，儒學中的忠君觀念就含有很多愚忠的內涵了。忠君觀念對維護統治者的威嚴或曰體統有益，故而被統治者廣泛宣傳，漸漸滲透進人們的思想行爲，成爲忠誠的標識，也成爲統治者教育並禁錮仕人的手段。仇兆鰲接受的是封建科舉制度下的正統教育，他嚴守著封建社會里正統的君臣關係，對君王始終畢恭畢敬，這一點透過其自訂年譜可以清楚地看到：一是他沒有任何怨言地參加科舉考試的行爲，說明他已經完全服膺於清王朝的統治，並願意通過科舉入仕的道路加入統治者的行列，爲滿清統治者效命，這與當時很多志在反清復明的人們拒絕參加科舉考試、拒絕與滿清統治者合作的做法不同；二是仇兆鰲在康熙四十二年時，借康熙南巡的機會向康熙皇帝表達了自己「鬢髮已白，寸心猶赤」的忠心，直接道出了他對康熙王朝的忠

〔註 21〕朱熹《四書集注‧論語‧八佾》，中國書店 1994 年，頁 55。
〔註 22〕朱熹《四書集注‧孟子‧離婁下》，中國書店 1994 年，頁 268。

誠；三是當仇兆鰲晚年獲得康熙恩遇以後，就把這種恩遇當成一種榮耀，點點滴滴均寫入年譜，甚至不及其餘，且其用語頗含感激涕零之意。這些均可說明，仇兆鰲內心深處充溢著的就是忠君思想。這種含有一定愚忠成分的忠君觀念對他注釋杜詩有特別重要的影響。

（二）孝慈觀念

中國封建社會裏的傳統家庭都極其重視綱常觀念，講究「父慈、子孝、兄友、弟恭」。透過《滄柱公年譜》可以發現，仇兆鰲重視這些來自於傳統儒學的人倫觀念。年譜顯示，他對傳統儒家的孝慈觀念奉行不悖，是一個典型的孝子慈父。

對祖母和嫡母的真誠憶念是他孝心的一種表現。從出生身份而言，仇兆鰲是庶出，但在他的家裏似乎沒有出現封建家庭的嫡庶之爭，祖母陳太淑人對他時時庇護，嫡母徐太淑人在戰亂歲月裏對他「眷戀保護，一如至親」〔註23〕，這讓仇兆鰲體味到了親情的溫暖，他一直將這種親情印在心裏。

他對生母極盡孝道。仇兆鰲生母童氏，一直身體不好，治病需要錢財。為給母親治病，仇兆鰲遠離家鄉，在杭州坐館授徒，以掙得館金為母親請醫買藥，以盡人子之道。因為坐館的地方離他的家鄉很遠，他為了掙館金就不能在母親床邊「奉侍湯藥」以盡孝心，因此母親離世時他也未能守在身邊，他為此深感遺憾，每每「言之泫然」。

他牽掛家人勝於關心自己。康熙三年，他不知因何原因得罪了邑令，以致邑令藉故使他陷入訟事纏身的境地，三年方得解脫。訟事結束後，他沒有強調自己身心所受的摧殘，只是覺得自己遭遇訟事，讓老人們為自己擔憂，實在對不起老人，「一案三年，憂及老親，事後追思，尤為抱痛」，這也是他孝心的具體體現。

他有一顆慈父心腸，兒女們的生病、入學、娶妻都是他極為關注的。他的小兒子因病夭亡，他用年譜中少有的深情文字記錄了小兒廷棟的可愛和愛子夭亡後的傷感：

> （康熙）二十八年己巳……九月棟兒亡。（棟兒）自五歲讀書，能日誦五行，教以字音反切，通數韻，而各韻皆曉。朔望讀講書，能誦杜詩《古柏行》，音節鏗鏘，高下不爽。讀書歲餘，能記《鑒略》、《孝

〔註23〕仇兆鰲《滄柱公年譜》，浙江寧波天一閣博物館藏咸豐抄本。

經》、《四書》，嘗於黃昏後、飯後背誦《論語》全部。及病中，不能
自讀，聽人讀聲即成誦。予修《孝經衍義》，旁考二十一史，能從架
上檢目，查出某傳某卷，應手而得。予注杜詩，朝夕持誦，行吟庭
除，棟兒亦持書吟玩。予於燈下看書，棟兒必執燭侍坐，工完，秉
燭入房同臥。能寫方寸大字，筆畫端。楷仿姜立綱體。夏月，有南
來船客，談及運官索費，棟云：「此小人喻於利，何可做官？！」一
夕同食，晚適震雷處，入內房，移時而出，問其何爲，對云：「恐二
哥爲雷所驚，故暫陪臥內。」夏秋，食棗成痞，致髮脫。又舊冬臥
炕致鼻衄，兩症交發，遂不可治。嫡母憐其病慝，抱持過力，因雙
胎墮地。兒哭云：「母親爲兒傷及兩弟，兒何以爲人？」欲投地而
死。……（予）嘗從南坑購五經三部，予以分授三子，孰知書到而
幼兒已病，亟可生悲歎。〔註24〕

這一段文字以深情的筆墨記敘了小兒仇廷棟的聰慧、懂事、可愛，字裏行間
流露了他對幼子的疼惜和憐愛，由此可見仇兆鰲身爲人父的那顆慈愛之心。

（三）直行處世

儒家思想教人正身直行，坦然處世。孔子說：「人之生也直，罔之生也幸
而免。」〔註25〕「舉直錯諸枉，能使枉者直。」〔註26〕「其身正，不令而行；
其身不正，雖令不從。」〔註27〕「以直抱怨，以德報德。」〔註28〕因爲讚賞
正言直行，所以史魚的作爲得到孔子的激賞：「直哉史魚！邦有道，如矢；邦
無道，如矢。」〔註29〕孟子亦讚賞以「直」培養人的氣質：「其爲氣也，至大
至剛，以直養而無害。」〔註30〕等等。儒家的直行處世思想對仇兆鰲影響很
大，從年譜透露的信息看，仇氏正直敢言、敢於堅持己見。

年譜記載，康熙八年仇兆鰲曾因「直筆」招致訟事。但他並未因此改變
自己的性格。康熙二十四年參加科舉考試，他有能力拿到狀元，但卻因爲考
卷中的直筆被有些考官挑出毛病，只得了第八名。康熙四十九年，他被擢爲

〔註24〕仇兆鰲《滄柱公年譜》，浙江寧波天一閣博物館藏咸豐抄本。
〔註25〕朱熹《四書集注·論語·雍也》，中國書店 1994 年，頁 80。
〔註26〕朱熹《四書集注·論語·顏淵》，中國書店 1994 年，頁 126。
〔註27〕朱熹《四書集注·論語·子路》，中國書店 1994 年，頁 129。
〔註28〕朱熹《四書集注·論語·憲問》，中國書店 1994 年，頁 142。
〔註29〕朱熹《四書集注·論語·衛靈公》，中國書店 1994 年，頁 146。
〔註30〕朱熹《四書集注·孟子·公孫丑上》，中國書店 1994 年，頁 210。

吏部右侍郎併兼翰林學士，這是他任職以來的最重要也最實惠的官職。經過了二十多年的官場生活，他應該學會乖巧和圓滑，但他似乎置這些為官之道於不顧，仍然按照自己的生活原則處世，直抒己見，我行我素。有兩件事可以證明：

（1）有翰林學士請求皇上將武昌稅務歸荊關監督。監管稅務是一個肥差，能夠爭取到皇上答應廷議，請命的人不知下了多少功夫，花費了多少心血！皇上命下廷臣議時，戶部工部都準備答應這個請求，而仇兆鰲卻獨抒己見，力排眾議，「力爭不可，因不果行。」〔註31〕所以這件事最終沒有實行是仇兆鰲力爭之結果。

（2）為陳鵬年脫罪。江南總督嘎禮彈劾知府陳鵬年有大罪，說是士民赴京師訴怨者數萬，當此之時，「朝臣莫敢出一語。」〔註32〕仇兆鰲卻沒有像其他人那樣膽小怕事，而是站在嘎禮的對立面，「獨言其（陳鵬年）無罪」〔註33〕，並以頭年士庶送牌送匾歌頌陳鵬年為證，說明一兩年之內不能有如此巨大變化，使陳鵬年擺脫了無謂的冤獄。

（3）替陸隴其叫屈。陸隴其，字稼書，平湖人，康熙庚戌進士，曾官嘉定、靈壽，為官清廉，深得百姓愛戴。乾隆元年，從祀孔子廟，學問人品都堪為人之楷模。陸隴其曾因不奉上官而遭彈劾，離任時百姓攔道痛哭，不願其離去。當其遭遇災難時，仇兆鰲挺身而出進行救助，但此事仇兆鰲自訂年譜未曾提及。陸隴其《三魚堂文集》載有一篇陸隴其寫給仇兆鰲的書信，信中提到：「乃先生代為不平之鳴，至昌言於朝，此在高明激濁揚清之意，欲先從隗始耳。然非隴其之所敢當也。隴其自待罪畿南，雖硜硜一念，可矢天日，而鳩鵠滿野，猶然如故，『才平』二字乃是定評，豈敢不自反而怨人耶？」〔註34〕這是陸隴其在事後對仇兆鰲的救助表達知遇之情。

阻擋他人獲得費盡心機才可能爭取到廷議的官職，跟江南總督嘎禮唱對台戲，與陷害陸隴其的朝官鬥爭，沒有耿直的性格和敢於抗上、不畏權勢的膽量是做不到的。由此可見仇兆鰲為人處事之一斑。

〔註31〕陳訓正《鄞縣通志人物編》，1938年排印本，臨時抽印本，頁327。
〔註32〕陳訓正《鄞縣通志人物編》，1938年排印本，臨時抽印本，頁327。
〔註33〕陳訓正《鄞縣通志人物編》，1938年排印本，臨時抽印本，頁327。
〔註34〕陸隴其《三魚堂文集》卷七，上海古籍出版社影印《四庫全書》本，第1325冊，頁102。

（四）愛民意識

儒家思想受到統治者的欣賞，是因爲其維護現存統治合理性等內容符合統治階級的利益。儒家思想同時也受到老百姓的支持是因爲其思想中的民本因素。孔子仁政學說中有很多頗具民本因素的內容，如「道千乘之國，敬事而信，節用而愛人，使民以時。」〔註35〕「博施於民，而能濟眾。」〔註36〕「出門如見大賓，使民如承大祭。」〔註37〕「省力役，薄賦斂，則民富矣。」〔註38〕孟子的推恩保四海說〔註39〕，等等。儒家的民本思想給儒家找到了廣泛的民眾基礎，也對培養中國傳統士人的愛民思想起到了積極作用。仇兆鰲在傳統思想的薰陶下培養了關心民瘼、體恤民心的思想，他常常將百姓利益掛在心中，參加廷試考試時，策問開海，他明確表示：「開海宜蠲利於小民」〔註40〕。

他還寫有一篇名爲《齊饑》的四書文（參看《詩文著述考》部分），能更清楚地說明其愛民思想。從這篇四書文中可以看出，仇兆鰲所讚賞的仁政治國思想不是一時之仁的舉措，而是長遠的使民脫貧的仁政治國思想。他不主張有災荒時就以簡單的開倉賑濟方式救助百姓，而認爲應該從長遠着想，讓老百姓眞正富足，讓他們即使遇上災荒也能夠有自救能力。這是一種從根本上解決問題的方法，是眞正的愛民思想。

仇兆鰲一生中有一些愛民的具體行爲。鄞縣縣志記載，他在康熙三十三（1694）年乞假歸家爲父母遷葬，正遇上「邑令議以丁糧併入田稅，邀紳士公議」，他果斷地發表了自己的反對意見：「楊炎兩稅已合租庸爲一，後世又加口率之賦，今又並丁於田，後來得無別增力役以病民乎？」〔註41〕在他看來，並稅的後期結果可能會像「黃宗羲定律」分析的那樣，暫時並稅，而後又可能因爲要求百姓增加一些已經並稅的稅務而使百姓承擔雙重稅務，就會給百姓增加賦稅負擔。他堅決反對這樣做的目的，就是保護種田人的利益，不讓他們重複交稅，不讓國家的稅收政策陷入「黃宗羲定律」的怪圈。另一件事也可證明他的愛民。身爲康熙王朝的大臣，他曾於康熙四十八（1709）

〔註35〕朱熹《四書集注·學而》，中國書店 1994 年，頁 44。
〔註36〕朱熹《四書集注·論語·雍也》，中國書店 1994 年，頁 83。
〔註37〕朱熹《四書集注·論語·顏淵》，中國書店 1994 年，頁 120。
〔註38〕王肅注《孔子家語》，上海古籍出版社 1990 年，頁 36。
〔註39〕朱熹《四書集注·孟子·齊桓晉文之事章》，中國書店 1994 年，頁 189。
〔註40〕仇兆鰲《滄柱公年譜》，浙江寧波天一閣博物館藏咸豐抄本。
〔註41〕陳訓正《鄞縣通志人物編》，1938 年排印本，臨時抽印本，頁 327。

年奉命出使昌平祭祀明朝陵寢，他注意到昌平的地方稅務中有一項「羊皮解費」（類似於割頭稅之類）不該徵收，還瞭解到直隸有「苟派」（亂攤亂派）陋規，回來後便奏請朝廷免除了這些苛捐雜稅。老百姓對他的所作所爲極爲讚賞，「民頌其德」。〔註42〕這些做法說明，在仇兆鰲內心深處，有百姓的地位。他關心百姓疾苦，牽掛小民利益，能設身處地爲百姓着想，這一點，與杜甫的思想是相通的。

二、以道教思想爲輔翼

根據現存資料，仇兆鰲還是道家學派的重要人物，他不僅有兩部重要的道家集注著作傳世──一部是《周易參同契集注》，一部是《悟眞篇集注》，這兩部書，或被稱爲集大成的著作，或被稱爲同類書中的重要注本──而且是道教性命雙修學派的重要代表人物，「茅山道教仙學網」將其列爲九位仙師之一，足見其在道教門派中的地位。

從康熙二十八年仇兆鰲進呈《兩經要義》冊頁看，仇兆鰲的道教信仰至少在康熙二十八年以前就已經開始。《年譜》資料顯示，仇兆鰲在康熙三十四年爲父母遷葬歸家後，很長一段時間沒有返回京都，其間與道教中人陶素耜過從甚密，他的道教信奉可能於此時較爲癡迷〔註43〕。

在此期間，他集注了《周易參同契》和《悟眞篇》，而這兩部著作都是道教養生學方面的代表性著作。

《周易參同契》爲後漢魏伯陽所著，主要內容就是解釋《周易》爻象，實質是應用周易理論指導內丹修煉的專著，書中應用六十四卦原理掌握煉丹火候，其根本目的就是宣傳煉丹。它將煉丹分爲外丹與內丹兩部分。所謂外丹就是指在人體之外把某些礦物質置於爐中熔煉成藥丸，煉成之後服食，以期達到輕身、長壽之目的。所謂內丹就是指修煉「氣功」，即通過修氣養性達到健身目的。煉外丹方面，《周易參同契》提出「藥物」和「火候」兩大概念。藥物指那些可以用來煉外丹的礦物質和介石一類，火候指掌握冶煉藥物時發生質變的最佳時期。煉丹的第一步是「採藥」，又稱「築基」，接着是「進火」、「進陽火候」、「退陰符候」等，都是掌握煉丹火候的技術。《參同契》記載了煉丹的設置，具體方法及注意事項。煉丹是道家求長生的主要寄託之一，宋

〔註42〕陳訓正《鄞縣通志人物編》，1938 年排印本，臨時抽印本，頁 326。
〔註43〕仇兆鰲《悟眞篇集注》張道傳序，上海古籍出版社 1989 年，頁 58。

代以前比較流行。內丹「火候」是《周易參同契》的主要內容，內丹的所謂「火候」，是內丹練功時掌握運氣的尺度。火，指升降吐納運氣的過程；候，指升降吐納運氣的階段，具體指升降吐納的速度、緩急和進退。火候是《周易參同契》的精髓，《周易參同契》說的火候就是採用了人體運氣周期與天地、日月運行周期相應的規律，充分應用《周易》卦象的陰陽消長原理，並和秦漢時期古天文學的周期曆數相吻合，突出了氣功的生物鐘觀點，因此具有很高的科學價值。這是《周易參同契》能被尊爲丹經之祖、能被奉爲中國氣功學圭臬的緣故。仇兆鰲集注《周易參同契》，一則因爲對它的信奉，二則是認爲當時注家理解偏差、注釋錯誤較多，並欲申明自己的觀點，希望眞正弄清參同契的養生學理，他說：

> 夫人之一身，常以元神爲主宰，而取坎塡離，氣始復焉。坎離者，一水一火，迭用剛柔。坎中之水，乘其爻動，而以意招之。離中之火，靜極能應，而以意運之。坎中之鉛，即陽氣也。離中之水，即陰精也。精氣會合，皆以眞意攝之，意不專一，則神散而不凝；神不凝聚，則大用現前，而俄頃失之。是故安靜盧無，以養其神也；閉塞三寶，以斂其神也。神元爲而無不爲。故曰：一故神，兩故化。河圖之四象，各寓變化生成，而五獨居中。以默運丹法之九，還七返八歸六居，皆以眞土主造化。五居中而制四方，猶心居中而應萬事。契言辰極處正，執衡定紀，皆借神以統之矣。黃帝之無搖精、無勞形，老聖之致盧極、守靜篤，皆所以凝神而候氣。神凝則氣應，始可從事伏食而行還返之道。

> 後之注家，謂參者參天地造化之體，同者資同類生成之用，契者合造化生成之功，失其旨矣。或據原序，以《大易》、《黃老》伏食三者，爲相合相契，亦非也……爰據古文，釐定經傳，又集諸家注疏，於採藥還丹、煉己溫養，亦即詳言無隱矣。惟神爲丹君，而氣爲丹母，尚須陳諸簡端，以推用功之綱要。茲者，沉潛討論，無間寒暑，所幸生際昇平。

由此可見仇兆鰲對道教養生學說的認眞態度。

《悟眞篇》爲北宋張伯端所著，是繼《周易參同契》之後的又一部丹經，道丹修煉的四大丹經之一，也是歷代內丹練家的必讀著作。它以詩詞的形式總結了宋代以前內丹的正統法訣，其主要內容，一是總結內丹的理論原則，

強調眞陰眞陽在內丹修煉中的意義，重視陰陽相交在內丹中的作用，注重人體陰陽氣化與自然的合和，講究先性後命的內丹丹法，認爲道是生命的本源，要想求得長生，就要反歸於道，而要反歸於道，就要「歸三爲二， 歸二而一，歸一於虛無。」〔註 44〕即根據自然規律的特點，從反方向追尋自然規律，歸根返本，復歸於道，以達到使生命永葆青春的目的。二是系統梳理了內丹命功丹法的主要內容，指出了怎樣做才能達到復歸於虛（道）的具體方法——通過氣功方法，先將人的精、氣、神恢復到飽滿、圓潤，再利用陰陽合和的理論開始實施煉精化炁、煉炁化神、煉神還虛的內丹仙術，最後以結丹爲歸宿，也就是以達到性命雙修爲功德圓滿。

仇兆鰲非常信奉張伯端的性命雙修學說，他認爲：

> 宋張紫陽眞人，曠千載而復尋墜緒，乃本《參同契》，作《悟眞篇》，探賾索隱，顯微闡幽，其於一陰一陽之道，盡性命之功，若合符節……《悟眞》一書，以乾坤爲鼎器，以坎離爲藥物，以震兌爲男女，以否泰屯蒙，爲萬物生成，以復姤爲子午，以壯觀爲沐浴，以損益爲保命，以既濟未濟爲火候始終，無在不與易相表裏。〔註45〕

至於張伯端的學說，「及究其指歸，則從生身受氣之初，求返本還源之藥，識浮沉，定主賓，合戊巳，於立牝之門，準水火作養丹之法。」〔註 46〕自己完全認同，但自己有沒有運氣修煉這種學說，那就要看自己的造化了。其對性命雙修學說的崇信溢於言表。

綜括仇兆鰲的一生情況來看，概括而言，仇兆鰲雖然重視人體奧秘的探索，重視延年益壽的養生之道，但其思想仍以儒家思想爲主流，道教養生之學只是他生活和思想中不可或缺的重要組成部分。

第三節　《滄柱公年譜》所涉及未涉仇氏著述考

仇兆鰲是杜詩集大成的注家，注杜中除在闡發杜詩的儒學思想、貫徹以史證詩等方面的突出成績外，還從文學史角度關注杜詩，對「子美集開新世界」的文學史意義給予了豐富深刻的解說，很多觀點超越前人，是一位頗有研究價值的浙東學人。清人對其注杜名著《杜詩詳注》非常重視，其他方面

〔註 44〕清劉一民《悟眞直指》，山西人民出版社，1989 年。
〔註 45〕仇兆鰲《悟眞篇集注》自序，上海古籍出版社，1989 年。
〔註 46〕仇兆鰲《悟眞篇集注》自序，上海古籍出版社，1989 年。

則關注無多。清以後對其研究始終沉寂。我們梳理其著述情況，希望對仇兆鰲研究有奠基之功。

一、經部著述考

　　仇兆鰲在《年譜》中說自己「起家儒業」，可見其對儒家思想的崇奉。從《年譜》記述的情況看，他無論在家中還是進入私塾，都是接受儒家思想的薰陶。自二十三歲獲得《程朱語類》等書後，「朝夕參玩，理境漸明」，對儒家思想愈加深信不疑。

　　進入仕途後，由於供職需要，參與編著了一些儒家經典方面的著作。

　　《朱子綱目》：康熙二十七年（1688）秋天，仇兆鰲奉命校閱《朱子綱目》，主要進行了一些校訂方面的工作。《朱子綱目》是集中朱熹思想精華的著作，是清王朝統馭漢人思想的綱領性著作之一。康熙帝對這項工作極爲重視，因此其所選擇的校閱人員應該都是服膺儒教、維護清廷現存價值的學者，由此亦可見出仇兆鰲在清廷漢化過程中曾經起過的作用。

　　《孝經衍義》：又名《孝經集注》。此書爲康熙皇帝欽定書目，也是清王朝統馭漢人思想的綱領性著作之一。《御纂孝經集注序》曰：「孝經者，聖人所以彰明彝訓、覺悟生民。溯天地之性，則知人爲萬物之靈，敍家國之倫，則知孝爲百行之始。人能孝於其親，處稱悖實之士，出成忠順之臣。下以此爲立身之要，上以此爲立教之原，故謂之至德。要道，自昔聖帝哲王宰世經物，未有不以孝治爲先務者也。恭惟聖祖仁皇帝纘述，世祖章皇帝遺緒，詔命儒臣編輯《孝經衍義》一百卷，刊行海內，垂示永久，顧以篇帙繁多，慮讀者未能周遍，朕乃命專譯經文，以便誦習。夫《孝經》一書，詞簡意暢，可不煩注解而自明，誠使內外臣庶父以教其子，師以教其徒，口諷其文，心知其理，身踐其事，爲士大夫者，能資孝作忠，揚名顯親，爲庶人者，能謹身節用，竭力致養家庭，務敦於本，行閭里胥響於淳風。如此則親遜成化，和氣薰蒸，躋比戶可封之俗，是朕之所厚望也夫。」〔註47〕毛奇齡等學者對此書推崇備至，謂之：「皇上頒《孝經衍義》，示天下以孝治之意，自當與四書並立學官，故曰『孝經』者，宜書而不宜經者也」〔註48〕。仇兆鰲在康熙二十八年（1689）參與修訂《孝經衍義》，估計其做「衍義」的工作當不在少。

〔註47〕《御纂孝經集注序》，文淵閣四庫全書本，第182冊，頁269。
〔註48〕毛奇齡《經問》卷三，文淵閣四庫全書本，第191冊，頁31。

因為是欽定書目，學者在其中的具體工作很難辨識，故此，仇兆鰲的具體工作也就不得而知了。

《四書講義》：《鄞縣通志人物編》「補注」格曰：「仇兆鰲少從黃宗羲遊，論學以巘山爲綜，後官侍郎時，李光地、陳廷敬、張玉書皆在內閣，相與講貫，益以理學自任，乃歸宗於朱子。然著《四書講義》，仍兼採舊聞。平湖陸隴其貽書謂：『念台（劉宗周）之言不當茸入。』兆鰲答：『學行如劉公，而猶以偏見廢之乎？』」這裏提到的《四書講義》，今已無法窺知全部內容，但從陸隴其所著《四書講義困勉錄》和《松陽講義》中尚能輯出數十條（見本書下編《仇兆鰲及〈滄柱公年譜〉研究資料彙編》），可見其理學思想之一斑。其中有些見解，陸隴其說，經過仇兆鰲辯證以後，其意「始明」，可見仇兆鰲的理學功底還事很深的。其「兼採舊聞」（指採用劉宗周觀點）的做法，不因李光地、陳廷敬、張玉書等爲當時學界泰斗而改變（此三人堅持漢儒觀念和朱熹理學，劉宗周則是晚明心學的治學方法），不因好友陸隴其的批評而放棄，其堅持己見的學術勇氣頗值得人敬畏。

從現存資料看，仇兆鰲沒有留下獨立的經部著述，只是參與了一些清王朝統治者主持的經部著述的校閱、集注等工作，似乎很難判斷他的經學研究水平及其對他的影響。但從他「益以理學自任」的態度可以確定，他是把擔當傳播理學的工作作爲自己的重要任務的，由此我們可以肯定地說，仇兆鰲思想的主要方面是經過朱子改造過的儒學思想。他所從事的經學工作，是清王朝統治者統一思想的學術工作，以仇兆鰲對待清廷的態度，他應該在這項工作中積極努力，而且必定深受影響。這一點，可以從仇兆鰲《杜詩詳注》對儒學經義的闡釋中獲得證明來。

二、史部著述考

仇兆鰲注釋杜詩，頗以「以史證詩」爲己任，在闡釋杜詩的史學價值方面用力最多，這基於浙東學派濃郁的史學氛圍給予的影響以及他個人的史學實踐所獲得的深厚功底。據《鄞縣通志》和《滄柱公年譜》統計，仇兆鰲的史學著述主要有：《通鑒論斷》、《綱鑒會纂全編》、《方輿程考》、《天童寺志》、《自述年譜》、《杜工部年譜》。

《綱鑒會纂全編》：康熙二十七年，仇兆鰲奉命校閱《資治通鑒朱子綱目》，《綱鑒會纂全編》當成於此時。《資治通鑒朱子綱目》是康熙時期重要史

學著作，而仇兆鰲能奉命校閱，可證朝廷對其史學水平之肯定。

《通鑑論斷》：仇兆鰲自述年譜中，康熙三十一年下記載，此年作《通鑑論斷》。根據題目，可以判定其中內容，應爲校閱《資治通鑑朱子綱目》時自己對史學的認識和看法，能夠顯示仇兆鰲在史學方面的見識。可惜「稿佚無存」〔註49〕。但從題目可大體判斷其治學路數與浙東學派「言性命者必究於史」（章學誠語）有千絲萬縷的聯繫。

《方輿程考》：據年譜，康熙四十四年，與彭會淇（康熙十四年進士、翰林院編修、侍讀學士、工部侍郎）、顧圖河（康熙甲戌科榜眼，日講官，湖廣學政）共同主持纂修《方輿程考》。康熙四十五年，六十九歲，彭會淇因科場案離開書局，顧圖河到楚中任湖廣學政，仇兆鰲遂在南薰殿獨監書局（獨自主持《方輿程考》的編纂工作）。這是一部有關皇輿路程也就是交通的著述，在四部歸類中屬於史類。

《天童寺志》：天童山、天童寺，在浙江鄞縣縣東六十五里，有不少神奇傳說。仇兆鰲的《天童寺志》當在明代《天童寺志》的基礎上增衍修訂，記載了天童山的由來、天童寺的建立以及與之相關的寺廟興廢等各方面的情況。有一定史料價值。所以鄞縣縣志將其歸爲史部。

《杜工部年譜》：隨《杜詩詳注》同時完成。仇兆鰲重視杜詩編年，也重視杜甫行迹研究。他根據杜詩進行了大量考證，結合前人考訂杜甫行迹資料，對杜甫一生行迹進行了重新考訂，更正了前人的一些錯誤。

《自述年譜》：即《尚友堂年譜》，又名《滄柱公年譜》，仇兆鰲晚年所著。此譜從明崇禎戊寅年（1638年）仇兆鰲出生始，止於康熙五十六年（1717年）仇兆鰲去世，每年作一條，大略反映了吏部右侍郎兼翰林院學士仇兆鰲的一生行迹。在《清史稿》、《清史列傳》和野史都缺少記錄的情況下，這部年譜成爲瞭解和研究仇兆鰲的最重要資料。現知海內僅存兩個抄本，一個保存在中華書局圖書館內，題爲《尚友堂年譜》；一個保存在浙江省寧波市天一閣博物館內，題爲《滄柱公年譜》。《滄柱公年譜》扉頁標示《尚友堂年譜》，說明抄自《尚友堂年譜》，這是一個系統的兩個本子。

另外，仇兆鰲還參與了《明史》的修訂工作以及預修《大清一統志》的工作，雖然不是主角，但能夠參與這些大型史學著作的工作，亦足證其史學學力。

〔註49〕仇兆鰲《滄柱公年譜》，浙江寧波天一閣博物館藏咸豐抄本。

從仇兆鰲參與的史學工作看，他在史學方面用力頗多。但是，由於《通鑑論斷》在仇兆鰲在世時手稿就已經散佚不存，《綱鑑會纂全編》、《天童寺志》不能見到，參與《明史》和預修《大清一統志》工作又很難說清其所承擔的具體任務，以致我們已經很難搞清仇兆鰲的史學思想了。現在唯一可據的就是《杜詩詳注》中他對史實部分的做法和認識，大致可做這樣的分析：仇兆鰲注釋杜詩，並沒有把它作爲一種純粹的文學研究，而是將杜詩的史學內容作爲注釋努力的重要方向，在考訂杜詩編年和杜詩中所涉及的史實時，用功頗深，除使用一些特別有價值的編年資料如黃鶴注、錢謙益注、朱鶴齡注、李長祥編年、顧宸注等外，還時時有自己對編年的辨析，以求還得史實原貌。他還把注杜與經世思想緊密聯繫，《進書表》中說他注杜要關涉君臣父子之倫紀關係，要關涉民間疾苦，要關涉忠君愛國之大義，要關涉國家盛衰之理，可見仇兆鰲很重視浙東學術特別提倡的「以史經世」的學術理念。他在《杜詩詳注》中遇及重要史實時主要作了三項工作，一是考訂其編年；二是申發其以史鑒世、以史經世的思想；三是徵引了大量古代和同時人的史學考證材料，以史證詩，以詩證史。從這個角度說，仇兆鰲的治杜思想根基是浙東學派的經史之學。

三、子部著述考

在查閱資料時發現，仇兆鰲的道教著述頗豐。《滄柱公年譜》中絕口不提而《鄞縣通志》記於仇兆鰲名下、今天尚有印本的道教集注型著作有《周易參同契集注》和《悟眞篇集注》；《滄柱公年譜》提及的道教著作有《兩經要義》以及編刻叢書《道言秘錄》。

《周易參同契集注》：《周易參同契》，東漢魏伯陽所著。《周易》又稱《大易》，向被稱爲「眾經之首、大道之源」，道家思想多源於此。《周易參同契》是魏伯陽參和《周易》之理而完成的一部修身養生的著作，很受後來道家學派中人重視，被後世譽爲「萬古丹經王」，後來注家很多，眾說紛紜，意見參雜，就是經朱熹參定、陳顯微做注的本子亦不完善：「錯簡紛紜，文氣斷續，先後顛倒，段落混蒙」〔註50〕，仇兆鰲感到「讀之猶爲懍心」〔註51〕，認爲此書雖經余琰、陸西星兩家更移歸併，脈理也差不多已經清楚，但仍然存在

〔註50〕仇兆鰲《周易參同契集注》仇序，中醫古籍出版社 1990 年。
〔註51〕仇兆鰲《周易參同契集注》仇序，中醫古籍出版社 1990 年。

著「經傳莫辨、章句難分」〔註 52〕的問題，因此，仇兆鰲決心找到開啟房門的鑰匙，恢復古本《周易參同契》的本來面目。他大約在康熙三十二年左右開始進行這項工作，到康熙四十三年完成全部集注工作，前後歷時十一年，「其在參閱諸家注解的基礎上增輯補注、考訂章句而成是書。其注幾乎囊括歷代大家，如五代彭曉《周易參同契分章通眞義》、宋代朱熹《參同契考異》、南宋陳顯微《參同契解》、元代俞玉吾《參同契發揮》、陳致虛《參同契分章注》、明代徐天池《參同契分解》、陸西星《參同契疏測口義》、李文燭《參同契句解》、蔣一彪《參同契集解》、彭好古《古本參同契》、甄淑《參同契釋注》、陶素耜《參同契脈望》、蔣中眞《參同契注補》、尹太鉉《參同契補天石》等。因該書博採眾家之長，注解恰當，評判公允，條分縷析，是爲《參同契》注解中之珍品，更爲《參同契》注解之集大成者。」〔註 53〕

　　《悟眞篇集注》：《悟眞篇》，北宋張伯端著，其寫作目的是使同道者「見末而悟本，舍妄以從眞」，主要內容是強調人體中精、氣、神是成丹的眞藥，練丹者須辨鼎器，明火候，通過坎離交觀等步驟，求得反還先天之功效，達到修身養性之目的。它和《周易參同契》同是道教養生學的奠基著作。仇兆鰲作《周易參同契集注》是爲了理清《周易參同契》的文理脈絡、主要內容，讓人們眞正讀懂《周易參同契》，對《周易參同契》有廓清之功，爲保存《周易參同契》歷代著名注家的注解做出了貢獻，在整理保存古代典籍方面也有一定價值，而作《悟眞篇集注》則主要在於闡發仇兆鰲對內丹丹法的認識。仇兆鰲在序中說：

　　　　舊注三家俱能討論元指，茲特刪其繁蕪，增其缺略，標其綱領，
　　而致其會通，俾口訣心傳，了然在目，無復紛紜疑似之見參錯於簡
　　編。謹輯錄成卷，以見正道嫡傳，不涉旁門小術。〔註 54〕

《悟眞篇》以詩詞形式傳世，歷代注家所存經文基本一致，只是對經文的理解代有不同，《悟眞篇集注》選錄了陸墅、翁葆光、陳致虛、戴起宗、陸西星、李文燭、彭好古、甄淑、陶素耜等九家注解，反映的正是這方面的情況，但集注更主要的是申發仇兆鰲對內丹丹法的理解和認識，《悟眞篇集注序》、《悟眞篇集注例言二十條》、《悟眞篇提要七條》「字字皆聖眞血脈，句句盡道法眞

〔註 52〕仇兆鰲《周易參同契集注》仇序，中醫古籍出版社 1990 年。
〔註 53〕仇兆鰲《周易參同契集注》傅景華前言，中醫古籍出版社 1990 年 6 月。
〔註 54〕仇兆鰲《悟眞篇集注》自序，上海古籍出版社 1989 年。

機」〔註55〕，是對內丹丹法清晰明白、深入透闢的解說和發揮。

仇兆鰲開始作《悟眞篇集注》的時間當在康熙三十四年告假南歸以後。今本《悟眞篇集注》中存有張道傳一段述聞：「知幾仙師姓仇名兆鰲，字滄柱，號知幾子，鄞人也，康熙進士，入翰林，官至吏部右侍郎……後與會稽陶素耜元名式玉、號存存子，言窮修養密旨，築棲雲草堂於雪上，獲遇眞人，几杖追隨，凡七閱月，得聞大道，密受心言。久之，松顏鶴貌，照耀山林。」〔註56〕與陶素耜的交往，只能在康熙三十四年到康熙四十二年這一段時間，《悟眞篇集注》的完成基本也就在這一段時間。今本《悟眞篇集注》題解中說此書完成於康熙四十二年，與告假南歸及交往陶素耜時間契合。此書刊刻於康熙五十二年。

《兩經要義》：仇兆鰲自述年譜中，在康熙三十三年下記載曾呈進《兩經要義》冊頁咫尺。《秘殿珠林》在「道氏經冊」部分也記載仇兆鰲有《兩經要義》一冊。 由此可知，《兩經要義》與《周易參同契集注》、《悟眞篇集注》性質相類，是仇兆鰲對黃帝《陰符經》和老子《道德經》等道教經典進行解說，屬於道教養生學著作。由此亦知，仇兆鰲對道教學說的關注不是從康熙三十四年告假歸家以後才開始，而是在他進入仕途後不久就已經開始。

《悟眞篇集注》張道傳序中還提到仇兆鰲道教養生著作《金丹梯梁》、《黃老參悟》等書，現均已難見。

陳訓正《鄞縣縣志・文獻志》記載，仇兆鰲還主持刻過一套道教叢書《道言秘錄》，其中收錄《參同契脈望》、《悟眞篇約注》、《金丹大要》、《金丹就正篇》、《承志錄》五種，其後附錄有《地元眞訣答論》《神丹還金術》等。

四、詩文著述考

《杜詩詳注》：仇兆鰲最重要的學術著作，從康熙二十八年開始輯注，到康熙三十二年基本完成，到康熙四十二年刊刻告成，後又搜集各類文字，康熙五十二年發刻《杜詩補注》，前後歷時二十四年。有關方面資料很多，茲不贅述。

仇兆鰲無詩文集傳世，今天能夠見到的詩文有如下幾篇：四書文一篇，名爲《齊饑》；詩五首，分別是：《陸稼書令靈壽未與薦牘漫賦誌感》、《壬申

〔註55〕仇兆鰲《悟眞篇集注》題解，上海古籍出版社 1989 年。
〔註56〕仇兆鰲《悟眞篇集注》，上海古籍出版社 1989 年，頁 58。

重九後造昌平訪隱者不遇悵然有作》、《文丞相祠》、《四賢祠》、《萬壽詩》。自述年譜中提到了他寫詩作賦的情況，現在不能見到原文的詩作尚有：五十二歲時作恭祝康熙皇帝聖駕南巡的排律五十韻一首；五十四歲時康熙平定準噶爾叛亂後恭進紀言詩五十韻一首；五十七歲時有一首「衣」字韻奉制五律，有《理學真偽論》一篇，《豐澤園賦》一篇；六十歲在家鄉，四月裏有里中耆舊雅集盛事，有唱和之作；六十一歲時應學生之邀到廣東旅遊，路經梅嶺，與董漢等人有唱和之作；康熙五十一年，康熙御賜仇兆鰲金扇一柄，仇兆鰲寫有一首記恩詩。另外，《山西通志》載有仇兆鰲爲其弟子田克五之父田雨時寫的墓表，《明儒學案》前載有他爲該書寫的序文一篇，明代高斗樞的筆記《守鄖紀略》中附錄有仇兆鰲爲鄉人寫的一篇壽文《施太儒人八袠壽序》。

從現存可見的仇兆鰲詩文看，除一首頌聖詩作屬於歌舞昇平類，其他作品都還有一定價值。《齊饑》文保存在文淵閣四庫全書裏，雖是一篇四書文，有命題考試的因素，仇兆鰲卻能夠在考試允許的範圍內充分發揮自己的寫作才能，充分闡釋自己的思想。全文如下：

> 客卿無救荒之策，援晉人以謝之焉。夫仁政不行，饑而發棠，其可再乎？爲晉人搏虎之説，孟子殆將去矣！且賢者之在人國也，道隆則隆，否則，一言以紓其急，亦國之幸也。然使所學不行，而喋喋焉爲權宜之策，雖偶一聽從於百姓，奚濟焉？昔齊饑，孟子請發棠，王從之，此亦一時不得已之權，而國人遂悦之，而以爲可常，至是，齊又饑。嗚呼！齊何饑之屢也？其弊在不行孟子之仁政。有仁政則國無橫征，民有餘食，故歲有羔而民不饑。今王不能用孟子之言，急而以棠請，非孟子之意也。胡國人至是，竊竊然以前事相望耶？陳臻聞其説，試問之，孟子曰：噫！是欲馮婦我也！是欲我爲再搏虎之馮婦以取悦於國人而爲天下士所竊笑也，齊之政不能易矣！徒以羈旅之言而脱民於難，小道也，一之爲甚，豈可再哉？蓋斯民危急之狀，驟言之未有不動心者，而瀆陳之即厭爲常談，王者賑發之舉並聞之，未有不動色者，而再行之，即等爲故事，殆不可復。陳臻言是也。且棠之不可復，非關於王之聽與否也，搏虎之人非善士，發棠之政非良法，彼馮婦之技，其能盡虎乎？不如反而行善。棠即再發，保更無饑乎？不如退而修政。不然，齊境之粟聚於棠，屢饑而屢請棠，棠必竭。是不發亦饑，發亦饑也。棠竭，王必

復斂民而實之。是賑饑者發棠，饑民者亦發棠也。使孟子再言於王，王必不聽。即聽矣，王不愛一棠以謝齊國，而志安天下者，徒以發倉之故補苴於豐歉之間，而國足以無救幾，何不令三齊之士與馮婦同類而並笑之也哉？夫臧辰如齊告糴，君子譏之，爲其治名而忘實也。客齊而再請棠，與相魯而急行糴何以異？君子知幾而默，故所爲知足不辱、知止不殆者，自是絕口不復談齊事矣！〔註57〕

在這篇命題作文裏，仇兆鰲以治國爲軸心，闡釋了自己應從長遠角度替國家謀劃、替百姓謀劃的思想。題目是「齊饑」，所以全文以此爲線索，抓住「發棠」事反覆議論，將治國之思縱橫其間，頗有戰國策士的文章風格，所以選錄此文的人給予的評價是：「以不行仁政爲本而以發棠事低昂其間，一縱一擒，皆成章法。」〔註58〕

《陸稼書令靈壽未與薦牘漫賦誌感》，保存在據靈薖館謝氏藏本校印、由馮貞群、孟頵編次的《續甬上耆舊詩》第一百一十五卷「康熙以後諸薦紳詩」部分和煙嶼樓校本《續甬上耆舊詩補編七卷再補編四卷》卷七中，詩中記錄了靈壽縣令陸隴其清廉爲官、以仁治縣的感人事迹。全詩如下：

陸子聲名天下屬，憶在西陵相往復。

文章軌範本先民，衡論古今洞胸腹。

初宰嶤城志潔清，豪強不敢肆憑陵。

婦織兒吟官舍冷，夜床折足支瓶罌。

撫字心勤絕鞭撲，民亦如期貢錢穀。

時騎瘦馬謁上官，竹器一枚布一束。

上官覽之怒擲地，投劾寧論事鉅細？

獨有輿情不忍離，傾國攀援路迢遞。

崇文盛世煥黃猷，薦舉曾經魏蔚州。

咸謂君才任鴻博，何期讀禮旋林邱。

林邱之側蒼松古，手起凶功淚滴土。

居廬寒暑不敢離，齒壤開光目㫚腐。

服除更得中山令，督俗訓民著善政。

〔註57〕《欽定四書文・本朝四書文》，上海古籍出版社影印文淵閣《四庫全書》本，1987年，第1451冊，頁953。

〔註58〕《欽定四書文》尾評，台灣商務印書館影印文淵閣《四庫全書》本，1986年，第1451冊，頁953。

> 貞白廷推第一流,九天閶闔動宸聽。
>
> 大節多端眾所知,與之上考復何疑?
>
> 前何卓卓後泯泯,豈有一身兩分歧。
>
> 若使早登天祿閣,何難璀璨宏著作。
>
> 若使同參台諫班,庶幾砥柱回狂瀾。
>
> 世風局促無足齒,寵辱不驚固宜耳。
>
> 蕭升蘭棄正堪嗟,吾道還應直如矢。

這首長詩表明了仇兆鰲對陸隴其的認同,同時也表達了仇兆鰲以仁治國、廉潔從政的政治理想以及不附時議、敢於堅持己見的正直品格。詩中多用杜詩表意手法,又可見仇兆鰲學習杜詩的主觀努力。

《壬申重九後造昌平訪隱者不遇悵然有作》,保存在據靈薤館謝氏藏本校印、由馮貞群、孟顗編次的《續甬上耆舊詩》第一百一十五卷「康熙以後諸薦紳詩」部分,是一首五言律詩,詩云:

> 中峰名勝地,陡絕渺難攀。
>
> 鳥道懸崖窄,羊腸細路彎。
>
> 居庸西疊嶂,天壽北連山。
>
> 千古滄桑事,園陵一望間。

這是一首記遊詩,寫作時間是康熙三十一年壬申歲,時仇兆鰲五十五歲,在翰林院做編修。重陽節後,仇兆鰲到昌平尋仙訪道,但所訪之人不在,心中悵然,寫下此詩。昌平在北京西北部,那裏有明代陵寢,在這裏觀山覽勝,所見皆已經滅亡之明代帝王的陵寢,他因此而感慨世事滄桑,引發了對歷史興亡的慨歎。但這感慨究竟是什麼,仇兆鰲沒有表明。此詩的寫法有模仿杜詩的痕迹,前六句寫景,末兩句抒發感慨,形成了前景後情的構架,使詩歌顯得含蓄深沉、耐人尋味。

《文丞相祠》,保存在據靈薤館謝氏藏本校印、由馮貞群、孟顗編次的《續甬上耆舊詩》第一百一十五卷「康熙以後諸薦紳詩」部分,是一首七言絕句,詩云:

> 南渡衣冠不復存,文山正氣壯乾坤。
>
> 放歌仍有當時節,勝過孤忠仔細論。

此詩的寫作地點是北京,具體時間不可考,據詩中內容,寫在考中進士以後初在北京做官時期的可能性較大。詩歌歌頌了民族英雄文天祥的中正氣節,

字裏行間含蘊著對忠臣的讚美，這是仇兆鼇忠於朝廷的思想基礎。

《四賢祠》，保存在據靈蕤館謝氏藏本校印、由馮貞群、孟顗編次的《續甬上耆舊詩》第一百一十五卷「康熙以後諸薦紳詩」部分，也是一首七言絕句，詩云：

> 李相功名白傅詩，坡公風雅亦同之。
>
> 只今廟貌依然在，過客猶瞻百世詩。

四賢祠，有清一季全國有若干，此處指浙江錢塘縣孤山的四賢詞，初時祠祭唐朝詩人白居易、宋朝著名文學家蘇軾和詩僧林逋，名為三賢堂，明朝正德年間復建時，增祀唐朝宰相李泌，更名為四賢詞。此詩的寫作時間不好確認。此詩應屬於遊歷詩，當是仇兆鼇遊覽四賢詞之後留下的作品，詩中歌詠四賢的傳世功業，內涵對人生價值的感歎。

《萬壽詩》：保存在文淵閣四庫全書《萬壽盛典初集》「歌頌」部，是一首十二韻的五言排律，詩云：

> 元後星周始，陽和大慶頻。
>
> 海山呈瑞意，郡國集臣鄰。
>
> 耳順聰逾達，心澄悟入神。
>
> 經筵資學懋，黼座讜言陳。
>
> 盛世昇平久，分年躅赦均。
>
> 舉安尤勵治，同樂豈忘民。
>
> 弗事高華頌，惟期豐樂臻。
>
> 淵衷何抑抑，國運倍振振。
>
> 浙水容肥遁，鄞江許隱淪。
>
> 金丹顏色駐，宮扇惠風親。
>
> 欲得長生訣，蒙頒至寶珍。
>
> 蕪詞歌下里，三祝比封人。

此時寫於康熙五十二年，時仇兆鼇七十六歲，已致仕，專程從浙江到北京為康熙皇帝祝賀六十大壽。內容無非是海山呈瑞、盛世昇平類，藝術上無太大價值。但「金丹顏色駐」一句，似乎透露仇兆鼇晚年又入道教燒丹煉汞的養生之路。

現查知仇兆鼇的文字還有墓誌銘一篇，名為《田贈君墓表》，保存在《四庫全書‧山西通志》卷一百七十三中，有一定史料價值。原文文字：

余以戊辰分校南宮，得田子克五，因悉其尊甫霖商君行事。其
後，霖商君卒。田子遣伻赴京，持所自爲誌請余表其墓。余既以不
文辭。越八年，遊南海，值田子宰英德，請益力。而其從兄慎典協
五復爲予言其叔父軼事，嘗脫已於難，其義爲古人所難。葬之日，
誌已礱石，遺不傳。協五爲文敘其事，哭焚於冢下，因謂余曰：「非
叔父無以至今日，幸先生表而傳之於戲，微顯闡幽史氏之責也。況
君之績學成德，大節卓卓者乎！」且田子志不他求，惟孤立寡合如
余者，不憚索之再三，其何敢終謝？不敏按誌。

君諱雨時，霖商其字也。元季時，有隱君子諱眞者，自高平赤
土坡徙陽城之化源里，故世爲陽邑人，九世省祭。公諱三驅者，以
孝聞。生三子，長雨化，次雨公君。其季也，性孝友，篤學力行，
常以砥世礪俗爲己任。補博士弟子員，屢躓於鄉舉，遂絕意進取，
潛心性命之學，而尤邃於《易》。嘗手輯全史，舉其治亂興亡有關世
道者，與《易》之否泰剝復相參，證其源蓋本之皇極經世書。有叩
之者，但粗爲舉似，而得意處終不能告人。古今言易者焦贛京房皆
主數，程朱專言理，惟邵子精於數，而根極於理，繫辭言參天兩地
而倚數，孟子亦謂數，過時可然則陽九百六之說，又烏可盡非哉？
劉向傳五行，班固因之以作志，明人事以著天意於世道，不爲無補，
而盧陵譏其誣，君之推衍經義，其猶班氏志五行之意，而意終難以
言傳，則君之旨微矣！

君慷慨多大節，嘗脫人於死終不言，其人亦不知也。闖賊瞰陽
城，勢張甚，邑人欲迎之以免禍，君正色斥之，因語人曰：「干城名
教，寧問窮遠邪？」聞者爲之感動。避賊時，攜幼子及兄之遺孤以
行。賊至，勢不能兼顧，棄幼子，獨負其兄之孤，倉皇山谷間，幼
子幾不免。時皆高其義，相與驚歎。君曰：「吾不得已如此，豈欲爲
鄧伯道邪？」兄之孤即協五。協五爲余說此事甚詳，而田子作誌，
顧未之聞，則君之隱德人所不及知者多矣。志所謂「急人之難恥於
見德」者，信夫！

貌魁梧，聲若洪鐘。稠人廣眾中，持正論，侃侃不少假借。讀
書之外，不問家人生產。家故饒，明末兵荒中落，食貧自守，晏如
也。卒年八十有二。君三娶，皆先卒，權厝祖塋側，康熙庚午二月

與君合葬於城北山頭之新阡，禮也。元配延氏。繼梁氏，生子徽典，邑諸生，即前攜以避難者。繼白氏，生子從典，即克五，舉戊辰進士，爲令有廉能聲，以覃恩贈君如其官，配延氏、白氏俱贈孺人。君之葬也，田子承遺命，銘之壙中。余惟君有隱德而又潛心理學，不可以無表。君生平瑣節與子若孫之嫁娶，皆詳誌中，不復書。爲述其行誼之尤著者，而深以不獲見其學易之書爲可惜。後人能弃藏其遺稿，以廣其傳，則君且不朽。因表之於隧，且以告君之爲子若孫者。

現知仇兆鰲尚有兩篇序言，一是黃宗羲《明儒學案》初刻本序，一是徐世沐《四書惜陰錄》序。《四書惜陰錄》未能查到。

《明儒學案》是黃宗羲傾盡心力的學術著作，勾畫了有明一代的學術發展史，是黃宗羲「國可滅，史不可滅」的遺民思想的體現。是書成於南方，刻於北方，可見在當時影響之大。康熙三十二年（1693），仇兆鰲爲其師《明儒學案》初刻本作序。序云：

孔、孟之學，至宋儒而大顯。明初得宋儒之傳者，南有方正學先生首倡浙東，北有薛敬軒先生奮起山右，一則接踵金華，一則嗣響月川，其學皆原本程、朱者也。獨天台經靖難之餘，淵源遂絕。自康齋振鐸於崇仁，陽明築壇於舜水，其斯道絕而復續之機乎！當時從學康齋者有陳公白沙，而甘泉之隨處體認天理，足以救新會之偏。其纘緒姚江者，有龍溪、近溪，而東廓從戒懼覓性，念菴從無私識仁，亦足以糾二溪之謬。就兩家而論，白沙之靜養端倪，非即周子主靜之説乎？陽明之致其良知，非即孟子良知之説乎？然而意主單提，説歸偏向，遂起後來紛紜異同之議耳。雖然，白沙之學在於收斂近裏，一時宗其教者，能淡聲華而薄榮利，不失爲闇修獨行之士。若陽明之門，道廣而才高，其流不能無弊。惟道廣，則行檢不修者，亦得出入於其中；唯才高，則騁其雄辯，足以驚世而惑人。如二溪之外，更有大洲、復所、海門、石簣諸公，舌底瀾翻，自謂探幽抉微。爲説愈精，去道愈遠，程子所謂「彌近理而大亂眞」者，此其似之矣。後此東林學興，若涇陽、景逸諸君子，皆足以維持道脈，而蕺山劉子，一生用功，惟在愼獨，則孔、孟、程、朱之學，合而爲一，其有補於陽明非小矣。

　　吾師梨洲先生纂輯是書，尋源溯委，別統分支，秩乎有條而不紊，於敍傳之後，備載語錄，各記其所得力，純不執己意爲去取，蓋以俟後世之公論焉爾。獨於陽明先生不敢少有微詞，蓋生於其鄉者，多推尊前輩，理固然也。先生爲白安忠端公長子，劉念臺先生高弟，嘗上書北闕，以報父仇，又抗章留都，以攻奸相。少而忠孝性成，耄則隱居著述，學問人品，誠卓然不愧於諸儒矣。是書成於南雷，刊佈於北地，方可見道德之感人，不介以孚，而賈君若水之好學崇儒，眞千里有同心夫！

　　　　　　　　康熙癸酉季秋，受業仇兆鰲頓首拜題於燕臺邸舍

此序介紹了《明儒學案》的基本內容，對明代學術給予了中肯的評價，對其恩師的爲人品行、學術水平表示了崇敬之情。以黃宗羲對清廷之態度，而仇兆鰲不稍避其師承關係，且在清初便能給予如此之高的評價，足見其對待學術之認眞態度，其見解亦顯難能可貴。

　　另有一篇祝壽文字，保存在明代高斗樞的《守鄖紀略》裏。高斗樞與仇兆鰲爲同鄉，是明末將領，在與李自成、張獻忠農民軍的戰鬥中顯示出指揮才能，得到南明王朝的重用。其夫人精明強幹，見識非凡，且勤勞持家，有賢淑之德。在其夫人八十壽辰時，仇兆鰲應其親朋之囑而爲壽文一篇，名爲《施太孺人八袤壽序》。原文如下：

　　　　吾里中丞玄若高公，當有明之季，力守危疆，以抑狂寇，而卒保孤城於運去物移之後，其弘勳苦節，世固已皆知之矣。至其庭闈家人之際，則更有可稱道者。

　　　　予友上舍高君允大，公之仲子也。今年十一月朔，爲其母施太孺人八十壽辰，允大張樂設宴，而親朋咸屬予言以侑觴。

　　　　予惟坤順之道，以柔爲尚，而精明強固，乃壽之理，二者似不可以相倂也，而抑知太孺人之淑德懿行，則有兼之者矣！當太孺人之從公出守荆也，荆郡號稱煩劇，公晝夜治事不得休，而徐夫人素奉乾竺，一切家政，悉以畀太孺人。太孺人約束僮僕，躬親勞勤，凡所以佐公者無不周摯，而內外肅然。造公秉憲湖南，值山寇猝起，攻圍郡城，公擐甲登陴，誓不內顧。時太孺人獨處署中，家人咸欲出避，太孺人曰：「吾豈離此跬步！」令積薪於門，脫有不測，縱火自焚耳；而城卒以全。此其卓識定力，固有丈夫之所不能及者。

至鄖陽當賊衝，獻、闖二賊每歲攻圍，公在鎮數年，備極戰守之勞。太孺人脫簪珥佐軍需，至盡出衣裳以犒士，有僅得半幅者，持之感泣，用命益力。房竹營參將李茂春以糧竭叛去，公追擒之，分隸其卒於各營，而收其符契。及公督兵攻襄陽，留守者賄左右以求之，太孺人不與，輒執兵以詶。蓋欲得之以收召散卒，事有不可知者矣。太孺人曰：「此朝廷符契，豈吾婦人所可輕畀？」令集將士及有司來，以符契封付府庫，其計遂變之中，持大體以折奸謀，其意計度越爲何如哉！

公征襄陽時，聞督師兵敗，李賊徇地近鄖，因撤兵而歸，是夕太孺人夢壯繆神告之曰：「爾主帥歸，吾往援之！」比曉，太孺人即命發兵往迎，眾皆不信，至中途而公至，其誠敬足以格神而邀天之相又如此。若夫佐公躬耕力穡以自全，澹泊儉約以偕隱，則又其緒餘耳。

今年躋八裘，氣充體和，康寧壽考。允大方筮仕伊始；諸孫季植，復蜚聲黌序；曾孫振振繩繩。白首高堂，優遊燕喜，豈非貞固之德沮。此於倉卒應，協以柔順，識力意計，有不止於無非無儀者！宜其享無疆之休，而茂膺多祉也。賓朋雜沓，洗爵奠斝，不必爲岡陵純嘏之辭，試第與太孺人追道曩昔，俯仰往事，有不怡然盡觴者乎？

余史官，今方有事於編纂，中丞之弘勳苦節，固已昭垂千古，而太孺人之淑德懿行，毗輔中丞，班班若此，干以彰彤管而煒篇章，雖古之賢淑，又何加焉？爲之執筆，所不辭也！敢先述之以爲壽。

　　　　　　　康熙戊辰歲仲冬朔年家眷侍生仇兆鰲頓首拜撰

祝壽文字，一般容易流於浮泛、虛誇、空洞，華而不實。這篇祝壽文字，完全沒有一般祝壽文的毛病，它以施夫人一生的實際作爲爲線索，抓住最典型的幾件事件，塑造高斗樞夫人的形象，不僅讚美了高斗樞夫人相夫之能力、過人之膽識、堅定之氣節、精明之處世、勤勉之行爲、賢淑之美德、剛烈之品格，而且達到了講究記事、故事生動、描摹傳神、語言含情的藝術高度，頗類韓愈、柳宗元之傳記文，名爲祝壽序言，實則一感人至深的巾幗傳記。

第四節 《滄柱公年譜》筆法研究

一、從紀年、稱聖口氣折射出的仇氏與清初浙東學人思想的區別

《滄柱公年譜》中的紀年方式和稱聖口氣，折射出仇兆鰲與清初浙東學人思想的許多不同。

清初浙東學人，由於明朝的滅亡和滿清貴族入主中原等歷史原因，形成了較爲突出的反清情結。

明朝的滅亡其實是明朝腐朽的社會的必然結果。

明朝自萬曆以後進入了它的衰亡期。這一時期，土地過分集中，對農民的剝削日益慘重，統治者的驕奢淫逸之風日熾，政治的腐敗和專橫也達到了前所未有的程度。

明代的土地兼併始於明成祖朱棣，明朝的第一個以佔地爲目的的皇莊「黃垈」是朱棣所建，後來，憲宗皇帝將沒收宦官的 35 頃土地建成私人田莊，且以「皇莊」命名，開啓了有明一代的圈地佔地之風。孝宗時，京畿附近已有皇莊五處。到武宗時，增至 30 餘處。正德十六年（1521 年）查勘證實，皇莊佔地已經達到 20 萬頃之多。所謂上行下效，有皇帝在前面當旗幟，那些宗室貴戚們也不甘落後，他們利用自己的特殊身份，通過「欽賜」，「請乞」（求皇帝賜田）、「投獻」（強迫農民獻出田產）、「占奪」和「價買」（利用權勢用低價買田）等手段攫取大量土地，辟爲田莊，使圈地佔地之風愈演愈烈。有資料顯示，明熹宗時，閹宦魏忠賢的莊田已達百萬畝左右，其子侄受賜亦達3400 頃之多。一大官僚董其昌，莊田「膏腴萬頃」，「富冠三吳，田連蘇湖諸邑」〔註 59〕。由於瘋狂的土地兼併，土地集中達到空前嚴重的程度，致使佃農、自耕農紛紛破產，大批農民失去土地，流離失所，甚至淪爲豪族世家、達官顯貴的佃僕、伴當、田僮、火佃、莊奴，成爲比普通民人更爲低賤的「賤民」，農民再次農奴化的趨勢日益突出。更爲嚴重的是，莊園主們將土地據爲己有，卻不承擔賦稅徭役，反把賦役負擔轉嫁給農民，形成了有田人不納錢糧、無田人反交錢糧的奇怪現象：「富者田連阡陌，坐享兼併之利，無公家絲粒之需；貧者雖無立錐之地，而稅額如故，未免繰緎追並之苦。」〔註 60〕以

〔註59〕范守己《曲洧新聞》卷二，《御龍子集》，明萬曆刻本。

〔註60〕《皇明經世文編》卷八一，徐恪《修政彌災疏》，清光緒二十四年（1898）鉛印本。

致土地問題成爲明代後期最突出、最尖銳的社會問題，由此引發了一系列社會危機。明末的農民戰爭就是這種社會危機的總爆發。

明代自嘉靖以後，由於統治者統治政策的放鬆，商品經濟獲得了較大發展，社會財富急劇增加，生活觀念因之發生了翻天覆地的變化。嘉靖以前，社會風氣尙儉，嘉靖以後，社會風氣逐漸走向侈靡，到晚明已至頹靡。就上層統治階級而言，明武宗是這種風氣的典型代表，他的極度放縱的後宮生活成爲後來士人重點批判的對象。從士人階層而言，人們也在最大程度上追求以享樂爲特徵的世俗生活。晚明時的李贄認爲：人人都希望獲得富貴，聖人也不例外，既如此，那就不必諱談功名富貴，也完全可以毫無顧忌地追求功名富貴：「夫功名富貴，大此眾生所以奉此七尺之身者，是形骸以內物也，其急宜也。」〔註61〕爲此，他公然宣傳追求享受的自私自利之學：「我以自私自利之心，爲自私自利之學，直取自己快當，不顧他人非刺。」〔註62〕在他的影響下，晚明文人袁宏道乾脆把自己的欲望與物質生活直接聯繫：「目極世間之色，身極世間之鮮，口極世間之譚，一快活也。」「堂前列鼎，堂後度曲……珠翠委地，金錢不足，繼以田土，二快活也。」「千金買一舟，舟中置鼓吹一部，妓妾數人，泛家浮宅，不知老之將至，四快活也。」「然人生受用至此，不及十年，家資田地蕩盡矣。然後一身狼狽，朝不謀夕，託體歌妓之院，分餐孤老之盤，往來鄉親，恬不知恥，五快活也。」「士有此一者，生可無愧，死可不朽矣！」〔註63〕公然地宣傳對享樂生活的追求。這些觀念，相對于禁欲主義而言，確實有其進步意義和存在的合理性，卻也助長了晚明的奢靡之風。晚明自上而下的奢靡令人瞠目，有幾則資料可以證明：

> 故相江陵公，性喜華楚，衣必鮮美耀目，膏澤旨香，早暮遞進，雖李固、何晏無以過之。一時化其習，多以侈飾相尚，如徐漁浦同卿，時爲工部郎，家故素封，每客至，必先偵其服何抒何色，然後出衣批對，兩人宛然合璧，無少差錯，班行豔之。〔註64〕

> 今則佻達少年，以紅紫爲奇服，以綾紈爲衣。羅綺富貴家，縱容僕隸亦僭巾履。新巧屢更，珍錯爭奇，只供目食。至博戲呼盧，

〔註61〕李贄《焚書》卷二《答劉方伯書》，中華書局 1974 年，頁 148。
〔註62〕李贄《焚書》增補一《寄答留郡》，中華書局 1974 年，頁 711。
〔註63〕袁宏道《袁宏道集箋校》卷十一，上海古籍出版社 1981 年，頁 205～206。
〔註64〕《萬曆野獲編》，清刻本。

衣冠輩亦靦顏爲之。〔註65〕

> 紈綺子弟，極愛繁華，好精舍，好美婢，好孌童，好鮮衣，好
> 美食，好駿馬，好華燈，好煙火，好梨園，好鼓吹，好古董，好花
> 鳥，兼以茶淫橘虐，書蠹詩魔。〔註66〕

王丹邱在《建業風俗記》中也說，嘉靖十五年以前，富厚之家，多謹禮法，
居室不敢淫，飲食不敢過。後遂肆然無忌，服飾器用，宮室車馬，僭擬不可
言。還說正德以前，房屋矮小，廳堂多在後面，皆樸素渾堅不淫。嘉靖末年，
別說上大夫家，普通百姓，也有三間客廳費千金、金碧輝煌、高聳過倍者。
這些材料說明，晚明之際，從上至下，都在追求繁華富庶的生活，競比物欲
享受，侈靡之風已經形成，並在晚明社會「閃亮登場」。這種生活方式，很快
消耗掉明朝多年經營的社會財富積纍，使明朝的綜合國力急劇下降。更爲嚴
重的是，對於上層統治者而言，這種生活方式往往引發他們對政事的怠惰，
引發了一系列政治危機，比如，晚明皇帝多沉陷於奢侈淫靡的享樂生活之中，
不理朝政，以致大權旁落，宦官掌權，導致吏治腐敗，職弛事廢，政事無人
處理。如神宗朱翊鈞當政四十六年，竟有三十年深居宮中，不見朝臣，恣意
揮霍，厚自奉養，日日以造玩具爲樂，朝臣借機怠惰，以致戶部鎮兵餉無人
發放、地方解京餉銀無人批收，禮部各國來京貢使無人換文接待，刑部「獄
囚積至千人，莫爲問斷」。與此同時，爲了撈權撈錢，朝廷內部官僚間「黨爭」
紛起，爭奪權利。喧囂一時的「國本」之爭和「梃擊」案、「紅丸」案、「移
宮」案，就是黨爭的具體表現。神宗皇帝還縱容宦官魏忠賢專政，使各種社
會矛盾更加激化，加速了明朝的崩潰。

　　腐朽的明朝統治的滅亡是歷史的必然，但中國向來以漢人統治爲正統，
在許多正統的漢人學者看來，明朝的滅亡不應該由滿清統治者完成，而在滿
清王朝入主中原的過程中，又發生了一系列慘烈的戰爭，血腥的場面一幕又
一幕，令漢人遭遇了令人膽寒的恐怖：順治元年到順治二年（1644～1645），
明軍和清軍對李自成及其餘部農民軍的追剿；順治二年（1645）年四月，多
鐸舉兵南進，清河、淮安淪陷；順治二年（1645）年五月，清軍乘南明小朝
廷內亂之機攻下揚州，史可法被俘就義，清軍屠城十日，殺人幾十萬；六月，
清軍攻佔南明小朝廷所在的南京；八月，薙髮令下，江陰人民在「頭可斷，

〔註65〕《烏程縣志》，崇禎刻本。
〔註66〕張岱《自爲墓誌銘》見《瑯環文集》，光緒三年刻本[1877年]。

髮不可薙」的口號聲中堅持抗清八十一日，殺死清軍三王十八將、七萬五千多人後城池失陷，清軍入關屠城，江陰人民戰死、自殺、被殺者共計十七萬二千人；順治二年（1645）八、九兩月，嘉定人民三次反抗清軍入城，清軍便對嘉定三次屠城，「嘉定三屠」中，被殺者的血一直沒到腳踝，婦女兒童亦難幸免；順治二年，清軍攻取蘇杭……

天崩地解的巨變和血腥的屠殺，激起了強烈的民族情緒，反清復明的口號激勵了一代又一代的反清志士對清王朝激烈的抗爭，思想界、學術界、文學界也都湧現出一批批抨擊清朝統治和反思明王朝滅亡原因的著作和作品。

僅以文學界而論。清初文學界有一個為數甚多的遺民詩人群，據卓爾堪《明遺民詩》輯錄，作者有四百餘人，詩歌存留近三千首，比南宋遺民詩在數量和質量上有過之而無不及，其作品中洋溢著濃烈的反清情緒。在遺民詩人中，朱舜水流亡日本，卻常回憶中原，如其《避地日本感賦》二首，抒發了他懷念故國的悲憤之情：「漢土西看白日昏，傷心胡虜據中原。衣冠雖有先朝制，東海幡然認故園。廿年家國今何在？又報東胡設僞官。起看漢家天子氣，橫刀大海夜漫漫。」就有對「東胡設僞官」的強烈不滿和對「漢家天子氣」的無限企望。遺民詩人杜濬，與時代風雲同其氣，《變雅堂詩人集》、《變雅堂詩抄》、《茶村詩》中的許多作品反映明末清初社會的動蕩和變遷，就連鄭成功、張煌言反攻內地都在他詩中有所反映，以致因通海案被殺，故陳田評其詩曰：「於皇師法少陵，身際滄桑，與杜陵遭天寶之亂略同。故其音沉痛悲壯，讀之令人酸楚。」〔註67〕遺民詩人張採《知畏堂集》中的詩作，多悲憤沉痛語，申涵光評其詩曰：「甲申後忽自摧折，以次當貢太學，不受。自脫諸生籍，閉門獨坐，讀杜詩，歲常五六過。詩亦精進，得少陵神韻。」〔註68〕遺民詩人李鄴嗣，入清後不仕，著有《南朝續世說》、《杲堂詩鈔》七卷、《文鈔》六卷、《文續鈔》五卷，詩文多記滄桑間事，其中對清廷的不滿和對明王朝的留戀，溢於言表。遺民詩人屈大均從其師陳邦彥起義抗清，失敗後入寺廟為僧以避清廷迫害，其作品《大同感歎》、《猛虎行》、《荼人哀》等直接揭發清兵屠戮漢人的暴行，其《舊京感懷》、《過大梁作》、《登羅浮絕頂》等訴說家國興亡的深悲巨痛，其《梅花嶺弔史相國墓》、《哭顧寧人》、《贈傅青主》等，抒發了對忠節之士的仰慕之情，其作品無不表現出堅定的民族立場和抗

〔註67〕錢仲聯《清詩紀事》，江蘇古籍出版社 1987 年，頁 329。
〔註68〕張采《張子詩選》，清光緒七年刻本。

清意志決心。遺民詩人吳嘉紀用詩歌記錄戰亂之中百姓之苦，其《江邊行》、
《過兵行》、《難婦行》、《過兵行》等，揭露清軍所過之處屠殺擄掠的罪行，
其《李家娘》寫「揚州十日」的淒慘景象，其《一錢行贈林茂之》極力稱讚
遺民固守故國的堅貞品質，陸廷掄《陋軒詩序》評其詩云：「讀《陋軒集》，
則淮海之夫婦男女，辛苦墊隘，疲於奔命，不遑啓處之狀，雖百世而下，了
然在目。甚矣，吳子之以詩爲史也！雖少陵賦《兵車》、次山詠《舂陵》何以
過？」〔註69〕顧炎武存詩四百多首，無論擬古、詠懷、遊覽、即景，多抒發
民族感情和愛國激情，如其《千里》詩反映了自己參加抗清義軍的鬥爭經歷，
《秋山》描寫清兵屠戮燒殺的罪行和江南人民的反清鬥爭，《京口即事》歌頌
史可法鎮守揚州的英雄業績，《海上》四首，既哀南明的潰敗和失計又望其恢
復，《精衛》則表示了「我願平東海，身沉心不改」的抗清到底的決心。其作
品意境蒼茫遼闊，人稱可與杜甫的《秋興八首》相比美，張維屏稱其這類詩
作「眞氣噴溢於字句間，蓋得杜之神，而非襲其貌者所可比也」。〔註70〕徐嘉
則贊其爲「一代詩史，踵武少陵」〔註71〕

　　史學界的反清思想在清初主要體現在對明史的熱衷和寫晚明史的態度。
由於推翻明王朝的清王朝是滿族政權，在絕大多數漢人看來，這是不合正統
的異族統治，因此，在書寫這一段歷史時往往通過各種各樣的方法表達自己
對異族統治的不滿情緒，比如，記錄清朝軍隊進入中原後的暴行，以充滿留
戀的情緒記述晚明滅亡的過程，以歌頌的筆調記錄各種反清復明的鬥爭，寫
已經進入清朝紀年的歷史時不用清朝紀年，等等。如，張岱的《石匱書》、查
繼佐的《罪惟錄》、談遷的《國榷》、傅維麟的《明書》、谷應泰的《明史紀事
始末》、莊廷鑨的《明史》等，都是上乘之作。清朝這些私人修撰的明史從各
自不同的角度反映了明朝走向衰亡的歷史，發表了個人對明朝歷史的見解，
並在不同程度上表現了對明王朝的留戀，在探討明王朝滅亡原因的同時，寄
託了找尋覆國原因、尋求復國出路的目的，並在爭正統的問題上，與清朝統
治者進行了不屈的鬥爭，康熙初年明史案和康熙末年的南山集案，都是因爲
涉及晚明歷史時的年號、稱謂等而發生的。

　　康熙初年，生於浙江富戶的莊廷鑨因病失明，無以爲業，便潛心搜羅明

〔註69〕陸廷掄《陋軒詩序》，清道光十年刻本。
〔註70〕《國朝詩人徵略》卷三，清道光二十二年（1842）刻本。
〔註71〕《顧亭林先生詩箋注》卷首《凡例》，清光緒十三年徐氏味靜齋刻本。

史，召集賓朋著書立說，以「盲史」自居。其家與明代大學士朱國禎家相鄰，朱國禎於明史頗有研究，著有「明史」稿本，莊氏從朱氏後人手裏購得朱國禎所著「明史」稿本，召集賓朋修飾之，並繼續纂修天啓、崇禎兩朝史事，名曰《明書輯略》。書成之後，未及刊刻，莊廷鑨便因病離世。其父莊允誠傷子早逝，爲之刊印。書行於世，不避清帝諱，崇禎後不寫關外年號，中多觸諱之語。

戴名世的《南山集》案發生於康熙末年。當時的翰林院編修戴名世讀到清初文人方孝標的《鈍齋文集》、《滇黔紀聞》，對其中所闡發的民族情緒頗有共鳴。他還將方孝標著作中的紀事、論述文字引入自己的著作《南山集》中，在清朝已經建國的年代仍直稱南明三帝年號，還敘述了弘光之帝南京，隆武之帝閩粵，永曆之帝兩粵、帝滇黔的事迹。

文人學子就是以這樣的方式發泄對清王朝的不滿，表達對清王朝的不信任。而在清朝入主中原的過程中，江浙所遭遇的災難最深，因此，這種反清復明的情結在江浙文人學子中特別濃郁，上述所舉詩人絕大多數都是江浙人即是明證。

清初浙東學人大都屬於有這樣民族情緒的學者。以黃宗羲爲首的浙東學人，在一切復國希望均成泡影後，抱著「國可滅，史不可滅」的宗旨，潛心研究明史，撰寫了許多有關明朝歷史的巨著，並在其中傳達著濃烈的民族情結。如黃宗羲的《弘光實錄抄》、《行朝錄》、《海外痛哭記》等，都收集了大量南明的珍貴歷史史料，在這些涉及歷史變遷的著作中，涉及清朝統治者入關以後的資料，都不用清朝紀年。浙東史學的另一重要人物萬斯同，是浙東萬氏家族民族情結的典型代表，他不僅堅決執行了父親萬泰不准做清朝官員的遺訓，而且擔當起黃宗羲的囑託，忍辱負重生活在清朝的明史總裁的家中，不穿清朝官衣，不食清朝俸祿，爲維護明史的眞實孜孜工作，並獨自完成了崇禎長編的史料編輯。這些浙東學人，想盡一切辦法維護明王朝的歷史地位，把爲明王朝招魂的思想情緒點點滴滴滲透在字裏行間。

仇兆鰲的《尙友堂年譜》，是對自己生平的回述，也屬於歷史資料，但從這部年譜的紀年方式和稱聖口氣可以看出，他與浙東學人還是有很大區別的。

（一）**沒有對明王朝的留戀情結**。仇兆鰲出生於崇禎十一年（1638）年，但在紀年時，他沒有稱崇禎十一年，而是用一「前」字指稱明朝，指稱雖然明確，而書法隱晦。不用明朝紀年，這其實就是對明朝的否認，其做法與許

多浙東學人在史學著作中明標明朝年號的做法頗不相同，更與那些入清以後仍稱明朝年號的做法迥然有別，由此可以看出，仇兆鰲完全沒有黃宗羲、萬斯同等浙東學人那樣視明朝爲正統的思想，更沒有對明王朝無限留戀的民族思想情結。

（二）**對清朝統治的膺服**。1644 年，是清世祖愛新覺羅・福臨登基即位的時間，但這時，南明小朝廷仍然活動在江浙一代，也還是漢人心目中的明王朝，而從歷史的角度看已經入清，清朝的歷史紀元從這一年正式開始。這一年，仇兆鰲在《年譜》中稱「世祖章皇帝順治元年」，也就是說，仇兆鰲使用了清帝廟號和尊號。但在他生活於明朝的那幾年時間裏，他卻沒有使用明朝的紀年，更沒有使用明朝帝王的廟號和尊號。對清帝的這一稱謂，就不僅僅表明他對南明王朝留戀不留戀、承認不承認的問題了，而是表現了作者對新建王朝的承認、尊崇，完全是俯首稱臣的意思。這是對清朝統治者完全認同的態度。

（三）**對康熙皇帝的畢恭畢敬、誠惶誠恐**。晚年，仇兆鰲出入宮廷，曾受到康熙皇帝的賞識。致仕以後，也曾有機會參加康熙皇帝六十歲的萬壽聖典，並曾蒙康熙帝親自垂問。恩寵當然值得紀念，但並非諸事全無。然而，閱讀《年譜》發現，致仕以後，其每年之記事只有康熙皇帝恩寵的點點滴滴，不及其餘，而且對康熙皇帝所給予的任何賞賜都千恩萬謝，感激涕零，其對康熙皇帝的態度可謂畢恭畢敬、誠惶誠恐。

從《年譜》的寫作追究仇兆鰲與清初浙東學人對清廷的情感區別，或許有如下原因可爲解釋。一是《年譜》的寫作開始於仇兆鰲晚年因病致仕南歸後，這時，清王朝的統治已經相當穩定，康熙皇帝的千秋功業如平三番、平朔漠、收臺灣等都已經完成，清朝已成爲無可代替的新一代王朝，反清復明的聲音已漸趨微弱，作爲一位尊重歷史的學者，仇兆鰲的這種書法應該說無可指摘。二是仇兆鰲的家庭與黃宗羲、萬斯同等人的家庭有很大區別。黃宗羲父親黃尊素在明朝爲御史，「尊素爲楊、左同志，以劾魏閹死詔獄」，對明王朝有相當深厚的感情。萬氏家族在明朝也是幾世爲高官的世代仕宦之家，在明朝的榮寵使得萬氏家族對明王朝有特別深厚的情感，故此萬泰以強烈的民族情感教育、影響並約束著萬氏家族的行爲。而仇兆鰲的父親公路公仇遵道，雖爲飽學之士，但在明朝沒有獲得任何官職，因此，仇遵道沒有像萬泰那樣的民族情結，所以可能沒有對仇兆鰲進行萬泰式的民族情結教育，因而

在仇兆鰲的心中沒有像黃宗羲、萬斯同那樣濃烈的對明朝的留戀情結。另一方面，仇兆鰲兒時，仇家在清師過江的戰爭中，躲避戰禍比較及時，仇家這個不大的家族沒有在戰爭中受到任何傷害，而且，在躲避戰禍的過程中，仇兆鰲還體會到了家人之間互相關照的親情溫暖，即所謂「徐氏眷戀保護，一如至親，迄今猶感其誼」。那時他還比較年小，可能沒有觀察到類似「揚州十日」、「嘉定三屠」式的社會悲劇，沒有體會到親人被殺的人生痛苦，所以難以喚起他對清王朝的憎恨。有此，他也就很難完全與他的老師黃宗羲和同門萬斯同等有完全一致的思想感情了。

二、《滄柱公年譜》曲筆記事探析

《滄柱公年譜》雖為個人年譜，但仍屬史學資料。歷史資料，照道理講，應該是不隱惡，不潛善，秉筆直書，但這一點，在《滄柱公年譜》中多有變通。《滄柱公年譜》的記事筆法，頗類《春秋》，不少地方隱曲含蓄，是微言大義的寫法。

（一）迴避清軍南下殺戮事實

清軍渡江南下作戰，所到之處，除了武裝佔領，還有殘酷屠殺。由於清軍南下，頒佈了令漢人表示臣服的「剃髮令」，違背了漢人一貫的「身體髮膚，受之父母，不敢絲毫損傷」的服飾習俗，引發了江浙一帶頑強的抵制和抵抗，清軍對江浙一帶進行了殘酷的屠殺。

事情的起因是：順治二年，清兵已經南下江南後，此時的「剃髮令」已廢除一年左右。但降清漢臣孫之獬受到其他漢大臣的排擠，遂剃髮上朝，欲入滿大臣之列，而滿大臣拒絕之。他便又入漢大臣之列，漢大臣亦拒之，孫之獬在朝堂無法立足，便心生一計，向攝政王多爾袞上折，以「陛下從中國」和「中國從陛下」作為誰統一誰的矛盾焦點，奏請改制，導致清庭重頒「剃髮令」。於是，多爾袞代順治皇帝頒發《剃髮詔書》：

> 向來剃髮之制，不即令劃一，姑聽自便者，欲俟天下大定，始行此制耳。今中外一家，君猶父也，民猶子也，父子一體，豈可違乎，若不統一，終屬二心。自發佈告之後，京城內外限旬日，直隸各省地方，自部文到日，亦限旬日，為惜髮爭留，決不輕貸。〔註72〕

〔註72〕見《上諭檔》。

剃髮令頒佈以後，清統治者還派軍卒執行之，一時間，「留頭不留髮，留髮不留頭」成爲一個令人毛骨悚然的口號。但這深深傷害了漢人一向奉爲圭臬的孝道，使漢人從思想深處不能接受，因此，激發了激烈的抵制和反抗，比如，著名的嘉定三屠和江陰八十日就是反抗剃髮令的殘酷結果。

嘉定（今屬上海市），是明清之際的江南重鎮。爲了表示對「剃髮令」的不服，數萬軍民在明朝左通政使侯峒曾和進士黃淳耀的帶領下，堅決抵抗，誓死留髮與城共存亡，但終因寡不敵眾，加之天降大雨導致城牆坍塌而城破。城破於陰曆七月初四，這一天，兩萬餘軍民死在鋼刀之下。隨後的七月二十六日、八月十六日，嘉定城郊兩路誓死不剃髮的義軍再遭屠殺。總計嘉定大約二十萬人，因剃髮令幾被屠殺殆盡。

江陰（今屬江蘇）是一個僅九萬餘人的小城。剃髮令頒佈後，百姓誓不剃髮，決意抵制。一位已經離任的典史閻應元被百姓推舉爲守城統帥，他雖只是個比九品還低的小吏，但民眾擁戴，在其帶領下，全城百姓與二十四萬清兵的大炮、強弩展開了激烈的鬥爭。他們用盡各種各樣的計策，詐降、設伏、火攻、草人借箭、裝神弄鬼、聲東擊西、夜襲敵營、城頭楚歌、人體炸彈等，迫使清軍付出了慘重代價，甚至在一次詐降計中損傷了清朝一位王爺、三位上將和三千將士，清軍不得不三軍掛孝。但由於天氣的原因，連日的雨水把城牆浸透，被雨水浸透的城牆在大炮的轟震中坍塌，堅守八十餘日的城池被破城。城破後，清軍屠城，城內九萬七千餘人、城外七萬五千餘人死於非命，江陰遺民僅有五十三人因躲在寺觀塔上保全了性命。

在浙江東部，類似的慘烈的殺害上演了一幕又一幕。徐芳烈《浙東紀略》、翁洲老民《海東逸史》等記錄了清軍渡江及剃髮令下後浙東軍民的種種反抗及遭到鎮壓的情況。

> 初四日，北兵至暨陽。

> 馬士英攜家眷匿嵊縣大岩山中，居數日，入四明山之金鐘寺剃髮，北至出降。北盡殺其兵於林中，令騎一驢之台州招降方國安。國安已渡黃岩，與北隔江。北白標先至，方元科欲盡殺將士妻妾，決死一戰。國安猶豫不忍，北兵抄出後路。馬士英適至，爲先容，諸軍一夕圓帽成，髮盡落，頭盡白，人盡清矣！〔註73〕

〔註73〕徐芳烈《浙東紀略》。

閣部金華朱大典，號未孩。乙酉北兵至杭，退守金華。方國安潰師欲入，先生不許，相持久。國安精銳，大半耗於城下，金城得全。以是國安陳師江上，朱師不出金城一步。只自料守備之具。至是，國安降，欲首先效力，導北兵以大炮攢打，七月十六，城破，屠城；朱闔家焚死。〔註74〕

這些重大的歷史事件，仇兆鰲只用一些非常含混的詞語記錄，如「避地望春橋徐宅」，「避地（頓）鼐徐耿可家」「仍避頓鼐」「王師渡江」等輕輕帶過，卻不交待其中原因。這自然有年齡小不太記得事情原委、家人躲避戰亂及時、對戰爭記憶模糊等因素，但清軍在浙江一帶的暴行歷歷可數，盡人皆知，自命史局中人的仇兆鰲更應熟稔史事，但在記事中採用的卻是這樣一種記錄方法，其有意迴避殘酷歷史之意圖相當明顯，在他的筆下，清軍南下的罪行悄然消迹，雖然，他並沒有迴避曾經的戰爭。此等筆法，確實極其講究，與《左傳》的「天王狩於河陽」有異曲同工之妙，既告訴後人歷史上曾經發生的事情，也不揭露當政者曾經的罪孽或者不光彩的東西，是作史者準確、微妙、婉曲的寫史手法的高明運用。

（二）為他人諱

從《滄桂公年譜》看，仇兆鰲應該是一個為人厚道的人，他多記他人恩惠，基本上不說他人壞話，盡可能為他人醜事避諱。這一點，與杜甫非常相像。比如杜甫被同谷縣令邀請，去後卻備受冷遇，房無一間，地無一壟，致使詩人生活陷入困境，但詩人卻未曾提及，其厚道如此。仇兆鰲亦如斯。在自己年譜實在避不開對他人醜事記載的問題上，總是盡力委蛇，善為交代，盡可能不傷他人顏面。

康熙三年（1663）夏天，二十七歲的仇兆鰲「以它事忤邑令張」，張姓邑令「遂借欠糧詳草」事誣衊仇兆鰲。但仇兆鰲可能確實沒有「欠糧詳草」等事，因而有前輩林非聞、范潞公兩先生「公論伸救」，郡守崔維雅「亦諒無他，始終禮貌」。這件事情，給仇兆鰲家庭帶來很大麻煩，甚至官司打到京城，「一案三年，憂及老親，事後追思，猶為抱痛」。但是，對給自己帶來如此巨大傷害的邑令，仇兆鰲沒有交代他的名字，只是自己有一段三年的訴訟生活不得不交代，故在不得不提時略及其姓，而不及其名。而對曾經給過自己救助的人，莫不一一書其姓名。其記恩忘惡如此。

〔註74〕徐芳烈《浙東紀略》。

　　康熙四十四年（1705），彭會淇、仇兆鰲和顧圖河受命總纂《方輿程考》，第二年，仇兆鰲便獨立主持這項工作。其中原因是，彭會淇在科舉考試中營私舞弊而被罷官，顧圖河則因爲任湖廣學政遠離京城。在記錄彭會淇事時，仇兆鰲使用了非常含蓄的語言：「彭公以科場事去」。其實，彭會淇科場案在康熙朝是一場引發朝野爭議的大案，《聽雨叢談》卷九記載：

> 　　四十五年丙戌會試。總裁：吏侍李錄予、兵侍彭會淇。中式三
> 百人。歷科會試主司，皆用大學士而下三四人，本科止用侍郎二人，
> 遂騰物議。會元尚居易旋被奪削，主司亦鐫級。〔註75〕

這一次考試，主考官的任命就引起眾多議論，到錄取的會元尚居易也被取消，旋即主考官李錄予、彭會淇都被罷職，這一場科舉考試案確實非同一般，說明其中確實存在問題。但彭會淇曾經是仇兆鰲的同事、協作夥伴，仇兆鰲不願意將這件事的眞相抖落出來，而自己獨監書局，他又不願意吹噓說是自己能力超人非我不可別人無法代替之類，故而以含混的「以科場事去」來說明自己獨監書局的原因。其爲人厚道如此。

（三）淡化爲浙東學派所做之工作

　　作爲浙東學人中的一員，仇兆鰲有他特殊的地位。從我們對他所從事的各種工作尤其是各種著述工作的大體瞭解，我們知道，他爲浙東學派做過不少事情。他是黃宗羲十八高弟之一，而且位居十八高弟之首，《中國歷代禁書解題·朝行錄》還稱其爲浙東學派的「臺柱」：

> 　　（黃宗羲）門人中的萬斯同、萬斯大、仇兆鰲、鄭梁、查愼行等
> 等，後來都成了著名的學者，浙東學派文史哲各方面的臺柱。〔註76〕

有這樣的地位和這樣的評價，仇兆鰲爲浙東學派所做的工作應該值得在《年譜》中敘述，畢竟浙東學派在當時是學界相當有影響力的學術力量。但在《滄柱公年譜》中，這方面的情況少之又少。有兩件重要事情特別值得探討。

　　關於萬斯同講學。萬斯同是浙東萬氏家族中「萬氏八龍」之一，他集中繼承了黃宗羲的經學和史學，主要是史學，是浙東學派史學的代表人物。萬斯同遵父教導，拒絕仕清。但其老師黃宗羲擔心清人修明代史書會肆意篡改歷史，故而支持他以布衣參與史局。他雖爲布衣，卻參與了很多意見，許多修史官員遇到疑難也多向他請教，是《明史》的實際主持人，而且《明史》

〔註75〕福格《聽雨叢談》卷九，中華書局 1984 年，頁 196。
〔註76〕安平秋、章培恒主編《中國歷代禁書解題》，臺北竹友軒出版公司 1992 年。

列傳的王鴻緒稿基本出自他手。在萬斯同修明史期間，仇兆鰲曾參與史局，並與修《一統志》，且在康熙三十年直接參與《明史》史局工作。在這期間，仇兆鰲與萬斯同曾經過往甚密。據《年譜》交代，康熙二十九年（1690），仇兆鰲「與館中知己邀吾鄉萬季野先生（名斯同，博學洽聞，時以布衣聘參史局）同講經術，浹旬一舉」，讓萬斯同有機會在京中學子中宣傳黃氏的經史之學。「浹旬一舉」，也就是十天舉行一次，活動可謂密集。應該說，這些活動爲傳播以黃宗羲爲代表的浙東學術有相當積極的作用，對後來浙東學派的發揚光大也有重要影響。但仇兆鰲在京中與萬斯同的交往、探討的問題等等，仇兆鰲都沒有詳細交代。

　　關於《明儒學案序》。清代浙東學派的開山之祖黃宗羲撰有重要學術著作《明儒學案》。這部著作，黃宗羲既有使一代學術不泯之意，更抱著從學術探討明王朝滅亡原因的宏願，用心甚苦。在其寫作過程中，仇兆鰲有機會獲得抄本，說明師徒間交往尚密。陸隴其《三魚塘日記》記載，仇兆鰲曾以黃宗羲所著《明儒學案》的前六卷抄本相贈，可證仇兆鰲與黃宗羲交誼較深。《明儒學案》完成後，在仇兆鰲的幫助下，最早在北方刊刻。仇兆鰲爲《明儒學案》作序，對其師學問人品均極力推重：

> 吾師梨洲先生纂輯是書，尋源溯委，別統分支，秩乎有條而不紊，於敍傳之後，備載語錄，各記其所得力，純不執己意爲去取，蓋以俟後世之公論焉爾……先生爲白安忠端公長子，劉念臺先生高弟，嘗上書北闕，以報父仇，又抗章留都，以攻奸相。少而忠孝性成，耄則隱居著述，學問人品，誠卓然不愧於諸儒矣。是書成於南雷，刊佈於北地，方可見道德之感人，不介以孚，而賈君若水之好學崇儒，眞千里有同心夫！
>
> 　　　　　康熙癸酉季秋，受業仇兆鰲頓首拜題於燕臺邸舍

康熙癸酉，即康熙三十二年，正是《杜詩詳注》完成的同一年，仇兆鰲正在翰林院任編檢，是官位正在爬坡的時候。而黃宗羲曾多次堅拒清廷之邀，不仕清廷，以遺民心態著書立說。如果與黃宗羲扯不斷關係，必然影響仇兆鰲仕途。但仇兆鰲堅持爲授業恩師黃宗羲的學術著作作序，其學術勇氣可嘉可敬可畏。但爲北方刊刻《明儒學案》寫序這樣重要的學術活動，在《滄柱公年譜》中沒有絲毫痕迹。

　　推測個中原因，應當與仇兆鰲晚年心態有關。仇兆鰲晚年受康熙恩遇，

誠惶誠恐，其完全傾心於清廷之心態表露無遺。而浙東學人多以遺民心態對待清廷，仇兆鰲當不願多涉及個中是非，自然也不願多談及自己與浙東學人之交往。

三、避談道教養生學說探因

避談道教養生學說及其與道教中人之交往，是《滄柱公年譜》中一個更為重要的問題。

仇兆鰲的著述，除《杜詩詳注》是杜詩研究的集大成著作外，還有兩部著作亦稱集大成之作，一為《周易參同契集注》，一為《悟眞篇集注》（兩書的考證情況見下一節），均為道教養生著作的集注型著作，被道教門派稱為集大成著作。

從道教經典著述的角度看，這兩部著作的地位不亞於《杜詩詳注》在杜詩學史上的地位。關於《杜詩詳注》，《滄柱公年譜》交代較為詳細，哪年開始輯注，曾經交往了哪些相關人員，《杜詩詳注》何時呈進，補注工作怎樣進行，何時刊刻，等等，都能從《年譜》中獲得相關信息。但是，關於《周易參同契集注》和《悟眞篇集注》的相關工作，我們卻很難從《年譜》中獲知相關信息。這兩部著作既是道教養生學說的集大成著作，又是仇兆鰲獲得「知幾子」「知幾仙師」尊號的重要原因，為什麼仇兆鰲在《年譜》中沒有也像記錄《杜詩詳注》那樣，記載著作的相關情況？從《年譜》和相關材料分析，估計有三個方面的原因：仇兆鰲晚年對養生學說的認識發生變化、道教學說在中國不受重視、康熙本人對道教養生學說持排斥態度。

（一）道教性命雙修養生學說在中國文化中的地位問題

中國傳統文化以儒、釋、道三家為三大支柱，其中，儒家思想始終佔有主流地位，其積極入世、知其不可而為之的堅忍精神成為中國士人積極進取、自強不息、艱苦奮鬥、重在參與的精神力量的源泉，而佛、道兩家的避世思想又往往成為士人進取不能時的精神歸所。道教卻與這三者有很大區別。

道教的興起借助於道家名號，實質卻與道家大相徑庭。

道家思想的產生根源於對社會的關注。老子其實是一個非常關注現實人生的哲學家，他特別關注的是如何消解人類社會的紛爭，如何讓人們生活的幸福安寧。他的許多論述都可以看到他對解決社會現實問題的認眞思考：

不上賢，使民不爭；不貴難得之貨，使民不爲盜；不見可欲，使民心不亂。是以聖人之治：虛其心，實其腹，弱其志，強其骨。常使民無知無欲，使夫知者不敢爲也。爲無爲，則無不治。（《道德經》三）

上善若水。水善利萬物而不爭。處眾人之所惡，故幾於道。居善地，心善淵，與善人，言善信，政善治，事善能，動善時。夫唯不爭，故無尤。（《道德經》八）

五色令人目盲；五音令人耳聾；五味令人口爽；馳騁田獵，令人心發狂；難得之貨，令人行妨。是以聖人爲腹不爲目，故去彼取此。（《道德經》十二）

絕聖棄智，民利百倍；絕仁棄義，民復孝慈；絕巧棄利，盜賊無有。此三者，以爲文，不足。故令有所屬：見素抱樸，少私寡欲，絕學無憂。（《道德經》十九）

將欲取天下而爲之，吾見其不得已。天下神器，不可爲也，不可執也。爲者敗之，執者失之。是以聖人無爲，故無敗；無執，故無失。夫物或行或隨，或噓或吹，或強或羸，或載或隳。是以聖人去甚，去奢，去泰。（《道德經》二十九）

以道佐人主者，不以兵強天下，其事好還：師之所處，荊棘生焉。大軍之後，必有凶年。善有果而已，不敢以取強。果而勿矜，果而勿伐，果而勿驕，果而不得已，果而勿強。物壯則老，是謂不道，不道早已。（《道德經》三十）

夫兵者，不祥之器，物或惡之，故有道者不處。君子居則貴左，用兵則貴右。兵者不祥之器，非君子之器，不得已而用之，恬惔而上。勝而不美，而美之者，是樂殺人。夫樂殺人者，則不可得志於天下矣。吉事尚左，凶事尚右。偏將軍居左，上將軍居右。言以喪禮處之。殺人之眾，以悲哀泣之；戰勝，以哀禮處之。（《道德經》三十一）

道常無爲而無不爲。侯王若能守，萬物將自化。化而欲作，吾將鎮之以無名之樸。無名之樸，亦將不欲。不欲以靜，天下將自正。（《道德經》三十七）

天下有道，卻走馬以糞；天下無道，戎馬生於郊。禍莫大於不知足，咎莫大於欲得。故知足之足，常足矣。（《道德經》四十六）

聖人常無心，以百姓心爲心。善者，吾善之；不善者，吾亦善之；德（得）善。信者，吾信之；不信者，吾亦信之；德（得）信。聖人在天下，歙歙焉，爲天下渾其心，百姓皆注其耳目，聖人皆孩之。（《道德經》四十九）

善建者不拔，善抱者不脫，以子孫祭祀不輟。修之於身，其德乃眞；修之於家，其德有餘；修之於鄉，其德乃長；修之於國，其德乃豐；修之於天下，其德乃普。故以身觀身，以家觀家，以鄉觀鄉，以國觀國，以天下觀天下。吾何以知天下之然哉？以此。（《道德經》五十四）

以正治國，以奇用兵，以無事取天下。吾何以知其然？以此。天下多忌諱，而人彌貧；人多利器，國家滋昏；人多伎巧，奇物滋起；法令滋彰，盜賊多有。故聖人云：「我無爲，而民自化；我好靜，而民自正；我無事，而民自富；我無欲，而民自樸。」（《道德經》五十七）〔註77〕

從摘錄的道家創始人老子的這些論述中我們能夠深切地感受到，老子對社會問題做過相當深入的思索，他是要從內心深處消除人們的欲望，枯竭貪婪的心願，割斷紛爭的根源。他的「無爲」、「棄知」，不是眞正意義上的什麼也不做，不是眞正的放棄智慧，更不是眞正的放棄社會，而是內含著對社會的無限關切，是要徹底解決現實社會中的紛爭，是要讓這個社會平靜安寧，在小國寡民、民至老死不相往來的狀態中過著無憂無慮的幸福生活。

老子的繼承人、道家學派的集大成者莊子，文章飄渺如煙，看似天方夜譚，而實際上依然是對社會的特別關注。司馬遷在《史記·老子韓非列傳》中這樣評價莊子：「莊子者，蒙人也，名周。周嘗爲蒙漆園吏，與梁惠王、齊宣王同時。其學無所不窺，然其要本歸於老子之言。」莊子所營造的逍遙境界，正是因爲感受到了社會對人的束縛後提出的一種理想的人生境界；莊子所提出的「安時處順」「因任自然」的理論，是在社會的巨變中躲避危險、在夾縫中求生存的方法，同時也是老子無爲思想的發展；莊子「物無非彼，物

〔註77〕陳鼓應《老子注譯及評介》，中華書局1984年版，頁71，89，106，136，183，188，191，244，253，273，284。

無非是」的認識論，基於他不能也不敢對社會發展的是是非非有所評議；莊子死生齊一、惡生樂死的生死觀則來源於他對生的痛苦的理解和對社會的憎恨；莊子的「絕聖棄知」是一種返璞歸眞的社會理想，他認爲「絕聖棄智而天下大治」（《在宥》）。

道家的本意是尋求社會安寧的路徑，希望世間不要有太多的爭鬥，希望在「小國寡民」的社會狀態下過一種「雞犬之聲相聞，民至老死不相往來」的平靜生活。「不治而治」是道家在治理社會方面所追求的最高境界，社會之「治」是道家的終極目標。

道教雖然脫胎於道家，道家理論中也有一些治國安邦主張，但道教更主要的是關注個人的生老病死，從一開始就特別注意祛病防邪，調養保健。而且，道教的發展越到後來越追求個人的長命百歲、飛升成仙，越與治國安邦沒有關係。道教追求修仙訪道，原本於動亂社會中人們對生命易逝的恐懼，本於對各種威脅人生命健康的疾病的防範。但隨著內丹學和外丹學的興起、興盛，道教煉丹派就完全演變成爲一種帶有神秘特性的養生學說了。

仇兆鰲所集注的《周易參同契》和《悟眞篇》，是道教養生學說的重要著作。仇兆鰲憑藉著集注《周易參同契集注》和《悟眞篇集注》的深厚學養，獲得了在道教養生學派中的重要地位，被茅山道教列爲九位仙師之一。然而，在中國文化中，這並不是值得仇兆鰲炫耀的。

在中國文化中，儒、釋、道三家是三個重要分支，但其在中國社會中的地位並不能分庭抗禮。儒家文化一直是中國文化中的主流，而且，歷朝歷代，基本都以儒家文化爲其統治思想，道家學說從未眞正獲得過與儒家學說相抗衡的地位。道家和道家思想雖然在某些歷史階段受到一定程度的重視，比如漢初實行的「清靜無爲」「休養生息」的治國方策，但道家思想並沒有眞正成爲中國思想的主流。漢武帝以後，道家思想再也沒有受到過統治者的大力推崇。魏晉以後，道家學說曾經興盛一時，但他只是學術界的寵兒，並沒有在統治者那裏獲得尊榮的地位。唐代統治者尊崇道家創始人老子爲始祖，而實際上佛禪盛行，統治思想仍以儒教爲主。元蒙統治者曾給予了源出於道家的全眞派道教以相當重要的地位，全眞派道教甚至在一段時間內深得人心，也獲得儒者的普遍贊許。其原因主要在於，一則全眞派道教在創教之初便吸收儒家思想成分，竭力向儒家思想靠近，二則全眞派道教追求清淨，但決不無爲，早期全眞教甚至以拯救生靈、抑制暴虐爲己任，做出了許多不同凡響的義舉。元初儒者孟祺曾給予初創期的全眞教以相當高的評價：「當乾坤板

蕩之際，長春老仙徵自海濱，首以好生惡殺爲請，一言之功既足以感九重而風四海。」〔註78〕元好問曾這樣評價全眞道教：「邱公往年召對龍庭，億兆之命懸於治國保民之一言，雖馮瀛之悟遼主不過是。天下之所以服其教者，特一此耳。」〔註79〕儘管如此，源出於道家的道教，因其在形成之初就與神仙、方伎、房中、陰陽、術數等有一定瓜葛，斜枝雜陳，主流不清，全眞教又無力整合各種道教歸於一統，終至其在元代中期很快衰落，甚至墮落爲燒丹煉汞符籙的代稱，因而也就漸漸爲正統的儒家學者所不齒。本就沒有眞正形成與儒、釋爭衡力量的道家，因爲道教的偏離社會關懷（儒）和心靈信仰（佛）而漸漸遠離了大眾的生活。

仇兆鰲所遵從的道教學派，則是道教內丹學中的一個分支，其所著的《周易參同契集注》、《悟眞篇集注》，屬於內丹學性命雙修學派的重要著作。

內丹派雖然採用外丹黃白術語，但其含義有本質區別。內丹派不講煉丹燒汞，而以修煉內丹爲主。其所言內丹，是指以人身爲鼎爐，精、氣、神爲藥物，呼吸爲風，意念爲火，運用意念和呼吸的程度爲火候，煉成精氣神的凝合體，是爲還丹。由於內丹功法不同，內丹派又分成不同流派，如文始派、少陽派等。仇兆鰲屬於陰陽派，也即雙修派。雙修派遵從《周易參同契》之理，認爲：「物無陰陽，違天背元」，練功時須陰陽配合，男女雙修。自東漢魏伯陽著《周易參同契》傳開雙修派丹法秘術後，後繼有人，呂洞賓、張伯端、劉永年、陳致虛、陸潛虛、張三豐、李涵虛、仇兆鰲等人，皆精於雙修派丹法。雙修派與其他道教功法最大的區別是要用女鼎，利用陰陽栽接的功夫將女子的先天眞陽（即水中金）採回來，補入男子離卦中間陰爻的位置，取坎塡離，結丹以求長生。

道教已經因爲與方士、方術、符籙、巫術等的密切關係被斥爲妖言惑眾的旁門左道、邪門外道，而道教內丹雙修學又有很多修煉方法涉及到夫婦男女，因而與正襟危坐的傳統儒學大異其趣，不唯被視爲難登大雅之堂一類，甚至令人不齒，所以道教內丹雙修學的發展也就一直受到排斥、壓抑和抨擊。在這種文化氛圍中，古代內丹雙修家便不能將其練功之法廣泛傳播，而只在信奉此道的師徒間秘密傳授，悄悄進行著人體內在奧秘的探索。

〔註78〕孟祺《應緣扶教崇道張尊師道行碑》，轉引自鄧紹基《元代文學史》，人民文學出版社1991年，頁23。
〔註79〕元好問《元好問集》卷三十五《清眞觀記》。

仇兆鰲從小在儒學氛圍很濃的家庭環境中生活，成長中一直接受儒家文化的薰陶，因此，他深知儒家文化對道教文化的排斥，更瞭解性命雙修學說在人們心目中的另類感覺，作為一個以吏部右侍郎身份致仕的高官，他應該羞於談論自己的修身養性之法。仇兆鰲的兒子仇廷桂、仇廷模在《續譜》中說，父親一生的行迹和交往中還有許多事情都沒有記錄，其中就包括與道教中人交往諸事。仇兆鰲嚴令兒子們不許續補，兒子們說《年譜》「中而不載、載而不詳者甚多，不知先大夫搦管時偶爾遺忘，抑或別有深意」的揣度中，「別有深意」當是仇兆鰲初衷。我們以為，仇兆鰲是要留給後人一個正襟危坐、嚴於律己、正直無私、忠君愛民的形象，而不是一個侈談夫婦男女、荒誕不經的形象。

（二）仇兆鰲晚年對道教養生學說的認識

《滄柱公年譜》第一次提到道教著作是在康熙三十三年（1694）。這一年夏天，他向康熙皇帝呈進《兩經要義》（黃帝《陰符經》和老子《道德經》）冊頁。說明在此之前，仇兆鰲已經開始關注道家學說。根據今存張道一傳述交待的仇兆鰲與陶素耜的交往以及今本《周易參同契集注》、《悟眞篇集注》題解對著作完成時間的交待，推測仇兆鰲在康熙三十四年到康熙四十二年這段時間，與道教中人交往甚密，應該說，這一段時間，信奉道教養生學說是仇兆鰲生活的重要內容，但是，《年譜》這一段時間的記載中沒有透露他任何與道教中人交往的情況和集注《周易參同契》《悟眞篇》的信息。個中原委，應該與他晚年對道教養生學說的認識有關。

康熙四十九年，七十三歲的仇兆鰲在京中得病。康熙五十年，告病「乞休」，「奉旨以原官致仕」。南歸前，遣走乙酉年（康熙四十四年，即 1705 年）在京城所娶的侍妾馬氏。仇兆鰲以六十八歲高齡娶馬氏為侍妾，一則因為京中獨居寂寞，二則也是道教性命雙修派養生的需要。但馬氏的到來沒有幫助他體魄更加強健，他反而帶累馬氏兩番侍病。他一方面感激馬氏的兩番侍病，一方面也由此產生了對道教性命雙修學說的疑問，甚至是基本否定。遣走馬氏的詩歌透露了他晚年對道教養生學說的認識：

採藥需求此地花，丹經錯認玉生瑕。

蘇臺凋後燕臺謝，悔恨當年問鼎樣。

「藥」是指道教性命雙修學說中的陰陽和合之「藥」，是道教性命雙修過程中形成的一種「氣」，就是雙修學說中的「丹」。花：指女性，道教性命雙修的養生學說在修煉時需要男女雙修，取坎填離，沒有女性的配合，這種養生功

夫就不能修煉。這是解釋他在六十八歲時娶馬氏爲侍妾的原因。「丹經錯認」，表明仇兆鰲對選擇性命雙修的修煉方法的否認。「玉生瑕」當指身體發生了不好的變化。蘇臺：即姑蘇臺，也叫胥臺，在蘇州西南姑蘇山上，相傳爲春秋時吳王闔閭所築，吳王夫差當年曾於臺上立春宵宮作長夜之飲。越國攻打吳國，吳太子友戰敗，遂焚其臺。蘇臺由是成爲歡歌夜飲的代稱。燕臺：指戰國時燕昭王所築的黃金臺，又稱賢士臺、招賢臺，故址在河北省易縣東南，相傳燕昭王築此臺以招賢納士，由是，燕臺成爲招賢納士、用心國事的代稱。這幾句詩歌的意思是：當年娶馬氏女是修煉道教性命雙修功法的需要，但自己對丹經的選擇是有錯誤的，以致美玉生瑕（比喻的說法，本意是讓身體更好，結果導致了身體生病）。當年姑蘇臺的長夜之飲已經不在，燕王求賢的高臺也已遠去（意思是錯過了快樂的生活和進取的機會），因而很是悔恨當年學習道教性命雙修的養生之術。

這幾句詩，是仇兆鰲晚年對道教性命雙修學說的基本認識，由此可以看出，他曾經多年癡迷於道教性命雙修的養生學說，既沒有快意人生，也沒有積極進取，白白錯過了許多人生的好時光。時至晚年，經過了多年的修煉，仇兆鰲似乎感覺到性命雙修學說絕沒有其宣傳的那樣神奇，而由於身體的疾病，他甚至開始懷疑這種學說的虛妄不經。

這幾句詩，似乎也能夠使我們對仇兆鰲人生中的一些難解的謎團找到一些合理的解釋。比如，仇兆鰲經過二十幾年的苦心攻讀，終於在康熙二十四年考中進士，進入他執著追求的仕宦階層，以他的政治見識，他應該在統治集團裏有所作爲。但他卻像《儒林外史》中的魯編修，在康熙二十四年到康熙三十三年這寶貴的十年光陰中，只是做了一個「窮翰林」，沒有很好的發展，甚至在康熙三十三年拒不接受滿漢大臣推薦自己做「候點教習」、「庶掌常」的工作，並且在回家爲父母遷葬以後仍以病假爲由遷延近十年沒有回到原任職崗位。原來，他把功夫用在了研究道教養生學說上面。而在道教養生方面，他最後認爲自己並沒有太多收穫。由此，道教養生學說也就不值得他在《年譜》中認眞交待了。

（三）康熙皇帝對道教養生學說的態度

中國的道教，雖然在唐、元、等朝代受到過統治者的特別重視，但事實上仍然沒有得到過儒家那樣的社會地位。明中葉後，道教衰微的勢頭已較爲明顯。到了清代，道教的發展遇到了重大障礙，朝野重佛抑道，重儒抑道。

興起於關外的滿清貴族，入關之前信奉的是藏傳佛教，對道教不感興趣，入關後則重視儒學，並特別注意利用漢族儒生治理國家。雖然清初統治者對道教仍予以保護，但道教的地位已遠不及明朝那樣尊崇。康熙皇帝雖曾命第54代天師張繼宗進香五嶽，祈雨治河，並令其襲封大眞人稱號，授給光祿大夫品級，但這只是一種象徵性的東西。康熙六年道士總數的統計與僧尼的比例很說明問題，當時全國道士只有道士21286人，約當僧尼總數的五分之一，道教之式微可見一斑。

康熙皇帝表面還能夠對道教領袖人物給以一定待遇，但其內心實對道家養生學說不感興趣。有一個典型的例子。康熙二十八年，康熙南巡到江寧。這裏是道教養生學說興盛的地方，於是，有人獻道家養生之書，而康熙卻對隨從諸臣說：「朕於經史之餘，所閱載籍多矣，凡煉丹修養長生及師巫自謂前知者，皆妄誕不足信，但可欺愚民而已。通經明理者，斷不爲其所惑也。宋司馬光所論甚當，朕有取焉。此等事朕素不信，其擲還之。」〔註80〕康熙的這種態度，明確表達了對道教養生學說的否定，謂其「皆妄誕不足信，但可欺愚民而已」，這樣的論調無疑會引導朝野對道教養生學說的認識，因此也就難怪道教在清朝走向沒落的命運了。

康熙二十四年進士以後就進入翰林院的仇兆鰲，應該對帝王的這一類論調相當清楚，也瞭解道教養生學說在清朝文化中的地位。諸如此類的原因，可能使得仇兆鰲雖然重視人體奧秘的探索，重視延年益壽的養生之道，但在以儒家思想爲正統思想的時代，在他更多地受儒家思想影響的情況下，在朝廷重儒重佛的文化氛圍中，他恐怕也不願意在年譜中宣揚道教養生學說，更何況，他所修煉的還是性命雙修學派的養生方法。但不可否認的是，道教養生之學是他生活和思想中不可或缺的重要組成部分。

第五節　仇兆鰲的學術皈依

一、仇兆鰲在浙東學人身份的確認

無論是從地域上考察還是從師承關係上考察，仇兆鰲都不可置疑的屬於浙東學派。關於仇兆鰲浙東學人身份的確認可以從兩個方面考慮：

〔註80〕《聖祖仁皇帝聖訓》，上海古籍出版社影印文淵閣《四庫全書》本，1987年，第411冊，頁205。

（一）從地域關係考察，仇兆鰲屬於道地的浙東學人

浙東學派泛指浙江東部的學術團體，大致包括永嘉、永康、金華、寧波等地。

浙東學派作爲一個地域性的學術團體，在中國學術史上還是有其地位的。它不是無源之水、無本之木。其源頭可以追溯到漢唐時期，但眞正的開山宗主是程頤。程頤雖然不是浙東人，但浙東學人確實受程頤影響很大。程學傳入浙江以後，在浙江東部發生了重要影響。程頤在浙江東部的學生有永嘉的許景蘅、周行己，他們是程學傳入浙東的始祖，其後是周行己的門人鄭伯熊將永嘉史學發揚光大。與此同時，金華出現了呂祖謙、陳亮、唐仲友三巨頭，他們將南宋浙東史學發展到黃金時代。明代末年，紹興劉宗周「遠紹程氏之無妄，遂開浙東史學中興之新局」〔註81〕。其後，劉宗周的門人浙江餘姚黃宗羲承襲劉氏衣鉢，並結合時代需要將劉氏之學改造，使浙東學術與顧炎武的實學思想互相呼應，對中國後來的學術思想產生了重大影響。永嘉、金華、紹興以及後來萬氏史學所在的寧波鄞縣，在地域上均屬於浙江東部，所以，這一派的重要代表人物章學誠將其定名爲「浙東學術」派。因浙東學人在學術上的貢獻，這一個以地域命名的學術派別得到了學術史的承認。

仇兆鰲生於浙江鄞縣，這裏雖然古稱蠻荒之地，但「經周秦漢唐而至於宋，地益加闢，人益加稠，兼之高宗駐蹕臨安，明爲畿輔，家詩戶書，人文蔚起」〔註82〕，這裏的藏書風氣極濃，縣志中記載的藏書樓就非常之多，僅有明一朝就有詹兗堂、萬卷樓、甬洲書莊、四香居、五柳莊、五嶽軒、小五嶽軒以及一些無名的家藏書樓，范氏天一閣直至民國時期尚存，文化氛圍相當濃厚。

明末清初，寧波府的鄞縣是浙東學術活動的重要場所。黃宗羲是浙東學派的開山之祖，是浙東學派文史哲集於一身的大家，曾在寧波的鄞縣進行過許多學術活動，據民國時期鄞縣縣志記載，黃宗羲晚年特喜聚書，曾在寧波范氏天一閣抄書，是登上天一閣的外姓第一人，還曾在鄞縣進行過多次講學活動，親授弟子中又多爲鄞縣人，對鄞縣的文化事業產生過積極影響。資料顯示，康熙六年（1667）五月，黃宗羲首次到甬上講學，甬上青年學子萬斯大、萬斯備、萬斯同、萬言、董允、陳紫芝、陳錫嘏、陳自舜等人組織的「策論之會」學術活動團體爲之改名爲「證人之會」，同年稍後又改爲「講經會」。

〔註81〕劉炳松《浙東學派溯源・自序》商務印書館1932年。
〔註82〕陳訓正《鄞縣通志・己編・禮俗》1951年排印本，頁2477。

康熙七年（1668），黃宗羲再次到甬上講學，便在此基礎上建立了「甬上證人書院」。這個學會學術活動相當頻繁，常常是一月再集，「先期於某家，是日晨而往，摳衣登堂，各執經以次造席，先取所講覆誦畢，司講者抗首而論，坐上各取諸家異同相辨析，務擇所安。日午進食，羹二器，不設酒，飯畢，續講乙處，盡日乃罷。」（《天一閣博物館》介紹資料，無出版年月）有時甚至續燈夜聚，「連床大被，所談不出於王霸」（同上），而「黃先生時至甬上，則以執經而問焉。」（同上）所以，鄞縣在浙東學術中佔有不可低估的地位。鄞縣的文化團體對浙東學術的貢獻也非同一般，是浙東學術不可或缺的重要組成部分。仇兆鰲是浙東鄞縣人，生活在如此濃厚的文化氛圍中，必然深受薰染，他所在的地域和生存的時代必然將他引入浙東學派。

（二）從師承關係和學術淵源上考察，仇兆鰲無疑歸宗於浙東學人

從師承關係考察，仇兆鰲曾師從浙東學派的開山之祖黃宗羲。

現存浙東學派研究資料比較關注浙東學派的經學、史學、方志學等，而於文學研究關注極少，對於仇兆鰲與黃宗羲的關係更是很少有人觸及，事實上，仇兆鰲與黃宗羲的關係相當緊密。仇兆鰲自著《尚友堂年譜》（即《滄柱公年譜》）記載，他是在康熙六年丁未（1667）至八年己酉（1669）在武林（杭州）開館教學期間，結識了明末清初大思想家、學者黃宗羲：「數年間往來杭越，於古小學書院，謁黃梨洲先生，並見越中姜定庵先生，相與論學。」〔註83〕黃宗羲也曾在古小學書院留宿，而且對仇兆鰲頗為賞識，曾有詩相贈，其詩曰：

其一

積葉窗前日日深，讀書好自傍岩陰。

百科已竭時文力，千載惟留當下心。

坊社連環何足解，儒林廢疾望誰針。

憑君一往窮經願，明月當前日未沉。

其二

禪院幽扉客至開，上方石壁翳蒼苔。

題名隱顯錢江柳，彈指興亡現去來。

鏗爾磬聲留木末，悠然窗影過帆隈。

城南勝地人文萃，好傍雲山築講臺。

〔註83〕仇兆鰲《滄柱公年譜》，浙江省寧波市天一閣博物館藏咸豐抄本。

從黃宗羲第一首贈仇兆鰲的詩中透露的信息看，好讀書而又年已三十有餘的仇兆鰲此時已經經歷了很多次科場考試，並且很不順利，所以黃宗羲勸他對當前事務多一些關心，對經學多一些留意，並將改變當時儒林空談心性的空疏學風的希望寄予仇兆鰲。第二首詩中，黃宗羲表達了自己對時局的失望。「題名隱顯錢江柳」顯然是借用錢龤、江公著、柳鯤題詩的故事寫世事的變遷，「悠然窗影過帆限」表達時光易逝的情懷，並希望仇兆鰲能抓住易逝之光陰，在人文薈萃的江南講學傳道。其殷殷囑託之情溢於言表，可見黃宗羲對仇兆鰲並非一般的期望，其詩亦非一般的贈謝酬答之詩。與黃宗羲同時的學者陸隴其在其《三魚堂日記》中提到，仇兆鰲曾在黃宗羲的《明儒學案》未成書之時便以前六卷「見贈」，可見仇兆鰲與黃宗羲關係相當緊密，否則，未成書的書稿不會為仇兆鰲所有。黃宗羲晚年在甬上講學時，甬上青年學子萬斯大、萬斯備、萬斯選、萬斯同、萬言、董允、陳紫芝等人執贄以拜，堅請為師，仇兆鰲與焉，黃宗羲收下了這批甬上弟子，由此而知，仇兆鰲是地地道道的黃門弟子。王士禎《居易錄》卷二十七亦言：「黃宗羲……以古文經學倡浙東，海內推為耆宿，翰林陳錫蝦、范光陽、仇兆鰲及陳赤衷、董允瑤、萬斯大、斯同輩皆出其門。」〔註84〕黃宗羲給予這批甬上弟子以悉心指導，成就了一批浙東學人。萬斯大、萬斯選繼承了黃宗羲的經學，萬斯同、萬言繼承了黃宗羲的史學，萬斯同、仇兆鰲繼承了黃宗羲的文學，他們都因此而成為浙東學派文史哲的支柱。

從學術淵源上考察，仇兆鰲更應該歸屬於浙東學派。根據《鄞縣通志》記載，仇兆鰲在少年時期曾經師從黃宗羲，錢茂偉《浙東學術史話》又說仇兆鰲是萬斯同的同門師弟，結合劉炳松的《浙東學術溯源》以及《中國歷代禁書解題·朝行錄》、《滄柱公年譜》等，筆者繪製出下列關係圖，可以清楚地看到仇兆鰲與浙東學派的關係：

〔註84〕王士禎《居易錄》卷二十七，上海古籍出版社影印文淵閣《四庫全書》本，1987年，第869冊，頁650。

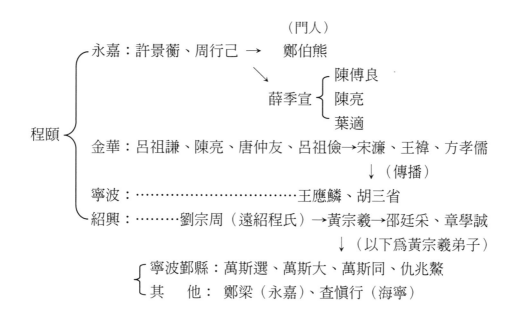

在上面的圖示中，「→」「↓」所指的方向的後面或下面是指學術傳播渠道或師承關係。從這個關係圖中，我們完全可以認同仇兆鰲的浙東學人身份。

黃宗羲在甬上證人書院有弟子 66 人，被他稱許認同的有 18 人，號稱「十八君子」、「十八高弟」，仇兆鰲為其中之一。1934 年，楊菊庭先生訪得萬氏白雲莊別業舊址，組織重修，1935 年 8 月 8 日，公送黃黎洲先生及證人高弟十八君子、萬氏四忠三節一義十哲神位入莊奉祀，仇兆鰲也是被詔示後學的鄞縣先賢之一〔註85〕。

仇兆鰲對黃宗羲這位老師的學說頗為推崇，並能尋找合適機會宣傳推廣黃氏之學。資料顯示，仇兆鰲的友人、浙東史學的重要代表人物萬斯同參與《明史》纂修工作期間，與其交往甚密。《尚友堂年譜》康熙二十九年條說：「暇日，與館中知己邀吾鄉萬季野先生同講經術，浹旬一舉。」錢茂偉《浙東學術史話》亦記：「（康熙）二十九年（1690），時在京師做官的同門師弟仇兆鰲，見時機成熟，便邀請萬氏在京師講會，宣傳黃氏的經史之學。」〔註86〕由此而知，仇兆鰲對傳播以經史為支柱的浙東學術做出過應有的貢獻。

那麼，歸屬於浙東學派的仇兆鰲與浙東學術到底有什麼關係呢？或者

〔註85〕材料來源於寧波市《天一閣博物館》宣傳材料，無出版標識。
〔註86〕錢茂偉《浙東學術史話》，寧波出版社 1999 年，頁 123。

說，他在注釋杜詩時，到底受到了浙東學術的哪些影響呢？

二、浙東學派的學術傳統及其對仇兆鰲注杜的影響

仇兆鰲是浙東學派的重要成員，他所接受的浙東學派的影響主要是明末清初浙東學術思想，而明末清初浙東學術尤其是清初浙東學術的主要成就是經史之學，因此，對仇兆鰲產生影響的也主要是浙東學術的經史之學。

（一）浙東經學對仇氏注杜的影響

1、浙東經學傳統

清初浙東學術重視經學。清代浙東學術的開山之祖黃宗羲抗清失敗後轉歸學術研究，其中一項重要內容是思索明朝滅亡的原因，他與其他思想家的共同認識是，明代學術的空談之風對明代的滅亡負有不可推卸的責任，因此，他對明代的空疏學風極為不滿，並對明代經學的空疏之風進行了矯正，他「嘗謂明人講學，襲語錄之糟粕，不以六經為根柢，束書而從事於遊談。故問學者必先窮經，經術所以經世。」〔註87〕黃宗羲雖是劉宗周的忠實捍衛者，但他晚年到甬上講學，主要不是為了傳播蕺山（劉宗周）之學，而是為了傳播經學。黃宗羲認為，「人不通經，則立身不能為君子；不通經，則立言不能為大家。」所以他在甬上講學，「教人必先通經」，「從六藝以問道。」〔註88〕管敏義《浙東學術史》說：

> 黃氏更關心的還是經學。要求復興經學，是明末以來的一股新思潮。黃氏受朋友錢牧齋「通經汲古」理論的影響，也以復興經常（學）為己任，故他常常感歎「末世經學不明，以致人心日晦，從此文章事業俱不能一歸於正」。甬上弟子「得讀蕺山遺書，始渙然冰釋」，也以為「大道不遠，惟當返而求諸六經」。於是，陳赤衷等人倡議成立了講五經之會，即講經會。今人多以為講經會是黃氏創設的，實誤。講經會以復興「五經」，「復續文章之統」為己任。一般也是每月舉辦兩次，地址不固定，屢有變動。「間請先生至」，至則「先從黃先生所授說經諸書，各研其義，然後集講」。黃氏不來的話，由高弟們充任教師，「主講者率六、七人，諸家子弟及里中後起賢者，

〔註87〕趙爾巽《清史稿》，中華書局 1977 年，頁 13105。
〔註88〕李鄴嗣《杲堂文抄》卷三《送萬充宗授經西陵序》，清康熙刻本。

俱從下席」……其講經方式，一經一經分別講。每講一經，先窮搜
前人有關傳注，分頭誦習。「及期」，各執心得體會，進行集體大辯
論，「以相會通」，最終「歸於一定」……至十四年，「五經」依次畢
講。〔註89〕

也就是說，黃宗羲來甬上的主要目的還是傳播經學。黃宗羲於經學用功較深，
主要著作有：《易學象數論》六卷，《書經筆授》三卷，《深衣考》一卷，《孟
子師說》二卷等，其甬上弟子們也熱衷於傳播黃氏經學思想。黃宗羲的甬上
弟子中，萬斯大在繼承家學的基礎上主要繼承黃宗羲的經學思想，在經學方
面頗有建樹，主要著作有：《周官辨非》、《儀禮商》、《禮記偶箋》、《學禮質疑》、
《宗法論》、《學春秋隨筆》等。《清史稿》本傳中評價其對經學之貢獻云：

斯大治經，以爲非通諸經不能通一經；非悟傳注之失，則不能
通經；非以經釋經，則亦無由悟傳注之失。其爲學尤精春秋、三禮。
於春秋，則有專傳論世、屬辭比事、原情定罪諸義；於三禮，則有
論社、論禘、論祖宗、論明堂泰壇、論喪服諸義；其辨正商、周改
月改時，周詩周正及兄弟同昭穆，皆極確實。宗法十餘篇，亦頗見
推衍。答應撝謙書，辨治朝無堂，尤爲精覈。根柢三禮，以釋三傳，
較宋、元以後空談書法者殊。然其說經以新見長，亦以鑿見短，置
其非存其是，未始非一家之學。〔註90〕

斯大之弟斯同亦深通於經，著有《續禮通考》、《喪禮辯疑》、《廟制折衷》等，
萬斯大之子萬經晚年增補萬斯大著作《禮記集解》、續補《春秋》定哀二公未
畢之事。總之，浙東學人在經學方面用力不少。根據我們所瞭解的浙東經學
的情況以及黃宗羲、萬斯大等的治經方法，浙東經學的特點主要體現在以下
幾個方面：第一，厭倦主觀冥想，傾向客觀考察；第二，以訓詁爲基礎，進
行學術探索；第三，以求實和「經世致用」爲治經之思想根基；第四，以廣
徵博覽、深入探索爲治經之基本方法。

2、浙東經學對仇氏注杜之影響

作爲浙東學人，仇兆鰲於經學亦有用心，他在注釋杜詩時，注意用儒家
經學思想解釋杜詩，《杜詩詳注》原序說：

蓋其爲詩也，有詩之實焉，有詩之本焉。孟子之論詩曰：「頌其詩，

〔註89〕管敏義《浙東學術史》，華東師範大學出版社 1993 年，頁 322。
〔註90〕趙爾巽《清史稿》卷四百八十一，中華書局 1977 年，頁 13170。

讀其書，不知其人，可乎，是以論其世也。」詩有關於世運，非作
詩之實乎。孔子之論詩曰：「溫柔敦厚，詩之教也。」又曰：「可以
興觀群怨，邇事父而遠事君。」詩有關於性情倫紀，非作詩之本乎。
　　（《杜詩詳注・原序》）

仇兆鰲不僅僅是以儒家詩教解釋杜詩，在注杜方法上亦用儒家經學的傳統方
法：「夫亦據孔孟之論詩者以解杜，而非敢憑臆見爲揣測也。」（《杜詩詳注・
原序》）考察仇氏注杜的現實，結合浙東經學的情況，仇氏注杜與浙東經學的
做法極其相類，主要有以下幾點：

　　第一，多方考察杜詩，以「以意逆志」之方法爲原則，結合杜甫所在的
時代和杜甫所經歷的事件，盡量恢復杜詩原意，盡可能不做主觀推斷或猜想。

　　第二，徵引訓詁材料闡釋杜詩字詞含義，盡可能找到杜詩使用詞語的本
初用意，「反覆沉潛，求其歸宿所在」，「句櫛字比之，庶幾得作者苦心於千百
年之上」（《杜詩詳注・原序》）。（詳細內容可參看齊魯書社出版的吳淑玲《〈杜
詩詳注〉研究》第四章。）

　　第三，將杜詩看作有「經世」價值的經典，認爲「（杜）詩有關於世運」、
「（杜）詩有關於性情倫紀」、可以「邇事父而遠事君」、「立言忠厚，可以垂
教萬世」（《杜詩詳注・原序》），盡可能發掘其經世的內涵。（詳細內容可參考
齊魯書社出版的吳淑玲《〈杜詩詳注〉研究》第五章。）

　　第四，使用清初浙東學人廣搜博取的治經、治史方法注釋杜詩，「廣搜博
徵，以討其典故，汰舊注之揎釀叢胵，辯新說之穿鑿支離。」（《杜詩詳注・
原序》）體現了浙東學人治學求博的特點。（詳細內容可參考齊魯書社出版的
吳淑玲《〈杜詩詳注〉研究》第五章）

（二）浙東史學對仇氏注杜的影響

1、浙東史學傳統

　　明末清初浙東學派的學術成就主要體現在兩個大的方面，一是經學，一
是史學，而成就大的仍在史學，這一方面，對仇兆鰲注釋杜詩影響更爲直接。

　　根據章學誠的《文史通義・浙東學術》、劉炳松的《浙東學術溯源》等有
關浙東學術的早期資料看，浙東學術實起源於宋代理學家程頤。眾所周知，
宋代理學家對於傳播中國古代思想確實起過相當重要的作用，但是，宋代理
學也給學術領域帶來一些不好的東西，比如對先秦儒學思想的曲解。「六經注
我」助長了學術界空疏學風的形成，所以，到了明代的心學思潮，雖然給思

想界帶來了不少個性解放的新思想，對形成中國的啓蒙主義思潮也確實起過相當重要的作用，但卻將學術風氣引向了「束書不觀、遊談無根」的歪路上去，這是後來的清代學術極力反對的。程頤雖然也是理學家，也有「妄興懷疑」〔註 91〕的毛病，但與其他理學家所不同的是，他反對「束書不觀」：「程氏教人多讀古書，多識前言往行，並實行所知」，〔註 92〕所以，他的學問是後來浙東史學講究實學的根，從此而後，浙東學人在據實際史實治史方向上有很大發展，形成了一支浩浩蕩蕩的治史大軍，以至「當時道學家至詬浙學爲只知有史遷而不知有孔子」〔註 93〕。浙東史學傳至黃宗羲，開始注重經世哲學。他將「經世致用」之思想貫穿於自己的治史過程中，無論是保存南明史實的《弘光實錄抄》，還是記錄南明遺逸的《海外慟哭記》，抑或是學術史專著《明儒學案》，都有「證明於史籍，而後足以應務」的價值和意義，所以，後來的浙東史學巨匠章學誠在《文史通義》（大梁本）卷五《浙東學術》中概括浙東史學的特點是：「浙東之學，言性命者必究於史」。治史以經世，是浙東史學家們共同努力的方向。清初繼承黃宗羲史學的甬上弟子萬斯同也明言其治史的初衷是爲了「建萬世之長策」，他說他治史的目的是「盡取古今經國之大猷，而一一詳究其始末，酌其確當，定爲一代之規模，使今日坐而言者，他日坐而行耳。」〔註 94〕

由浙東史學巨匠們的努力可以看出，浙東史學的傳統主要在治史求實和「經世致用」。

2、浙東史學對仇氏注杜的影響

浙東學術的主流是史學，浙東學術中人很少對史學不關注的，身在其間的仇兆鰲對史學亦頗感興趣，在史學方面做出過一定努力，他也治史，只是未能以治史名世。

仇兆鰲的史學活動大致有如下幾項：

1. 著有《通鑒論斷》一部，已佚；
2. 編纂《綱鑒會纂全編》二十四卷續八卷；
3. 撰寫《天童寺志》；

〔註91〕劉炳松《浙東學派溯源》，上海商務印書館 1932 年，頁 4。
〔註92〕劉炳松《浙東學派溯源》，上海商務印書館 1932 年，頁 4。
〔註93〕劉炳松《浙東學派溯源》，上海商務印書館 1932 年，頁 4。
〔註94〕萬斯同《石園文集》卷六《治平略自序》，叢書集成續編本，上海書店出版社，1994 年影印本。

4. 修訂編纂《杜工部年譜》一卷；

5. 著《自述年譜》一卷；

6. 參與《明史》的修訂工作；

7. 預修《大清一統志》。

從仇兆鰲參與的史學工作而言，他在史學方面用力也是頗多的。但是，由於《通鑒論斷》在仇兆鰲在世時手稿就已經散佚不存，《綱鑒會纂全編》、《天童寺志》不能見到，參與《明史》和預修《大清一統志》工作又很難說清其所承擔的具體任務，以致我們已經很難搞清仇兆鰲的史學思想了。現在唯一可據的就是《杜詩詳注》中他對史實部分的做法和認識，大致可以做這樣的分析：仇兆鰲注釋杜詩，並沒有把它作為一種純粹的文學研究，而是將杜詩的史學內容作為注釋努力的重要方向，在考訂杜詩編年和杜詩中所涉及的史實時，用功頗深，除使用一些特別有價值的編年資料如黃鶴注、錢謙益注、朱鶴齡注、李長祥編年、顧宸注等外，還時時有自己對編年的辨析，以求還得史實原貌。他還把注杜與經世思想緊密聯繫，《進書表》中說他注杜要關涉君臣父子之倫紀關係，要關涉民間疾苦，要關涉忠君愛國之大義，要關涉國家盛衰之理，可見仇兆鰲很重視浙東學術特別提倡的「以史經世」的學術理念。他在《杜詩詳注》中遇及重要史實時主要作了三項工作，一是考訂其編年；二是申發其以史鑒世、以史經世的思想；三是徵引了大量古代和同時人的史學考證材料，以史證詩，以詩證史。從這個角度說，仇兆鰲的治杜思想根基依然是浙東學派的經史之學。

但是，我們今天談起浙東學派的史學，往往要談起當時史學家的獨特貢獻，而比起黃宗羲《明儒學案》開創的新的寫學案史的體例，萬斯同對明史的精熟以及對歷代史表的補寫，全祖望據情變通、創新務實、「以史記實」的史學思想，章學誠對治史方法的總結以及他對方志史學的發展等，仇兆鰲似乎沒有什麼獨特的貢獻，但仇兆鰲注杜與浙東史學的緊密關係確實是無法抹煞的。他在注杜時的史學意識非常明確，因此在以史注杜方面取得的成就是明顯的，但其局限亦很多，這一點，可參看齊魯書社出版的吳淑玲《〈杜詩詳注〉研究》第五章第三節。

三、影響仇兆鰲的浙東學人

作為浙東學人中的一員，仇兆鰲確實深受浙東學術的影響，但是，由於

一些未知的原因，仇兆鰲與浙東學人的交往一直是一個謎團，作為黃宗羲認可的十八高弟之一，仇兆鰲與其他浙東學人之間的交往幾乎不見載籍，所以，我們只能根據現有的極為有限的資料對影響仇兆鰲的浙東學人劉宗周和黃宗羲以及仇兆鰲接受的他們的影響進行簡單描述。

（一）劉宗周對仇兆鰲的影響

黃宗羲的老師劉宗周，是浙東學派的重要成員，一生從政時間不多（前後共計大約四年），卻一直以匡君諫君、薦賢任能、關心民瘼為己任，治學亦以關注現實、有益現實為目標。他對仇兆鰲的影響主要體現在以下兩個方面：

第一，治學思想的影響。劉宗周一生潛心研究程朱理學和陽明心學，受明代心學思潮影響很深。但他很反感明代心學中將王學引入禪學的做法，為王學的發展方向憂心忡忡，曾「築證人書院，集同志講肄」〔註95〕，力圖矯正不良學風，臨死之前，他還囑咐門人對良知之說要特別小心：「學之要，誠而已，主敬其功也。敬則誠，誠則天。良知之說，鮮有不流於禪者。」〔註96〕內中含有對心學思潮的反動。他是一個在王學產生廣泛影響的文化環境中成長起來的學者，但與諸多心學學者的不同在於，他不是那種置家國天下於不顧的純粹的心學學者，而是非常關注現實。仇兆鰲「論學以蕺山為宗」〔註97〕，極為信守劉宗周思想，治學不走心學一路，而以劉宗周的「敬則誠，誠則天」為治學旨歸，尊重前人的學術成果，反對冥思妄斷，注重用材料說話。仇兆鰲後來在京都做官，與大學士張玉書等交往，歸宗理學，但在修撰《四書講義》時，仍然採錄了不少劉宗周的觀點，遭到一些人的反對，批評他不應吸收劉宗周的觀點，但他仍堅持己見，認為劉宗周的有價值的觀點不能棄之不用：「學行如劉公，而猶以偏見廢之乎？」〔註98〕由此可見劉宗周對他的影響之深。

第二，關心民瘼的仁政理想。劉宗周關心百姓疾苦，希望崇禎皇帝致唐虞之治，不要輕起邊釁，反對竭天下之力以奉饑軍，聚天下之軍以博一戰，要求帝王留心民瘼，不要聚斂無度。《明史》本傳還記載：

> 帝問人才、兵食及流寇猖獗狀。宗周言：「陛下求治太急，用法

〔註95〕張廷玉《明史·劉宗周傳》，中華書局1974年，頁6592。
〔註96〕張廷玉《明史·劉宗周傳》，中華書局1974年，頁6592。
〔註97〕陳訓正《鄞縣通志人物編》，抽印本1938年，頁327。
〔註98〕陳訓正《鄞縣通志人物編》，抽印本1938年，頁327。

太嚴，布令太煩，進退天下士太輕。諸臣畏罪飾非，不肯盡職業，故有人而無人之用，有餉而無餉之用，有將不能治兵，有兵不能殺賊。流寇本朝廷赤子，撫之有道，則還爲民。今急宜以收拾人心爲本，收拾人心在先寬有司。參罰重則吏治壞，吏治壞則民生困，盜賊由此日繁。」帝又問兵事，宗周言：「禦外以治內爲本。內治修，遠人自服，干羽舞而有苗格。願陛下以堯舜之心，行堯舜之政，天下自平。」〔註99〕

可見劉宗周的政治思想主要是：第一，要求行仁政，反對嚴刑酷法；第二，爲臣者應盡忠職守；第三，流寇亦民，應以有道撫之；第三，反對輕率用兵。仇兆鰲也堅持這樣的觀點。仇兆鰲「心存報國」〔註100〕，也很關注百姓生活，他在廷試時的「開海宜餉利於小民」〔註101〕，他的反對並稅以害民、奏請皇帝免除昌平一帶的「羊皮解費」、免除直隸的「苟派陋規」等，都是關心百姓之舉，都與劉宗周的政治追求殊途同歸。詳見下黃宗羲對仇兆鰲的影響。

（二）黃宗羲對仇兆鰲的影響

黃宗羲是仇兆鰲的老師，對仇兆鰲的影響更爲直接。

作爲明末清初的三大思想家之一，黃宗羲在很多方面的思想都是極爲激進的，也是很有影響的。他對後世影響最大的著作就是《明夷待訪錄》。在這部篇幅並不很長的著作裏，黃宗羲發表了一系列振聾發聵的論斷，猛烈地鞭撻了封建君主專制制度，抨擊了封建君主專制制度所產生的一系列社會弊端，並提出了一系列激進大膽的政治主張，其中，對封建社會賦稅制度的認識直接影響了仇兆鰲的思想。

第一，反對「並稅以害民」。按照黃宗羲的說法，並稅的結果給徵收各種名目的重複稅收提供了機會。他舉例分析說：

唐初立租、庸、調之法，有田則有租，有戶則有調，有身則有庸，租出谷，庸出絹（案：《新唐書》說，庸出力役，不出力役者可以絹代），調出繒纊布麻，戶之外復有丁矣。楊炎變爲兩稅，人無丁中，以貧富爲差，雖租庸調之名渾然不見，其實並庸調之名而入於

〔註99〕張廷玉《明史・劉宗周傳》，中華書局1974年，頁6578。
〔註100〕仇兆鰲《滄柱公年譜》，浙江寧波天一閣博物館藏咸豐抄本。
〔註101〕仇兆鰲《滄柱公年譜》，浙江寧波天一閣博物館藏咸豐抄本。

租也，相沿至宋，未嘗減庸調之名於租內，而復斂丁身錢米。後世安之，謂兩稅，租也。丁身，庸調也，豈知其爲重出之賦乎？使庸調之名不去，何至是耶？故楊炎之利於一時者少，而害於後世者大矣……〔註102〕

黃宗羲認爲，每一次的並稅，都爲下一次的重複收稅提供了機會，都可能造成對老百姓的重複剝削，他因此而感歎：「嗟乎！稅額之積纍至此，民之得有其生也亦無幾矣」，並要求制定稅法者「今欲定稅，需反積纍以前而爲之制」〔註103〕

黃宗羲對於並稅制的反對，直接爲仇兆鰲所繼承。鄞縣縣志記載，仇兆鰲在康熙三十三年乞假歸家，正遇上「邑令議以丁糧併入田稅，邀紳士公議」，他果斷地發表了反對意見：「楊炎兩稅已合租庸爲一，後世又加口率之賦，今又並丁於田，後來得無別增力役以病民乎？」〔註104〕此言此語，與黃宗羲所言何其相似乃爾！不僅是觀點，連舉例都如出一轍，他對黃氏的繼承也就可見一斑了。

第二，主張減輕百姓的負擔。這是反對並稅制的具體做法。黃宗羲出於對國家興亡的考慮，指出：「聖王者而有天下，其必任土所宜，出百穀者賦百穀，出桑麻者賦布帛，以至雜物皆賦其所出，斯民庶不知困瘁爾。」〔註105〕他因此要求「三十而稅一」〔註106〕的減輕百姓負擔的做法。

仇兆鰲在這方面的言論筆者並沒有檢索到，但是，他在現實生活中實踐了黃宗羲的設想。鄞縣縣志記載，在做內閣學士兼禮部侍郎時，他曾奉使到昌平去祭祀明代陵寢，「還，奏免昌平羊皮解費二千兩並直隸苟派陋規，民頌其德」〔註107〕如此設身處地的爲百姓着想的做法，與黃宗羲關注民生的思想極其一致。

第三，對史學的態度。黃宗羲以思想家著稱於世，同時在史學方面有重要貢獻。《清代人物傳稿》這樣評價他：

黃宗羲治學的領域博大，研討過史學、經學、天文曆法、數學、

〔註102〕黃宗羲《明夷待訪錄·田制三》，中華書局1981年，頁26。
〔註103〕黃宗羲《明夷待訪錄·田制三》，中華書局1981年，頁27。
〔註104〕陳訓正《鄞縣通志人物編》，抽印本1938年，頁327。
〔註105〕黃宗羲《明夷待訪錄·田制三》，中華書局1981年，頁28。
〔註106〕黃宗羲《明夷待訪錄·田制一》，中華書局1981年，頁22。
〔註107〕陳訓正《鄞縣通志人物編》，抽印本1938年，頁327。

律呂、輿地、詩文以及版本目錄等多門學問，在史學方面造詣更深。
他諳熟明史，深曉歷代史事，認爲：「二十一史所載，凡經世之業，
亦無不備矣。」由於對歷史有較深的理解，所以他認爲欲免迂儒，
必兼讀史。他自己親歷明清易代，家國之痛，終身耿耿。他抱定「國
可滅，史不可滅」的宗旨，極意搜求明代，尤其是南明歷朝史事。
所著《行朝錄》、《思舊錄》《海外慟哭記》等書，完全稱得上南明實
錄。他所撰的碑誌傳狀，也都關涉一時史事。他雖沒有進入《明史》
館，但史局大案，多有商榷。《明史》的《曆志》雖出於吳任臣手，
但史館總裁曾致書請他代爲審訂。清初，黃宗羲和他的弟子萬斯同，
都以史學名著朝野。黃宗羲以自己在歷史編纂學和史料學上的成
就，努力轉變著明末的空疏學風，爲清代浙東史學的發展開啓了風
氣。〔註108〕

前文已經言及，由於黃宗羲的影響，清代的著名史學家多出浙江，如萬斯同、
邵廷採、全祖望、邵晉涵、章學誠等。這些人，或是黃宗羲的親授弟子，或
是黃宗羲的私淑弟子，或是其再傳弟子，或是認同黃氏史學的學者，都是浙
派史學中的著名代表人物，對中國史學的發展做出了重要貢獻。筆者前文肯
定了仇兆鰲與浙東學術密不可分的關係，並列舉了仇氏所參與的史學工作及
其注杜時在史學上的努力。綜觀仇兆鰲一生之學術努力，仍以史學方面爲
多。雖然他在史學上沒有浙東學術中的其他學人那樣的特殊貢獻，但他的努
力方向依然是浙東學術以史經世的傳統治學之路。筆者經過幾種檢索的途
徑，沒有找到仇兆鰲的史學論著資料，所以無從去總結他在治史方面的路徑
及黃宗羲對他的影響，當然也就無權說明這個問題。但就杜詩研究而言，他
的《杜工部年譜》、杜詩繫年、以及對杜詩中涉及史的詩篇的考訂，雖然亦
不無疏漏，總體而言，還是考訂仔細、頗下功夫的，這其實也是浙東史學的
一種風範。只是清代學術中重經重史不重文學研究的現狀使仇兆鰲無法以這
樣的著作奠定起他在史學史上的地位罷了。黃宗羲是引導浙東學術向重經重
史之路發展的決定性人物，仇兆鰲在史學方面的努力，恐怕不能排除黃宗羲
的影響。

四、仇兆鰲的學術皈依

〔註108〕何齡修、張捷夫《清代人物傳稿》，中華書局 1986 年，頁 384。

關於浙東學派的學風，楊太辛在《浙東學派的涵義及浙東學術精神》一文中說，「浙東學派的學風，即經史會通、博學多識，經世致用、關切時政、明理躬行、崇尚節義、不守門戶、兼容並蓄等等」，〔註109〕在這樣的學風下形成的浙東學術精神與仇兆鰲注杜所體現的學術精神基本一致。

（一）平彰學術、考鏡源流

楊太辛在《浙東學派的涵義及浙東學術精神》中認爲浙東學術的第一個特點是：「以公平持正的態度彰明發呈學術，是浙東學術的明顯特色。浙學醞釀於南宋的政治、經濟、文化的中心附近，學者的視野比較開闊，心胸比較寬弘。在學術上能不囿於一孔之見，不慊於一隅之得，循流溯源，披枝尋本，相沿成風。」〔註110〕這種學術態度，也正是仇兆鰲的學術態度。仇兆鰲自己對杜詩有深刻的見解，「臣於是集，矻矻窮年」（《原序》），「反覆沉潛，求其歸宿所在」，「庶幾得作者苦心於千百年之上」（《原序》），但他並不因爲自己有獨見而排斥他人見解，而是以公平持正的態度對歷代注杜和近人注杜廣搜博取，他說：

> 宋元以來，注家不下數百。如分類千家注所列姓氏尚百有五十人。其載入注中者，亦止十數家耳。其所未採者（歷代注杜言論）……俱有辯論證據，今備採編中。（《凡例·歷代注杜》）

> 如錢謙益、朱鶴齡兩家，互有同異。錢於《唐書》年月、釋典道藏、參考精詳。朱於經史典故及地裏職官，考據分明。其刪汰猥雜，皆有廓清之功。但當解不解者，尚屬闕如。若盧元昌之《杜闡》，微引時事，間有前人所未言。張遠之《會粹》，搜尋故實，能補舊注所未見。若顧宸之《律注》，窮極苦心，而不無意見穿鑿。吳見思之《論文》，依文衍義，而尚少斷制剪裁。他如新安黃生之《杜說》、中州張溍潛之《杜解》、蜀人李長祚之《評注》、上海朱瀚之《七律解意》、澤州陳冢宰之《律箋》、歙縣洪仲之《律注》、吳江周篆之《新注》、四明全大鏞之《彙解》，各有所長。盧世㴗之《胥鈔》、申涵光之《說杜》、顧炎武、計東、陶開虞、潘鴻、慈水姜氏，別有論著，

　　亦足見生際盛時，好古攻詩者之眾也。(《凡例·近人注杜》)
從這兩條聲言裏，我們看到了仇兆鰲開闊的學術視野和博大的學術胸襟。

　　仇兆鰲在考據杜詩字句來源時則體現了浙東學術「循流溯源，披枝尋本」的學術精神，《杜詩詳注》的外注部分，模仿李善注《文選》體例：「李善注《文選》，引證典故，原委燦然，所證之書，以最先者爲主，而相參者，則附見於後。」(《凡例·外注引古》) 審視《杜詩詳注》，雖然仇兆鰲的引注也難免有誤，但基本上能做到「循流溯源，披枝尋本」。

（二）學有宗旨，不守門戶

　　楊太辛在《浙東學派的涵義及浙東學術精神》中認爲浙東學術的第二個特點是：學有宗旨，不守門戶。他說：

　　　　學者自得處是「殊」，無殊則黃茅白葦，面目雷同，有何價值敘但「天下同歸而殊途，一致而百慮」，究其旨歸爲「一」。黃宗羲說，「理雖一而言不得不殊，入手雖殊，而要歸未嘗不一」。浙學諸儒深諳「一」與「殊」的辯證法，要求自己，同中求殊，無殊則一必失於空疏，對待別人，殊中求同，無一則殊必陷於怪誕。學有宗旨，是才學功力：不守門戶，足見識道德，浙學之重才學識德，於此見之。〔註111〕

這個分析是有依據的。通觀浙東學人的學術成就，呂祖謙治學以性命紹道統，永嘉學派以經制言治法，永康學派將皇帝王霸作爲研討中心，王陽明以「致良知」三字概括自己學問的中心意旨，劉宗周倡導「愼獨」說，黃宗羲以「言性命者必究於史」爲學術旨歸，章學誠有「六經皆史」說等等。這些大師們都學有宗旨，但又都不是那種獨守一家之見者。仇兆鰲的學術品格亦如是。他年輕時獲得《程朱語類》一書，「朝夕參玩，理境漸明。」〔註112〕主要習學程朱理學。後來師從黃宗羲，對劉宗周倡導的「愼獨」說情有獨衷。晚年與大學士李光地、陳廷敬、張玉書等交往，復歸程朱理學，但他在作《四書講義》時，仍兼採舊聞，以致招來好友陸隴其的批評，「謂念臺（劉宗周）之言不當茸入」〔註113〕，但仇兆鰲堅持己見，堅持保留劉宗周的有價值的言論。

〔註111〕楊太辛《浙東學派的涵義及浙東學術精神》，《浙江社會科學》1996年第1期，頁92。
〔註112〕仇兆鰲《滄柱公年譜》，浙江寧波天一閣博物館藏咸豐抄本。
〔註113〕陳訓正《鄞縣人物通志編·行誼補注》，抽印本1938年，頁327。

有自己的思想歸宗，但又不排斥不同見解，能夠兼收他人長處，這正是仇兆
鰲身上所體現的浙東學人的學術精神。

（三）實學求是，經世致用

楊太辛在《浙東學派的涵義及浙東學術精神》中認為浙東學術的第三個
特點是：「實學求是，經世致用」，他說：

> 實事求是、經世致用是我們學術的優良傳統，實事求是是致思
> 的途徑，經世致用是治學的目的。浙東學者中的不少人，雖未當位
> 執政，不能將所學直接用之政事，每稱實學求是，但他們關切政聲
> 治道之心未嘗稍息，經世致用之志歷久彌堅。〔註114〕

這也是對浙東學人學術精神的精確概括。比如劉宗周一生仕途坎坷，總共從政
時間只有四年，但他不僅在有限的從政時間內盡可能發揮一個從政者應有的作
用，如：魏忠賢當政之時，專橫跋扈，驕縱恣肆，許多人避之如避虎，他卻支
持反對魏閹的東林黨人，也敢於上疏責罵閹黨：「魏進忠（忠賢）導皇上馳射戲
劇，奉聖夫人出入自由。一舉逐諫臣三人，罰一人，皆出中旨，勢將指鹿為馬，
生殺予奪，制國家大命。今東西方用兵，奈何以天下委閹豎乎？」〔註115〕還多
次上書表示自己對治理國家的看法，而不管皇帝高興不高興。他在學術中堅持
「今日急務當以收拾人心為本」〔註116〕，其「慎獨」說的提出，正是為了解決
當時社會存在的人心不古、道德淪喪的社會問題。黃宗羲的《明夷待訪錄》對
封建專制制度進行了猛烈的抨擊，並提出了一整套帶有民主色彩的治國之策，
他的一系列史學著作亦在於尋找明王朝滅亡的原因及拯救社會弊端之方。萬斯
同最初對歷朝「設官、議禮、兵刑、田賦諸大政」〔註117〕的研究，目的也是「經
世」。仇兆鰲也是一個有「經世」思想的學者，《滄柱公年譜》開篇就申明自己
「志在希賢」、「心存報國」的願望，其注杜詩，亦有發掘杜詩「繫屬朝廷」、「疴
瘵斯世斯民」的目的，遇有有關朝政大事者、有關百姓災難者，總是在闡述詩
旨的同時暗含自己對社會政治的見解，不是純粹地為做學問而做學問。

〔註114〕楊太辛《浙東學派的涵義及浙東學術精神》，《浙江社會科學》1996年第1期，
　　　　頁90～95。
〔註115〕張廷玉《明史·劉宗周傳》，中華書局，1974年，頁6574。
〔註116〕劉灼《劉忠介公年譜·崇禎萬曆丙子》，北京圖書館珍藏本年譜叢刊第58冊，
　　　　頁292。
〔註117〕李鄴嗣《杲堂文抄》卷三《送萬季野授經會稽序》，清康熙刻本。

（四）嚴於去僞，慎於治偏

楊太辛在《浙東學派的涵義及浙東學術精神》中認爲浙東學術的第四個特點是：嚴於去僞，慎於治偏。他引用章學誠《文史通義‧說林》中語說明之：「學問文章，聰明才辨，不足以持世，所以持世者，存乎識也。所貴乎識者，非特能持風尙之偏而已也，知其所偏之中亦有不得而廢者；非特能用獨擅其長而已也，知己所擅之長亦有不足以該者。不得而廢者，嚴於去僞而愼於治偏，則可以無弊矣；不足以該者，闕其不知而善推能者，無有其人，則自明所短而懸以待之，亦可以無欺乎世矣」〔註118〕。楊太辛認爲，嚴於去僞，愼於治偏，是浙東學派律己持世、衡人論學的嚴肅態度的準確概括。

仇兆鰲是一個嚴肅、正直的學者，對作僞、用僞都極爲厭惡，《杜詩詳注‧凡例》專列「杜詩僞注」「杜詩謬評」兩條，表明了仇兆鰲的態度：

> 分類始於陳浩然，元人遂區爲七十門，割裂可厭。又廣載僞蘇注，古人本無是事，特因杜句而緣飾首尾，假撰事實，前代楊用修，力辯其謬妄。邵國賢、焦弱侯往往誤引。淩氏《五車韻瑞》援作實事。張邁可又據《韻瑞》以證杜詩，忽增某史某傳，輾轉附會矣。吳門新刊《庾開府集》亦誤採《韻瑞》，皆僞注之流弊也。今悉薙芟，不使留目。（《杜詩詳注‧凡例》「杜詩僞注」條）

> 蔡夢弼注本，刪去僞注，最爲潔淨。但參入劉須溪評語，不玩上下文神理，而摘取一字一句，恣意標新，往往涉於纖詭，宋潛溪譏其如醉翁囈語，良不誣也。後來鍾譚論詩，亦踵須溪之流派，全無精實見解，故集中所採甚稀。（《杜詩詳注‧凡例》「杜詩謬評」條）

對於杜詩注解中已經存在的僞注，仇兆鰲會毫不客氣地刪除之；對於在杜詩注解中「恣意標新」的偏激之見，仇兆鰲盡可能不予採用，目的是不使僞注流佈，不給「恣意標新」以生存市場。這種做法，對貶斥不良學風、弘揚學術界正氣均有助益。

楊太辛所總結的浙東學術精神在仇氏注杜中主要體現爲以上幾方面，至若「虛實相生，崇尙性情」「砥礪氣節，躬行實踐」兩個層面，由於有關仇氏資料極少，很難說明，不敢妄言。

由上觀之，仇兆鰲無論是從師承關係上說，還是從學術根底來看，都是

〔註118〕楊太辛《浙東學派的涵義及浙東學術精神》，《浙江社會科學》，1996 年第 1 期，頁 95。

地地道道的浙東學派中人。如果說，萬斯大是清初浙東經學的代表，萬斯同是浙東史學的代表，那麼，仇兆鰲則堪稱浙東文學的代表。加之他的學生鄭梁也是浙東學派的支柱人物，仇兆鰲對浙東學派的貢獻不容否定。

下編　仇兆鰲及《滄柱公年譜》研究資料彙編

《四書講義困勉錄》、《松陽講義》所錄仇兆鰲的《四書》解說

按：仇兆鰲沒有專門的經學著述，他的經學見識隱於所參與的康熙皇帝御定的經學著作中。仇兆鰲編輯的大量八股文選，也基本失傳。現在能夠見到的屬於仇兆鰲的經學論述和八股文章法，只有其好友陸隴其在《四書講義困勉錄》、《松陽講義》中引用的若干條目，現從中輯錄，以見仇兆鰲之儒學修養和八股見識。

【所謂治國節】

《四書鏡》曰：家不可教，非家不可教，乃我不能修身以教之。《翼注》曰：教人是教國人。「成教於國」句，王觀濤云：成教謂成個教也。如云規矩已立，模範已昭，便是成，未說到民從上。又云：不出即不外之意，若作身不出家，似淺，亦與此同，俱不可從。蓋此句原是以事言，若依此，則與下孝者三句以理言者無分別矣。須辨存疑。《蒙引》俱不如此辭。《蒙引》曰：「孝者所以事君」三句，只做一人說。又曰：或謂治國者國君也，今若言孝即所以事君之道，弟即所以事長之道，則是人臣之事矣，恐非本傳之意。曰：此正為傳者之意也。蓋古人文字主於理勝，不如後人文字之拘拘於字目之間，而反略於義理之趣也。且諸侯固是治國者，若齊之管仲、鄭之子產、魯之季桓子，獨不亦嘗治國乎？故古之大學，雖庶民之俊秀，亦以其皆將有天下國家之責，而預教以治國平天下之道。則「孝者所以事君」三句，只就人臣言

之，亦何害？第十章所謂絜矩之道，實平天下者之要道也。然其中所謂「若有一個臣，斷斷兮无他技，其心休休焉，其如有容焉」云云，固絜矩之道也。是大臣亦有預於天下事矣。又如孟獻子曰「畜馬乘不察於雞豚」云云，固絜矩之道也。孟獻子只是侯國之大夫耳，而其所言者，固平天下之要道也。傳者釋治國平天下，豈以其爲百乘之家，無預於平天下之道，而廢其言乎？且周公亦嘗治天下矣。史中言相臣當國者非一，況此章下文亦言及堯舜帥天下以仁，而民從之。初不泥於齊家治國之義也。故嘗謂，今之學者，要以古人心胸讀古人文字，乃見得古人意思也。《存疑》曰：孝者所以事君，君子孝以教家，自能事君而教國人矣。弟者所以事長君子，弟以教家，自能事長而教國人矣。慈者所以使眾，君子慈以教家，自能使眾而教國人矣。此所以不出家而成教於國。又曰：問教人是教之孝弟慈乎？抑教以事君？云：事長使眾也。曰：教以孝弟慈。曰：既教以孝弟慈，則事君事長使眾，如何教之？曰：君子教國，必然修命令，政教使人孝弟慈，非居位任事去，事君事長使眾以立教。於上則雖躬行孝弟慈，以教於家，亦無緣，推以及民，此尤其緊關切要處。故孝者所以事君，雖欲見家國一理之意，實指居位任事操教國之權者，言以見教之所以行也。按：依《蒙引存疑》則本文孝弟慈及事君事長使眾，俱主君子說，而國人之孝弟慈及事君事長使眾，皆當在本文三句末補出，覺不妥。顧麟士曰：時說沿襲如移孝作忠之類，在一人身上，說者殆起於《蒙引》，諄諄與章句大全辨，不知何意，故雖前賢之書，觀之亦當有分別。又曰：《大全》吳氏季子說頗兩騎，又爲《蒙引》作俑。又曰：大段文義要作兩三層看，我之上有親，我之下則有臣，臣事上有君有長，臣使下又有眾也。按，依麟士，則本文孝弟慈主君子說，本文事君事可從。然細玩與《章句》不合。又按：《淺說》與《大全》吳氏說頗相似。《淺說》解成教於國處好，吳氏補國人之孝弟慈處好。癸亥八月，依仇滄注（原文如此）之說定從《蒙引存疑》孝弟慈事君事長使眾。自萬曆以前，先輩無有不主《蒙引存疑》之說在君子一人身上看者。顧麟士《說約》始將孝弟慈屬君子，事君事長使眾屬國人。又有謂上下截俱不著國人，亦不著君子，只空說理者。數十年來學者淆惑不定。近日仇滄柱力闢時解而從《蒙存》舊說，此三句始明。（錄自《四書講義困勉錄》卷一）

【宗廟之禮節】

仇滄柱曰：按，旅酬一事，《章句》只約其大概，而《大全》所載許氏說，

刪節大略，前後次第不明，今將《通義》許白雲說全載於後。許氏曰：大抵祭必立尸，必擇賓。賓一人，眾賓無數。眾賓者，賓之黨也，其位在堂下西階之西。祭，則子姓兄弟皆會。小宗祭，則兄弟皆來；大宗祭，則一族皆至。兄弟者，主人之黨也，其位在堂下阼階之東。有司群執事皆北面而立。迎尸既入，主人初獻，主婦亞獻，賓三獻。及尸主兄弟各相獻酢畢，然後行旅酬。凡主人酌酒，奉尸賓者謂之獻尸，賓酌以答主人者，謂之酢主人。酌酒先自飲，再酌以獻賓者，謂之酬。先自飲，謂引導之飲也。旅眾也，主人舉觶酌酒，自西階酬賓。主先自飲，再酌以進賓，受之奠，而未飲兄弟。弟子舉觶於長兄，弟於阼階。弟子者，兄弟之後生者也。長兄弟者，兄弟之最尊者也。弟子亦先自飲以進，長兄弟亦奠而未飲，賓取所奠觶於阼階酬長兄弟。長兄弟西階前酢賓，眾賓及眾兄弟交錯以遍，以及執事者，無不遍，卒飲者賓，爵於篚。此旅酬之大略也。（《四書講義困勉錄》卷二）

【誠者天之道也節】

仇滄柱曰：天之道，就人身中指出，自然之理。時文泛言於穆流行者，非單照聖人分上。說者亦非重看道字與誠字對舉互發者，更非至於誠之者。三字專指學知利行以下者，言聖人雖不廢盡人之功，然既出於生，安便屬本然之天道。觀下文章句，於不思不勉條云：則亦天之道也。以上面天道所該甚廣，唯聖人能不失其天道，故加則亦兩字以別之。章句於擇善固執條云：此則所謂人之道也。以上面人道本指學者。擇執一句，乃證其實事，故用此則二字以接之。（《四書講義困勉錄》卷二）

【無適也章】

《翼注》曰：此見君子以虛心應天下之事，不得偏。言心偏言事。此章與不逆億章同。但彼是待物，此是處事，彼屬知，此屬行。張彥陵曰：毫釐之辨，只在有心無心之間，其應用之妙，固在處事上見之。然辨析入微處，只在心體，不在感應。又曰：須知適莫不是，是非上差錯，只為添著意思，無者化而融之，非禁而絕之也。比是比附比合，不相離意。不曰比義而曰義之，與比者心與義為一，從心流出，自然合符。此君子恐兼安，勉說如此。講無字比字，則單主安一邊，備用可也。彥陵又曰：三句文勢接得甚緊，猶云不如彼而如此，中間下不得轉語。按：此天下豈無不如彼而亦不如此者？又按：說家俱云第三個也字後義字之上，此間用轉折不得，蓋非以其有礙於理，但以其非語氣耳。余前不喜此說，今思之，彼似有理也，附誌於此，以

俟再定。若便謂無適莫即是義，則斷不敢從矣。有時君子與非君子同做一件事，同做得是，在彼爲適莫，在君子爲義。《翼注》曰：適莫與行止字不同，蓋止則全不爲，不肯非全不爲也，只緣處事之方不一。如或當剛當柔，當緩當急之類，若專主要剛，是適在剛。若決不肯剛，是莫在剛。餘可類推。又曰：義之與比，不是義當適而適義，當莫而莫，蓋適莫是不好字，只是義當如此則如此，義當如彼則如彼。又曰：適莫以心言，不以事言，若事上決不能無所專主，無所不肯。適莫之病，不待說，事做差了，只有此心，便爲累。或逆於事先，或執於臨事，俱有適莫，不可以無適莫。爲先事比義，爲臨事。《己酉江南陳琮墨》曰：義非不變之謂也，使以不變者爲義，則心有所執，究亦流於適莫已耳。義又非無定之謂也，使以無定者爲義，則心無所主，亦僅忘乎適莫已耳。仇滄柱曰：一是時中之義，一是方外之義。附仇滄柱評：《己酉江南墨》曰：此題當緊作呼應，蓋所以無適莫者，由於義故，拈中二句，宜呼起末句，唯心主於義，自無適莫，故拈末二句，宜應轉中二句。他作謂無適莫，即能義者，固失本源。謂無適莫，又須義者，亦未融會。按：滄柱此評亦未確。壬子五月。（《四書講義困勉錄》卷七）

【歸與歸與章】

沈無回曰：歸與之歎，非欲歸也，不得已而走，末後一著之詞也。張彥陵曰：連說與，有振奮回首的意思，即含傳道之意。《析疑》曰：十三舉門弟子後，自孔文子以下八舉，春秋人物竟發歸與之歎，言人才之無若吾黨也狂，是俯仰天地、睥睨古今以志。言簡即狂，裏面事不是不屑細微，是廓落高曠意，一切世故不入其胸次，正是狂處，此等人自露精光，自成體段，故曰成章，即成其爲狂也。裁之使就中行，所以二字正聖人傳道密微處，當味。輔慶源曰：大凡人之志意高遠，則勢利拘絆他不住，或可與進於道。然溺於高遠，又有脫略世故之弊，故過中失正，而或陷於異端，是以不可不有以裁之。仇滄柱主輔氏之說，冉永光及《翼注》都不主輔氏。冉是。壬申四月十四日。

輔氏所謂脫略世故者……仇滄柱曰：不知裁句正解，當從《淺說》。《淺說》將斐然成章作伸言，狂將不知裁之。作伸言，簡與朱注相合。注以志大訓狂，略事訓簡。下文志極高，正應上志大。過中失正，又應上略事。慶源輔氏分配甚精。紫峰說實本於此。觀此則知斐然成章是識見高明、志意遠大，乃狂之可進於道處。不知裁之是識過高而不平，實志過遠而不切近，乃簡之未合於道處。故不知所裁斷屬小子，看至夫子歸而欲裁之，意當補在本文之後。（《四書講義困勉錄》卷八）

【唐棣之華章】

仇滄柱極取《蒙引》思理之說而曰：聖人論議，實實發揮道理，初非有虛懸恍惚之見。此章恐後學不能極用其思，偶觸於唐棣而發之，是論思，非論詩也。（《四書講義困勉錄》卷十二）

【切切偲偲章】

仇滄柱《八科文徵》評曰：楊維斗先生議此題云：切切偲偲怡怡六字，成文如溫良恭儉讓五字，拆開不得。愚意溫良恭儉讓，正須分疏的確乃見實義。即切切偲偲怡怡，注中既有明訓，必分列三段，乃儘其詳。或疑「如也」二字連上六字為句，不宜劃開。不知切切如偲偲如怡怡如各比，拈出如字，正見包舉，原不可以如字單屬下句，如何泥定不拆耶？（《四書講義困勉錄》卷十六）

【顏淵問為邦章】

仇滄柱曰：商周改月之說，先儒議論不同，朱子晚年亦不主初見，門人蔡氏作《書傳》，旻氏解《春秋》，皆主不改月之說。元儒黃東發、程時叔宗之。宗潛溪著辨言之甚詳。唯杜元凱注《左傳》，直主改時改月之說。明儒王陽明、湛甘泉皆主之。愚嘗質之黎洲夫子，謂杜氏之說不易。蓋主改時改月之說，則以長曆推算，春秋日食時日相合者居十之九。若主時月俱不改之說，則推算竟無一合矣。此非可以空言辨駁者。至胡文定公夏時冠周月之說，上誣聖人擅改周制、僭王，甚矣！又何以正天下之僭竊耶？尤不足據。（錄自《辛酉壬戌房行》）（《四書講義困勉錄》卷十八）

【何莫學夫詩節】

仇滄柱曰：時手拈「邇之」二句，反撇卻《蓼莪》《天保》諸章，謂三百篇皆可作忠孝之書，求深反遠，不如切實指證，令學詩者有所依據也。（錄自《八科文徵》）（《四書講義困勉錄》卷二十）

【禮云禮云章】

仇滄柱曰：有制禮作樂之本，天高地下，萬物散殊，而禮制行焉。流而不息，合同而化，而樂生焉是也。有行禮奏樂之本，先有恭敬之心，而後有玉帛之交錯；先有和樂之意，而後有鐘鼓之鏗鏘是也。（錄自《八科文徵》）（《四書講義困勉錄》卷二十）

【博學而篤志章】

仇滄柱曰：先輩於心，不外馳貼人欲，不能間於所存，自熟貼天理。由此復。注所存「自熟」，依《存疑》即指心不外馳，說而理得，意見於言外，極是。依《蒙引》，則此句似指《理得》說，不是《蒙引》說。（《四書講義困勉錄》卷二十二）

【所謂治國章】

孝弟慈事君、事長、使眾，自萬曆以前先輩無有不主《蒙引存疑》之說「在君子一人身上看」者。顧麟士《說約》始將孝弟慈屬君子，事君事長使眾屬國人。又有謂上下截俱不著國人，亦不著君子，只空說理者，數十年來學者淆惑不定。近日仇滄柱力闢時解而從《蒙引》，存舊說，此三句始明。（《松陽講義》卷一》

【有子曰其為人也孝弟章】

仇滄柱謂此章注以行仁訓為仁，明是就仁之發用言，必遡及心之德者，以此是《論語》第一仁字，故兼舉體用言之。按《大全》講仁字最詳，亦只因其是第一個仁字，其實有子此章只在發用上言。（《松陽講義》卷四）

【有子曰禮之用章】

近來仇滄柱講此章云：禮之用即人之用。禮也，禮非人不行。時解謂只當云禮之用，不當云人之用禮者，誤。又云：知和而和，弊只在和而不節，不在於知先王何嘗不以禮之當和，明示後世乎？時文謂先王不欲人知者，誤。此皆明季講家小巧之說。滄柱闢之甚是。（《松陽講義》卷四）

【樊遲問知章】

仇滄柱曰：先難二字，《朱子集注》與上蔡謝氏之說不同。朱子指為事之所難，用功專在一先字。謝氏以心之不易為難，喫緊反在難字用功，在先字則與後字相應，是一緩一急對說，足杜樊遲謀利之意。喫緊在難字，則與「獲」字相應，卻是前此難而後來獲，反開樊遲計徼之心矣。此一句，總是為其所當為，且無所為而為，亦係對樊遲病痛，去了這個病，然後克己敬恕，可漸至於無不純矣。《集注》於上截言知者之事，下截言仁者之心，《朱子》謂務義敬神，是就事上說，先難後獲是就處心積慮上說。事也，從心裏做出來。注雖分心與事，勿泥看。學者讀這章書，須知要求知仁，當各就自家病痛重處盡情消融，消融得自家病痛，知仁工夫便容易了。然病痛雖各不同，這個忽略民義、諂瀆鬼神、

怕難計效的病，是學者所最易犯的，如一部小學家，禮多束之高閣，不去理會，能務民義者有幾人？佛老異端、甘心迷溺、不惑鬼神者有幾人？至於先難後獲，且不要說此事上有個希圖效驗的意思，兼於此事外營求僥倖，胸中都是功利念頭，所謂正其誼不謀其利，明其道不計其功者，皆視爲迂闊的話。這個病不除，安有到知仁的日子？須要猛省，莫笑樊遲粗鄙近利。樊遲粗鄙近利的病痛，比今人尚輕得多也。（《松陽講義》卷七）

【何如斯可謂之士矣章】

明季講家有云：切切偲偲怡怡六字，成文如溫良恭儉讓，五字拆開不得。此等混話，俱是從皮膚上起見，不曾想聖賢神理，本不足道。然或有惑於其說者。近日仇滄柱力黜其謬，最是。（《松陽講義》卷七）

《詩序補義》所錄仇兆鰲言論

【行葦四章章八句】

仇少宰兆鰲曰：（四章）此與下章皆當重君子。上蓋朋友之敬，亦君子之敬，是爲君臣一德。孝子之孝，亦君子之孝，是爲父子一心。（姜炳璋《詩序補義》卷二十一）

《御選唐宋詩醇》所錄《杜詩詳注》仇兆鰲評論

按：仇兆鰲的《杜詩詳注》爲唯一一部全文收入《四庫全書》的清代杜詩學著作。其全文收入的原因應該很多，是書爲內府藏本當爲最重要因素，而乾隆皇帝對此書的重視亦當是促成此書全文收錄的原因。乾隆皇帝《御選唐宋詩醇》選錄仇兆鰲評語數十條，可見對仇氏評語之重視。現輯錄如下。

【《送高三十五書記》】

仇兆鰲曰：天寶之亂，由當時黷武所致，公已先見其兆矣。高爲書記，軍事皆得參謀，故以休兵息民告之，此送高本旨。「驚風」二句已不得往，「黃塵」二句高不能來，故囑其寄詩以相慰。從軍詩仍應記室。（《御選唐宋詩醇》卷九引）

【《白絲行》】

仇兆鰲曰：詩詠白絲，即墨子悲素絲意也。「已悲素質隨時染」，當其渲染之初，便是沾污之漸，及其見置時，欲保素質，得乎？惟士守貞白，

則不隨人榮辱矣。此風人有取於素絲歟？按：此詩當是天寶十一二載間公客居京師而作，故末有忍羇旅之說。觀梁氏編次可見。人或謂此詩乃譏竇懷貞，然考懷貞亡於開元元年，公時才六歲，於年月不合。（《御選唐宋詩醇》卷九引）

【《贈衛八處士》】

仇兆鰲曰：《漫齋詳話》云：「怡然敬父執」以下，他人須更有數句，此便接云：「問答未及已，兒女羅酒漿」，直有抔土障黃流氣象。（《御選唐宋詩醇》卷九引）

【《哀王孫》】

仇兆鰲曰：明皇平韋后之難，身致太平開元之際，幾於貞觀盛時。及天寶末，不惟生民塗炭，而妻子亦且不免。讀《江頭》、《王孫》二詩，至今猶慘然在目。孟子云：苟能充之，足以保四海，不能充之，不足以保妻子，即一人之身，而治亂興亡之故照然矣。

【《羌村》】

仇兆鰲曰：司空曙詩「乍見翻疑夢，相悲各問年」是用杜句。陳後山詩「可知不是夢，忽忽心未穩」是翻杜語。（《御選唐宋詩醇》卷十引）

【《佳人》】

仇兆鰲曰：天寶亂後，當是實有是人，故形容曲至。舊謂託詞而作，恐非是。楊億詩「獨自憑欄干，衣襟生暮寒」本此末句，而低昂自見，彼何以不服杜耶？（《御選唐宋詩醇》卷十引）

【《夢李白二首》】

仇兆鰲曰：千古交情，此為獨至。首篇云「逐客無消息」，故有路遠之憂、水深之慮。次篇云「情親見君意」，故寫局促之情、憔悴之態，皆章法照應也。（《御選唐宋詩醇》卷十引）

【《乾元中寓居同谷縣作歌七首》】

（二歌）仇兆鰲曰：山谷云：陳藏器本草載黃獨遇霜雪枯，無苗，蓋蹲鴟之類。蔡夢弼引別注云：黃獨，歲饑，土人掘以充糧。公詩屢用黃精，不必作黃獨。按公詩若太平寺泉眼及丈人山皆為引年而發。此歌則為救饑而言，主黃獨為是。（《御選唐宋詩醇》卷十一引）

（五歌）仇兆鰲曰：此歌忽然變調，寫得山昏水惡，雨驟風狂，荒城晝暝，野狐群嘯，頓覺空谷孤危，萬感交迫。招魂於生前，收骨於死後，見存亡總不能自必矣。（《御選唐宋詩醇》卷十一引）

（七歌）仇兆鰲曰：七歌結語皆本蔡琰胡笳曲。（《御選唐宋詩醇》卷十一引）

【《水會渡》】

仇兆鰲曰：曹孟德詩「星漢燦爛，若出其裏」，與杜句可參看。（《御選唐宋詩醇》卷十一引）

【《枯椶》】

仇兆鰲曰：詩中詠物之作，有就本題作解者，此章是也。有借客意作結者，《病橘》、《枯柟》是也。可悟詩家擒縱之法。（《御選唐宋詩醇》卷十一引）

【《又觀打魚》】

仇兆鰲曰：從竭澤而漁處寫出慘酷可憐之狀，具見愛物仁心。（《御選唐宋詩醇》卷十一引）

【《過郭代公故宅》】

仇兆鰲曰「俄頃辨尊親」，推其決幾之明，「壯公臨事斷」，服其應變之敏。二語能寫出代公身分。茍或之失身，誤於不能辨，陳寶之僨事，失於不能斷，杜詩論人，必具特識，推此可見。（《御選唐宋詩醇》卷十一引）

【《桃竹杖引》】

仇兆鰲曰：宋之問騷體詩有《嵩山天門歌》，杜詩此篇所自出，然杜之靈奇卻勝於宋之雋麗。（《御選唐宋詩醇》卷十一引）

【《憶昔》】

仇兆鰲曰：明皇當豐亨豫大時，忽盈虛消息之理，致開元變爲天寶，流禍兩朝，而亂猶未已。此詩於理亂興亡之故。反覆（復）痛陳，蓋亟望代宗撥亂反治，復見開元之盛焉。（《御選唐宋詩醇》卷十一引）

【《驅豎子摘蒼耳》】

仇兆鰲曰：膏粱徒飽而黎民苦饑。傷在居人富家食肉，而戰場暴骨，傷及征夫。此歎物力之宜惜也。（《御選唐宋詩醇》卷十一引）

【《贈祕書監江夏李公邕》】

仇兆鰲曰：各章以序事成文，部署森嚴，純似班史。惟此章感慨激昂，排蕩變化，直追龍門之筆。細按其前後段落，又未嘗不脈絡整齊也。（《御選唐宋詩醇》卷十二引）

【《魏將軍歌》】

仇兆鰲曰：前用八句轉韻，中間各四句轉，末則三句兩句疊韻，蓋歌中音調取其繁，聲促節也。（《御選唐宋詩醇》卷十二引）

【《蘇大侍御訪江浦賦八韻紀異並序》】

仇兆鰲曰：詩止七韻而題云八韻，用韻取偶不取奇也。（《御選唐宋詩醇》卷十二引）

【《鄭駙馬宅宴洞中》】

仇兆鰲曰：頷聯敘事穠麗，腹聯寫景疏疎。（《御選唐宋詩醇》卷十三引）

【《與任城許主簿遊南池》】

仇兆鰲曰：公詩善記時節。此詩「晨朝降白露」，明日白露節也。他詩「露從今夜白」，今日白露節也。（《御選唐宋詩醇》卷十三引）

【《畫鷹》】

仇兆鰲曰：每詠一物，必以全副精神入之，故老筆蒼勁中時見靈氣飛舞。（《御選唐宋詩醇》卷十三引）

【《贈田九判官》】

仇兆鰲謂阮瑀爲指高適，不爲無見，不徒送蔡都尉詩以阮比高也。（《御選唐宋詩醇》卷十三引）

【《送楊六判官使西蕃》】

仇兆鰲曰：羅大經云：「子雲清自守，今日起爲官」，假「雲」對「日」，兩句一意。按：元白劉賓客輩《汝洛唱和集‧九日送人》「清秋方落帽，子夏正離群」，假對之工，本於杜句。朱鶴齡曰：《舊唐書》云：「至德元載，吐蕃遣使和親，願助國討賊。二載三月，遣給事中南巨川報命。」楊蓋贊巨川以行。（《御選唐宋詩醇》卷十三引）

【《曲江對雨》】

仇兆鰲曰：杜審言詩「綰霧青條弱，牽風紫蔓長」，即此頷聯所自出也。又「寄語洛城風日道，明年春色倍還人」，即「傳語風光」二句所自出也。公嘗云：「詩是吾家事」，信乎！祖孫繼述，詩學乃其家學也。（《御選唐宋詩醇》卷十四引）

【《題鄭縣亭子》】

仇兆鰲曰：中四寫景，先賦後比，五六喻意所以自傷幽獨也。（《御選唐宋詩醇》卷十四引）

【《憶弟》】

仇兆鰲曰：花發鳥飛即濺淚傷心之意。（《御選唐宋詩醇》卷十四引）

【《天河》】

仇兆鰲曰：此直詠天河而寓意在言外。頷聯似爲小人讒妒而發。（《御選唐宋詩醇》卷十四引）

【《螢火》】

仇兆鰲曰：黃鶴注謂指李輔國輩以宦者近君而撓政也。按：腐草喻刑餘之人，太陽乃人君之象，比義顯然。此輩直置身無地矣。（《御選唐宋詩醇》卷十四引）

【《苦竹》】

仇兆鰲曰：《蒹葭》傷賢人之失志者，《苦竹》嘉君子之避世者。（《御選唐宋詩醇》卷十四引）

【《建都十二韻》】

仇兆鰲曰：當時房琯分建之策與呂諲建都之請，前後事勢向不相同。安史首亂時，陷中原、破兩京，剪宗室、逼乘輿，唐室孤危極矣，故分建子弟之議，足使賊子膽寒。其後長安既復，兵勢復張，惟河北未平，故須專意北向，以除禍本。若建都荊門，虛張國勢，迂疎甚矣！且東南本無事，而勞民動衆，恐反生意外之虞。此作詩本意也。錢箋附會兩事，致詩意反晦，今辯正之。（《御選唐宋詩醇》卷十四引）

【《漫成》】

仇兆鰲曰：頸聯寫出應接不暇之意。朱子引爲心不在焉之證，亦斷章取

義耳。(《御選唐宋詩醇》卷十五引)

【《贈花卿》】

仇兆鰲曰:風華流麗,頓挫抑揚,雖太白、少伯無以過之。其首句點題,而下作承轉,乃絕句正法也。李白《蘇臺覽古》云:「舊苑荒臺楊柳新,菱歌清唱不勝春,只今唯有西江月,曾照吳王宮裏人。」亦然。(《御選唐宋詩醇》卷十五引)

【《少年行》】

仇兆鰲曰:少年意態神情,躍躍欲動,是善於寫生者。(《御選唐宋詩醇》卷十五引)

【《奉和嚴中丞西城晚眺十韻》】

仇兆鰲曰:杜詩佳句如「地卑荒野大,天遠暮江遲」與「地闊峨眉晚,天高峴首春」,功力相敵。若「地平江動蜀,天闊樹浮秦」,更是函蓋乾坤。(《御選唐宋詩醇》卷十五引)

【《奉酬嚴公寄題野亭之作》】

仇兆鰲曰:嚴詩欵曲殷勤,公詩和平委婉。解者指嚴,爲語多譏刺,指公爲始終傲岸,兩失作者之意。(《御選唐宋詩醇》卷十五引)

【《戲題寄上漢中王》】

仇兆鰲曰:「群盜」,蜀有徐知道,兩京有党項、羌,東都有史朝義。「無歸路」,公不能歸鄉。會遠方遇王於梓州也。(《御選唐宋詩醇》卷十五引)

【《有感》】

仇兆鰲曰:此言洛都之非計也。議者謂帝幸東都,其地舟車咸集,貢賦道均,且傳倉多積粟,春待駕臨。此特進言者之侈談耳。豈知國家欲固金湯而新宇宙,實不繫乎。此若能行儉德以愛人,則「盜賊本王臣」耳,何必爲此遷都之役耶?(《御選唐宋詩醇》卷十五引)

【《西山三首》】

仇兆鰲曰:公抱憂國之懷,籌時之略,而又洊逢亂離,故在梓閬間,有感於朝事邊防,凡見諸詩歌者,多悲涼激壯之語,而各篇精神煥發,氣骨風神並臻其極。熟復長吟,知爲千舌絕唱也。(《御選唐宋詩醇》卷十六引)

【《傷春五首》】

仇兆鰲曰：此與《有感》，皆記時事，纏綿悱惻，發于忠君愛國之誠，當與《洞房》八首並傳。(《御選唐宋詩醇》卷十六引)

【《滕王亭子》】

仇兆鰲曰：末二句一氣讀下，正刺其荒遊，非頌其遺澤也。(《御選唐宋詩醇》卷十六引)

【《春歸》】

仇兆鰲曰：《螢雪叢說》云：老杜詩好下「受」字，東坡尤愛「輕燕受風斜」句，以爲燕迎風低飛，乍前乍後，卻非「受」字不能形容。(《御選唐宋詩醇》卷十六引)

【《奉觀嚴鄭公聽事岷山沱江畫圖十韻得忘字》】

仇兆鰲曰：昔人論此詩爲宋人詠畫之祖，但其兮寫山水，亦本謝靈運《過始寧墅》詩，杜用以詠畫，更較詳細精工耳。(《御選唐宋詩醇》卷十六引)

【《宿江邊閣》】

仇兆鰲曰：何仲言詩尚在實處摹景，此只轉換一二字間，便覺點睛欲飛。(《御選唐宋詩醇》卷十七引)

【《謁先主廟》】

仇兆鰲曰：以弔古之情，寫用世之志，激昂悲壯，感慨淋漓，足令千年上下，英雄墮淚，烈士抌膺，不獨記敘廟貌處見其古色斑斕、哀音悽愴也。此詩全以議論成章，他人無此深厚力量。(《御選唐宋詩醇》卷十七引)

【《偶題》】

仇兆鰲曰：前半論詩文，以文章千古事爲綱領，後半敘境遇，以「緣情慰漂蕩」爲關鍵，「漫作潛夫論，虛傳紉婦碑」，隱以「千古事」，自期矣。「不敢要佳句，愁來賦別離」，仍以慰漂蕩自解矣。其段落整嚴、脈理精細如此。(《御選唐宋詩醇》卷十七引)

【《秋興八首》】

仇兆鰲曰：張性《演義》拈夔府京華爲主，以聽猿山樓應夔府，以奉使畫省應京華，逐層分頂，非作者本意。「千家山郭靜朝暉，日日江樓坐翠微。信宿漁人還泛泛，清秋燕子故飛飛。匡衡抗疏功名薄，劉向傳經心事違。同

學少年多不賤，五陵衣馬自輕肥。」仇兆鰲曰：或謂上四句用宮殿字太多，五六似早朝語。今按：賦長安景事，自當以宮殿爲首。公以布衣召見，感荷主知，故追憶入朝覲君之事。若必全首說秋景，則筆下有秋意，中無興矣。（《御選唐宋詩醇》卷十七引）

【《秋日夔府詠懷奉寄鄭監審李賓客之芳一百韻》】

仇兆鰲曰：詩有近體，古意衰矣。近體而有排律，去古益遠。長篇排律起於少陵，多至百韻，實爲後人濫觴。此篇典雅工秀，才學既優，而部伍森嚴，章法尤爲精密。（《御選唐宋詩醇》卷十七引）

【《解悶》】

仇兆鰲曰：寄諷微婉。（《御選唐宋詩醇》卷十七引）

【《復愁》】

仇兆鰲曰：《有感》詩云「大君先息戰」，不當息而息也。此云「無勞問河北」，當問而不問也。俱屬諷詞。（《御選唐宋詩醇》卷十七引）

【《承聞河北諸道節度入朝歡喜口號》】

仇兆鰲曰：自天寶十四載至大曆二年，首尾十二年。其間討安史父子、卻回紇、統吐蕃、平僕固懷恩、斬周智光等，皆子儀百戰而息兵。獨以二姓王配中興主，見其君臣一德，始終無間也。（《御選唐宋詩醇》卷十七引）

【《提封》】

仇兆鰲曰：《秋興》及《洞房》諸詩，有關國家治亂興亡，寄託深長。《秋興》氣象高華，聲節悲壯，讀之令人興會勃然。《洞房》諸詩，詩意沉鬱，詞旨淒涼，讀之令人感傷欲絕。此皆少陵聚精會神之作，故能舌吐風雲，筆參造化，千載之下，猶可歌而可涕也。（《御選唐宋詩醇》卷十七引）

【《社日》】

仇兆鰲曰：慨古傷情，其自負原不淺也。（《御選唐宋詩醇》卷十八引）

【《憶鄭南玭》】

仇兆鰲曰：吳若注云：「玭」疑作「玼」，玉色鮮潔也。按：鄭南，華州鄭縣之南。詳詩意，只是憶鄭南寺舊遊耳。（《御選唐宋詩醇》卷十八引）

【《登岳陽樓》】

仇兆鰲曰：《金玉詩話》云：洞庭，天下壯觀。自昔騷人墨客鬥麗搜奇者尤眾，然莫「氣蒸雲夢澤，波撼岳陽城」，則洞庭空曠、無際、雄壯，如在目前。至讀杜子美詩，則又不然。「吳楚東南坼，乾坤日夜浮」，不知少陵胸中吞幾雲夢也。（《御選唐宋詩醇》卷十八引）

周易參同契集注序　仇兆鰲

《參同契》一書，魏真人為養性延命而作也。書名《參同契》者何？言與《大易》、《黃老》三者，同符而合契也。後之注家，謂參者參天地造化之體，同者資同類生成之用，契者合造化生成之功，失其旨矣。或據原序，以《大易》、《黃老》伏食三者，為相合相契，亦非也。伏食與養性相配，不與黃老相對。黃老之道，包舉內外，養性伏食，皆在其中。觀《陰符》《道德》兩經，俱言性命之理，與《大易》之盡性至命，有以異乎？此則三者之所以同而契也。序言養性，即內以養己，其以伏食為延命。何也？伏者，伏此先天真一之氣。氣自外至，杳冥恍惚，非養性於虛無，不能致也。內經有云：根於中者，命曰神機；根於外者，命曰氣立。古之真人，知神由中主，而氣自外來，故必以以神馭氣，而保厥長生。夫人之一身，常以元神為主宰，而取坎填離，氣始復焉。坎離者，一水一火，迭用剛柔。坎中之水，乘其交動，而以意招之。離中之火，靜極能應，而以意運之。坎中之鉛，即陽氣也。離中之水，即陰精也。精氣會合，皆以真意攝之，意不專一，則神散而不凝；神不凝聚，則大用現前，而俄頃失之。是故安靜虛無，以養其神也；閉塞三寶，以斂其神也。神元為而無不為。故曰：一故神，兩故化。河圖之四象，各寓變化生成，而五獨居中。以默運丹法之九，還七返八歸六居，皆以真土主造化。五居中而制四方，猶心居中而應萬事。契言辰極處正，執衡定紀，皆借神以統之矣。黃帝之無搖精、無勞形，老聖之致虛極、守靜篤，皆所以凝神而候氣。神凝則氣應，始可從事伏食而行還返之道。《易》曰：神也者妙，萬物而為言；言者也，神御六子，變化行焉。山澤通氣者，其柔上而剛下乎？坎離對射者，其水火之既濟乎？風雷相薄者，其乘震符而鼓橐籥乎？準諸抱神以靜，而盜機莫見，谷神若存，而虛心實腹，孰非善用其神者乎？爰據古文，釐定經傳，又集諸家注疏，於採藥還丹、煉己溫養，亦即詳言無隱矣。惟神為丹君，而氣為丹母，尚須陳諸簡端，以推用功之綱要。茲者，沉潛討

論，無間寒暑，所幸生際昇平。

聖人者出，得優遊化日光天之下，以講求盡性至命之書，尚冀衰邁餘年，良緣可俟，從此咸登仁壽，而不徒託之空言，則素心庶幾其一遂也夫。

康熙四十三年三月朔旦甬江後學仇兆鰲熏沐拜手撰

悟眞篇集注序　仇兆鰲

東漢魏伯陽眞人，仿《周易》而作《參同契》，提挈陰陽之道，發揮性命之理。當時惟景休叔通輩能紹述大意。迨世遠言湮，修身立命之學，寖失其傳。宋張紫陽眞人，曠千載而復尋墜緒，乃本《參同契》，作《悟眞篇》，探賾索隱，顯微闡幽，其於一陰一陽之道，盡性命之功，若合符節。蓋兩書根源，同出於《大易》。《易》之上經，首乾坤，終坎離，天地爲造化之主，水火司天地之用，是兩大夫婦男女也。下經首咸恆，終二濟，二老退居，而兩少乘權，坎離顚倒，而水火上下，是人類之男女配合也。易物化淳，男女媾精，萬物化生，言化機之生生不息也。但男女化生，有順有逆，以離投坎，則順去成人；取坎塡離，則逆來成丹。聖人之繫《易》曰：數往者順，知來者逆。蓋人身自知誘物化，六門四肢，日用夜作，耗散其精神元氣，無非往而順從者。至人知三才有相盜之機，天人有合發之會，能於害裏藏恩，而轉殺爲生，此則來而逆用者。老聖所謂天地之始，萬物之母，常無以觀妙，常有以觀竅，皆是道也。《悟眞》一書，以乾坤爲鼎器，以坎離爲藥物，以震兌爲男女，以否泰屯蒙，爲萬物生成，以復姤爲子午，以壯觀爲沐浴，以損益爲保命，以既濟未濟爲火候始終，無在不與易相表裏。至於立項盡意，其取之夭友，則曰日月烏兔。晦朔弦望，其取之地理，則曰南北東西。山水海嶽，其取之物類，則曰龍虎龜鳳。汞鉛華葉，其取之器皿，則有房舍庭戶。琴劍鼎爐，其取之人身，則有黃婆老郎、嬰兒姹女。舉凡託物寓言，旁引曲證，猶夫《易》之稱名取類爲耳。及究其指歸，則從生身受氣之初，求返本還源之藥，識浮沉，定主賓，合戊巳，於立牝之門，準水火作養丹之法。凡《參同》之隱而未露者，皆宣泄於詩章歌詞之中。金丹大道，得斯闡明。誠雲牙之宗子，抑會稽之功臣也。舊注三家俱能討論元指，茲特刪其繁蕪，增其缺略，標其綱領，而致其會通，俾口訣心傳，了然在目，無復紛紜疑似之見參錯於簡編。謹輯錄成卷，以見正道嫡傳，不涉旁門小術。至於入室行功，雙

修性命，則視乎平生積德，以待天神默然助之緣，而未敢私心妄覬也。並書此以勗同心好道者。

康熙四十二年癸未季夏月甬江後學知幾子熏沐拜手謹序

《知幾仙師小傳》　張道傳

知幾仙師姓仇名兆鰲，字滄柱號知幾子，鄞人也。康熙進士，入翰林，官至吏部右侍郎。少從餘姚黃太沖宗羲，講切性命之學，後與會稽陶素耜元名式玉號存存子，研窮修養秘旨，築棲雲草堂於雪上，獲遇真人，几杖追隨，凡七閱月，得聞大道，密受心言。久之，松顏鶴貌，照耀山林。所著有《四書說約》、《杜詩詳解》（即《杜詩詳注》）及《金丹梯梁》、《黃老參悟》諸書，集補紫陽《悟真篇》注，訂正古本《參同契》經傳，以招後來，道門中之大慈父也。安山後學張道傳悟仙子謹述。（錄自《悟真篇集注》）

《答仇滄柱太史》　陸隴其

自聞高捷，喜溢寤寐。非喜先生之得木天，喜木天之得先生也。去秋獲承手教，兼讀《銀河篇》有韻之言，直可羽翼經傳，率天下詞客為窮理之功者，其自先生始也乎！即欲作一箋奉候，因適當計典之時，不敢輒通書，都門恐涉世局情態，故雖知己如先生，不敢聞問，惟耿耿於中而已。乃先生代為不平之鳴，至昌言於朝，此在高明激濁揚清之意，欲先從隗始耳。然非隴其之所敢當也。隴其自待罪畿南，雖硜硜一念，可矢天日，而鳩鵠滿野，猶然如故，「才平」二字乃是定評，豈敢不自反而怨人耶？所可喜者，今春局面忽轉，三輔氣象聿新，不才庸吏，得於光天化日之下效其馳驅，雖復鞅掌簿書，亦甚快也。便中附復並候起居。（《三魚堂文集》卷七）

《明儒學案》　賈潤序

余伏處畿南，雅聞浙東多隱居樂道之儒，而姚江黃梨洲先生為之冠。梨洲之門，名公林立，而四明仇滄柱先生尤予所宿契者。每欲南浮江、淮，歷吳門，渡錢塘，遍訪姚江支派，各叩其所學，而道里殷遙，逡巡未果。已而滄柱先生居天祿、石渠，操著作之任，益大昌其學。余因遣兒輩執經其門，將由此以上溯姚江，庶幾獲聞緒論。兒樸（僕）往來都下，得睹《明儒學案》

—151—

一書，則梨洲先生所手輯也，凡明世理學諸儒，咸在焉。余閱之驚喜，喟然歎曰：「此後學之津梁，千秋不朽盛業也，盍梓之以公諸天下。」蓋明儒之學多門，有河東之派，有新會之派，有餘姚之派，雖同師孔、孟，同談性命，而塗轍不同，其末流益歧以異，自有此書，而支分派別，條理粲然。其於諸儒也，先爲敘傳，以紀其行，後採語錄，以列其言。其他崛起而無師承者，亦皆廣爲網羅，靡所遺失。論不主於一家，要使人人盡見其生平而後已。學者誠究心此書，一披覽間，即有以得諸家之精蘊，而所由以入德之方，亦不外是。其間或純或駁，則在學者精擇之而已，嘗慨前代所編《性理大全》，極有功於後學，但於有宋諸儒，採之未備，而《皇極經世》、《家禮啓蒙》、《律呂新書》、《洪範皇極內篇》，本自別行於世者，亦復混入其間，殊覺繁而鮮當。他日有人彙宋、元諸儒之說，仿此體而重輯焉，寧不更快人意耶！余老矣，不能苦心勵行，窺先賢之堂奧，兒輩年方少壯，得是書以爲指南，其可不迷於嚮往矣乎！因書此以識之。時康熙辛未歲仲夏月，故城賈潤謹題於南村書室。

（摘自黃宗羲《明儒學案》）

《東湖冶泛和仇滄柱》　　陸盧龍楙

宛泛平湖垂暮天，西風晴採畫樓煙。

山迎人面舟移坐，月照花身酒入筵。

相問湣車邀弄篆，一時洛詠掩歌鈿。

遲從燕賞虛幽勝，未遣風流付蜀箋。

（摘自沈季友編《檇李詩繫》卷二十九）

海內罕見的仇兆鰲自訂《尚友堂年譜》　方南生

　　按年譜記載人物生平事迹的傳記式年譜，自宋以來，代有續作，至清代蔚為大觀，為我們研究歷史人物的基本情況，提供了寶貴的材料。來新夏先生所編《近三百年人物年譜知見錄》（上海人民出版社，1983 年出版）著錄了清人年譜，包括自訂和他人所編寫的在內，約八百種以上。而在自訂的年譜中，清康熙年間的仇兆鰲自訂《尚友堂年譜》，是比較罕見的一種，來先生寫了簡要的經眼記，並指明該自訂年譜手抄本，現珍藏於中華書局圖書館。

　　這部年譜雖屬罕見，但始終未曾受到人們的足夠注意。早先轉相徵引的尚有三家：杭州大學圖書館所編的《中國歷代人物年譜集目》，曾著錄一條《仇滄柱（兆鰲）自訂年譜》，並指明它是據《民國鄞縣通志藝文志》著錄的。來先生曾加按語云：「杭目繫據著錄，似未經眼此譜。」的確，杭大圖書館同仁們在編寫此書時，勢難逐條經目。《民國鄞縣通志藝文志》著錄的仇氏年譜所據乃是「伏跗室藏本」，而清馮貞群伏跗室藏書，現暫存寧波天一閣。近接天一閣文物保管所駱兆平先生來函云：「伏跗室所收藏抄本《滄柱公年譜》仍在，乃抄於清咸豐甲寅（1854）夏月。」可見杭大圖書館所著錄之仇譜，非來先生所經眼之中華書局藏本。此外，清蔣學鏞所撰《鄞志稿》卷十二「儒林傳」中，亦列有仇兆鰲小傳一篇，下注云：「出《仇少宰年譜》。」未知此一仇譜，是自訂抑或他編？書海浮沉，現不知流落何方？故知仇譜雖罕，但並非海內僅存。

　　中華書局圖書館所珍藏之仇兆鰲自訂年譜──《尚友堂年譜》手抄本，裝一冊，白棉紙抄寫，由於年久，紙已發黃。半頁九行，行二十五字。楷書開放，有明末清初格調。前後無藏書章，天頭行間無批語。每抄至「聖主」、「皇帝」、「王師」、「今上」、」聖駕」等，必頂格另起，以示尊敬。逢年提行另起，寫年號年月及農曆甲子，下寫本人年庚。正文擇要記敘，簡約不繁。前後共三十二頁（其中空一頁），全文約一萬二千字左右。二十八頁前為仇兆鰲自訂，其後為男廷桂、廷模所續。二十二頁以後，每頁左上角有修補痕，但不影響閱讀。該年譜開章明義臚列了自訂年譜的宗旨，短序云：「韶華易逝，衰老漸臻，念祖宗積德之醇，起家儒業，荷聖主作人之厚，備位卿班。雖志在希賢，而未能寡過；亦心存報國，而徒託空言。迫往事以滋慚，敢云自序，因兒曹之固請，略紀平生。或假餘年，尚期耄學。章溪老叟滄柱父漫筆。」仇氏自述其寫下這本年譜，是因兒曹之固請，故追敘往事，略述平生，非有

心炫耀功業，以求傳世。序云「備位卿班」，故知寫此譜時，應在康熙四十七年戊子（1708）入閣之後，是時仇氏當已年逾古稀。按全譜約分四大部分：第一部分（1638～1658），記出生年月及求學入庠經過。第二部分（1659～1685），寫開館授徒至考中進士。第三部分（1686～1710），寫仕宦經歷及康熙恩遇。第四部分（1711～1717），寫致仕後返鄉及病逝經過（最後逝世部分，由其男廷桂等續完）。

　　譜主仇兆鰲，原名從魚，字滄柱，號知幾，晚號章溪老叟，浙江鄞縣（今寧波市）人。明崇禎十一年戊寅（1638）十一月十六日生於鄞縣東城章溪里。六歲入私塾，先後從學於駱寶權、陸可前等先生，二十二歲在橫涇等地開館課童；康熙八年己酉（1669），在杭州城南雲居山上方寺開館教學，十四年乙卯（1675）預鄉薦，二十四年乙丑（1685）四十八歲的仇兆鰲終於考中二甲第八名進士，同年五月，欽點翰林院庶吉士，散館授編修。三十三年甲戌（1694）冬，乞假還鄉為其亡父遷葬。四十四年乙酉（1705）七月，升左春坊左贊善兼翰林院檢討。歷翰林院侍講、侍讀、侍講學士，充皇太子講官，武殿試彌封官、侍讀學士。四十七年戊子（1708）十二月二十日特升內閣學士兼禮部侍郎，後轉吏部右侍郎兼翰林院學士。五十年辛卯（1711），兆鰲年七十四，以疾乞休，當年冬抵鄞。康熙五十六年丁酉（1717），十月初五，逝於家中，終年八十。仇兆鰲死後，據《民國鄞縣通志・輿地志・歷代名人冢墓考》所記，葬於鄞縣東九曲河。

　　從仇譜所記可知，兆鰲原配邵氏，邵氏逝後，續娶姚氏。後又聘吳門顧氏女為副室。康熙二十五年丙寅（1686）秋，在京師又娶側室王氏。有三子：長廷桂，康熙四十一年壬午（1702）舉人，諸暨教諭。次廷模，字宏道，康熙五十年辛卯（1711）舉人，臨鄉知縣，能詩。季子廷棟，早殤。孫啓昆，字貞肇，乾隆二十五年庚辰（1760）舉人，縉雲教諭。以上參見《民國鄞縣通志文獻志》。

　　仇氏平生著述甚富，除《杜詩詳注》、《杜工部年譜》外，尚有《通鑒論斷》、《四書約說》、《綱鑒會纂全編》，《天童寺志》、《參同契集注》、《悟真編集注》等，並刻過《道言秘錄》叢書一套。

　　兆鰲祖籍山東。其始祖仇忿，字泰然，於宋徽宗大觀年間，自山東益都來知明州（即浙江鄞縣），封益都伯，遂家於鄞。仇譜康熙四十年辛巳（1701）下，有「秋盡還家，新居在縣學之東廳，壁拈一聯云：「祖武宜繩（繩），北

自益都開南宋；聖人可學，西瞻泮水即東山。」等一段文字可證。曾祖字曉湖，祖字慶元，父遵道，字公路，諸生，潛究理學，在鄉以啓迪後進自任，賢俊時出其門，卒年八十一。

　　仇兆鰲在杭州上方寺開館教學數年裏，曾往來於杭州、紹興間，在古小學書院，結識了明末清初大思想家，學者黃宗羲（梨洲），宿儒姜希轍（字二濱，號定庵，明崇禎舉人，入清後官至奉天府丞，著有《左傳統箋》、《兩水亭集》等），相與研討學問。梨洲先生曾作詩記與仇滄柱等於重九日登高事，並有專贈仇氏詩二首，其一云：「積葉窗前日日深，讀書好自傍岩陰。百科已竭時文力，千載惟留當下心。坊社連環何足解，儒林廢疾望誰針。憑君一往窮經願，明月當前日未沉。」其二云：「禪院幽扉客至開，上方石壁翳蒼苔。題名隱顯錢江柳，彈指興亡現去來。鏗爾磬聲留木末，悠然帆影過窗限。城南勝地人文萃，好傍雲山築講臺。」按仇兆鰲入翰林院後，竭盡忠款爲清朝廷做了許多文字校訂工作。清蔣良騏《東華錄》卷十三，記有康熙二十五年丙寅年（1686）十二月，編修勵杜訥與學士張英，同侍《御批通鑑綱目》竣，曾奏請「頒發聖論，宣示史館，以發涑水所未詳，補紫陽之弗逮」。康熙雖准奏，並未立即付梓頒行天下，而是交翰林院有關人員校閱，以匡不逮。仇譜康熙二十七年戊辰（1688）條下，曾記兆鰲等奉旨校閱《資治通鑑朱子綱目》一事，並蒙聖上賜與蟒緞綾紗。其後仇兆鰲還曾參與修訂《孝經衍義》、《大清一統志》等。康熙三十年辛未（1691），又參與修訂《明史》。四十四年乙酉（1705），與彭會淇、顧圖河等總裁纂修《方輿程考》。由於仇氏對清廷的忠誠，一向受到康熙皇帝的殊遇，多得青睞和賞賜，此不詳述。

　　仇兆鰲自幼接受儒家正統思想之薰陶，逐漸形成了一整套儒家的處世哲學和治學觀點，這從他的整個年譜中可以看到。據說，在他二十四歲時，曾在涇水館中得到程朱語類及蒙求等書，「朝夕參玩，理境漸明。」後因其與黃梨洲過往甚密，也多少接受了劉宗周（念臺）「誠敬慎獨，理在氣中」的學說。入仕後，由於受當時以程朱理學爲正統的學術思想的影響，以及當代名儒、大學士李光地等的薰染，不久便復服膺「理在先，氣在後」，「理是本」的理學三昧，歸宗程朱學派門下；但他從不囿於門戶之見，在其撰寫《四書講義》時，仍能兼採諸說，故曾受到程朱學派陸隴其的批評。晚年頗好養生之學。

　　仇譜除保存了有關兆鰲生平的非常有價值的第一手資料外，也較詳盡地記述了仇氏編寫著名的《杜詩詳注》的過程。詮釋我國唐代偉大詩人杜甫的

詩歌，有宋以來，號稱千家，而仇兆鰲之《杜詩詳注》，「援據繁富，而無千家諸注僞撰故實之陋習，覈其大局，可資考證者爲多」（見《四庫全書總目》），雖有若干不足之處，仍不失爲一部富有特色的注本，一向受到杜詩愛好者的重視。

　　過去我們對仇兆鰲怎樣編寫《杜詩詳注》知道不多，現據仇譜摘補於下。康熙二十八年己巳（1689），仇兆鰲已五十二歲，在京師翰林院庶常館當庶吉士，除參與修訂《孝經衍義》外，還開始輯注杜詩。當時雖只是一種業餘愛好，但已有一些打算，要從五個方面着手編寫：一是考訂詩題歲月，二是注解詩中意義，三是指出典故出處，四是糾正前人謬說，五是採錄諸家名論。這與詳注原序「先挈領提綱，以疏其脈絡；復廣搜博徵，以討其典故。汰舊注之榰釀叢脞，辨新說之穿鑿支離」，基本設想是一致的。仇兆鰲朝朝暮暮詮注杜詩，用心良苦，自云：「予注杜詩，朝夕持誦，行吟庭除。」每每做到心領神會，方才下筆。正如其序上所云：「注杜者必反覆沉潛，求其歸宿所在，又從而句櫛字比之，庶幾得作者苦心於千百年之上，恍然如身歷其世，面接其人，而慨乎有餘悲，悄乎有餘思也。」這一段話，也正是他自己注釋杜詩的眞實寫照。這樣日積月累地辛勤耕耘了五年，至康熙三十二年癸酉（1693），《杜詩詳注》始告輯成，「冬繕寫進呈。有進表序文，備載杜詩卷首」。這篇進書表，現仍附於中華書局版《杜詩詳注》之後，概括地說明他輯注杜詩經過，恭進始末，以及對杜甫其人其詩的品評。嘗云：「少陵詩集，實堪論世知人。可以見杜甫一生愛國忠君之志，可以見唐朝一代育才造士之功，可以見天寶、開元之盛而忽衰之故，可以見乾元、大曆亂而復治之機。」充分肯定了杜詩的文學和史學價值，也表達了他本人維護儒家正統詩教的文藝觀。

　　自此之後，他仍孜孜不倦地深入研討，窮其堂奧，並爲這部書稿正式梓行，做了許多準備工作。如康熙三十四年乙亥（1695）二月，仇兆鰲爲辦亡父遷葬事乞假南旋，夏初抵杭州，於王漢槎齋頭遇見朱乾若先生，仍「相與參論杜說」，三十七年戊寅（1698），年逾花甲的仇兆鰲，南下廣東會友，在韶州晤研友學使左公峴，與同館潘公次耕，商榷杜注。左峴，亦鄞人，字我庵，康熙九年進士，曾任廣東提學，對經學等有所專研，著有《蜀道吟》。據仇譜記載，康熙三十九年庚辰（1700）冬日，「繕寫《杜注》發刻，凡二十六卷，皆旌德葉承武所書」。康熙四十一年壬午（1702）四月，六十五歲的仇兆鰲，親自攜帶謄寫好的《杜詩詳注》書稿，從鄞縣家鄉來到杭州刊刻。康熙

四十二年，癸未（1703）春，初刻成。三月，康熙皇帝南巡，仇兆鰲在杭州行宮恭進《杜詩詳注》刊本二部，得御書「餐霞引年」四字綾匾。康熙五十年辛卯（1711），仇兆鰲以病乞休。三月買棹南歸，於舟中輯成《杜詩補注》，並命次男廷模編次，作附記云：

> 注杜始於己巳歲，迨乙亥還鄉，數經考訂。癸未春日，刊本告
> 竣。甲申冬，仍上金臺，復得數家新注，如前輩吳志伊、閻百史，
> 年友張石虹，同鄉張邁可，各有發明。辛卯，致政南歸，舟次輯成，
> 聊補前書之疏略。時年七十有四矣。

這是對他注杜的總結，與自訂年譜各年所記吻合無誤。吳志伊，杭州人，字任臣，號托園。通經史，兼精天官樂律之術，著有《周禮大義》、《托園詩文集》等，其學問素爲顧炎武所推重。閻百史，當是閻百詩之筆誤，即清大經學家閻若璩，一生著述甚多。張石虹爲湖廣黃安（今湖北紅安）人，張希良之字，康熙二十四年乙丑（1685）進士，散館授編修，官至侍講，著有《春秋大義》、《寶辰堂聚》。邁可乃張遠之字，據《四庫全書·集部·別集類存目》著錄，張遠對杜詩有專研，撰有《杜詩會粹》二十四卷。以上四人，或以經術，或以文名知世，對仇氏注杜，均有所裨益和啓發。康熙五十一年壬辰（1712）臘月，仇氏至吳門度歲，準備發刻《杜詩補注》。康熙五十二年癸巳（1713），仇兆鰲編纂完《諸家論杜》並作有附記。

　　從以上的敘述中，我們可以看到：仇兆鰲自動手詮注杜詩，至《杜詩詳注》初刻本告竣，共歷十五載。再經過十年左右的搜集、修訂、補充，爬梳抉剔，又在蘇州刊印了包括補注、詠杜、逸杜、論杜諸卷在內的後印本，前前後後共用了二十五個春秋，即在他逝世前四年，才算大功告成，幾耗盡他晚年全部心力，爲我們進一步瞭解和研究杜詩，提供了不可多得的資料。

　　必須指出，此譜也有若干記載失實之處。現略舉一例。康熙皇帝曾三次親征西北噶爾丹叛亂集團。1690年（康熙二十九年），康熙第一次親率大軍出長城，於離古北口四百多華里的烏蘭布通，擊破了噶爾丹的駱駝陣。噶爾丹潰不成軍，一敗塗地，只好暫且投降。這次戰役不少史書都有翔實準確的記載，仇譜卻誤記爲康熙三十年事。事後回憶，難免出錯。

　　這裏，我們還可以附帶搞清以下兩個問題：

　　一，當我們讀完年譜中由其兒輩續寫的最後一段，對於手抄本的來龍去脈，當可瞭如指掌。文云：

天乎痛哉，不孝等崩裂餘生。竊欲吮血含毫，以紀君恩，而揚先德，乃先大夫謙衷若谷，又未可遽用，敢以先大夫手記年譜，將續登家乘者敬鋟梨棗，以備名公大人之採擇。

苫凶昏迷，略陳病逝始末，附諸譜餘。伏乞大人先生哀而賜以鴻章，垂之簡策，不孝等感應沒齒。

從以上所引，可知該自訂年譜手抄本傳世，是用以代替「行述」、「行狀」。古時喪事，敘死者世系行誼、爵里、生卒年月，以便請議諡或牒請史館編錄，或乞求他人作墓誌、銘傳等，多備此簡要事略，以作根據。事詳《陔餘叢考》、《文體辨明》「行狀」一則。既視同「行述」，當不止一本。

二，中華書局所藏手抄本《尚友堂年譜》，恐非康熙五十六年作「行述」用之原抄本，而是乾隆年間或乾隆之後的轉抄本。因該抄本既避康熙之諱，亦數避乾隆之諱，似較伏跗室所藏仇譜手抄本爲早出。雖然如此，這本手抄本年譜，仍同樣具有歷史文獻之價值。（摘自《文獻》1988 年第 2 期）

（作者工作單位：中華書局）

仇兆鰲師承小考　　同塵

陳攖寧先生在讀《知幾子〈悟眞篇集注隨筆〉》中說：「知幾子學問雖博，奈何徒富於記誦，而未曾實驗，竟使涇渭不分。」陳先生的論調似爲說仇未得丹道眞傳，也無實踐經驗。又在《答覆蘇州張道初君十五問》中說：「《金丹眞傳》，繁瑣無當，不如《悟眞篇》之簡易，後人疏忽，每每混作一談，雖以知幾子之聰明，且不免爲其所誤。」（《道家養生秘庫》），也是在影射仇未得南派眞傳。故實有考證仇之師承的必要。

仇兆鰲說他自幼就喜好仙道，但他後來孜孜於文學藝術，所以對仙道還沒有深入的研究。直到他在京師做官時，他才開始讀參同契悟眞篇，同時也收集了不少珍稀丹經道書，時人說他「甬上仇先生，擁書勝百城」（仇《杜詩詳注》），今人又說他「可能是清朝最博學的內丹家」（陽明道教養生家陸西星

與他的《方壺外史》）可知他的博學了。但是仇氏並沒有提到他的師承，清同治年重刊的《悟眞篇集注》中張安道說：仇氏「棲雲草堂於雪上，獲遇眞人，几杖追隨，凡七閱月，得聞大道，密受心言。」按：所謂雪上，即指浙江吳興縣南的雪溪。張文沒有說到仇得師的具體時間。

但據我推測，仇兆鰲應得師於清康熙三十四年乙亥（1695 年）至三十八年之間。因爲仇讀參同悟眞是從康熙二十四年乙丑（1685 年）他中進士之後，到京師時才開始的。雖然他在此期也曾訪師，可能並沒得到孫教鸞一派的傳授。到了三十四年，他因事被罷官，在事業上處於困境低谷時期，他回到了故鄉。與昔日的同學兼好友陶素耜研究丹法。我猜想仇兆鰲就是在這段時間才築棲雲草堂於雪上，修練丹道。根據張文的文意，當說仇兆鰲是在他的棲雲草堂獲遇眞人的，後來就追隨不離達九個月之久。但眞人究竟是誰呢敘頗難考知。在清康熙四十年辛巳（1701 年），仇氏爲陶素耜《參同契脈望》作序時，謂陶素耜自從在三十四年經與仇討論丹法後，意識到清修非至道，就「取道德南華及參悟諸書，閉門討論，復虛心延訪，得孫教鸞眞人嫡傳，遂注參同悟眞。」我認爲此段話實際也是在說仇氏自己，因爲所謂「取道德南華及參悟諸書，閉門討論」者，就是仇陶二人在討論吧。然後他們又「虛心延訪」，於是就「得孫教鸞眞人嫡傳」。「遂注參同悟眞。」按：仇氏雖然說他的參同悟眞注是在清康熙四十一年才開始寫的，但在陶的參悟注中也採用了仇的參悟注某些文字，可證仇氏此注寫得比陶注還要早。由此我們可以肯定仇氏也是師於孫教鸞一脈的。再者，仇兆鰲的參悟注中就錄取了孫派的秘傳口訣和圖籍，如「十二雷門測候圖」及「聚氣開關法」，皆是孫派的秘法。比起陶氏披露丹法更勝一籌，因此我斷定仇是孫派。

再從時間上來講，孫汝忠兄弟作《金丹眞傳》是在明萬曆四十三年（1615 年），其時孫汝忠四十二歲。仇兆鰲生於明崇禎十一年戊寅（1638 年）。只相差十多年。因此在時間段上，仇兆鰲師於孫派也是不成問題的。值得注意的是，金丹眞傳問世後，能明確重視孫派的，應該首推仇兆鰲了。

建國以來仇兆鰲和《杜詩詳注》研究述評　吳淑玲

仇兆鰲是浙江鄞縣人，康熙二十四年進士，曾經做過翰林院編修，官至禮部右侍郎。他是黃宗羲十八高弟之一，浙東學派的重要成員，《中國歷代禁

書解題・朝行錄》在談到黃宗羲的影響時說：「透過明王朝無可救藥的歷史命運，直面時代風雲之變幻，黃宗羲進一步進行歷史的反思，從而對整個封建專制制度產生了全面的懷疑，由歷史的檢討，進入哲學的思考，這位哲人又一次完成了思想的轉化，適時地將武裝鬥爭轉變爲思想理論鬥爭，集中精力於學術活動……大力倡辦教育事業，應邀赴各地講學，一時，『大江南北，從者駢集』，門人中的萬斯同、萬斯大、仇兆鰲、鄭梁、查慎行等等，後來都成了著名的學者，浙東學派文史哲各方面的臺柱。」[1]仇兆鰲的主要研究成果集中在一部《杜詩詳注》中，是杜詩研究不可或缺的必備資料之一。但是，由於資料的匱乏，建國以來的仇注研究進展緩慢，總體研究狀況不理想，留下的研究空缺很大。大體歸納如下：

（一）研究仇注較多，關注仇兆鰲極少

檢索有關文獻資料發現，無論古人還是今人，在關注仇注和仇兆鰲本人的問題上表現都極其一致，即關注仇注的人較多，關注仇兆鰲的人極少。仇兆鰲在清代有進士身份，而且作過翰林院編修、吏部右侍郎，但是，遍檢《清史稿》、《清史列傳》等清史資料，都沒有仇兆鰲的傳記，檢索其它相關資料，也難有新的發現，只在《寧波府志》、《鄞縣通志》、《鄞縣縣志》上有較少的資料，且語焉不詳，而仇氏的《杜詩詳注》則完整地展現在讀者面前，所以，搞仇兆鰲研究很難，搞仇注研究較易，這是造成目前研究仇注較多，研究仇兆鰲極少的重要原因。能夠見到的研究仇兆鰲的文章只有一篇，是方南生的《海內稀見的仇兆鰲自訂〈尚友堂年譜〉》，發表在 1988 年《文獻》第二期，較爲詳細地介紹了仇兆鰲自訂年譜的情況，文中的信息透露，通過年譜可以瞭解到仇兆鰲思想的許多情況。對仇注的研究則有論文 20 篇左右，比研究仇兆鰲的文章確實多了不少，但對於進行深入研究而言，資料依然顯得特別單薄。正是因此，留下的研究空間也就很大。

（二）仇注研究單篇論文較多，大部頭著作很少

相對於對杜詩的研究而言，仇注研究其實也少得可憐。不完全的統計結果是：單篇文章共有 20 多篇，可以分爲三類：一類是對仇注存在的總體問題進行詰難，一類是對仇注中個別篇目存在的具體問題進行辯證，一類是對仇注中使用的注杜方法進行探索。前兩類文章篇目數量大體相當，後一類文章只有兩篇，尚處於對仇氏注杜方法進行探索的發軔期。著作只有譚芝萍的《仇

注杜詩引文補正》，23 萬字，主要是給仇注所引古代典籍文獻的文字錯誤進行校訂。在此之前，有徐仁甫的《杜詩注解商榷》一書，約 7 萬字，在對舊注中存在的問題進行辯證時有一部分文字針對仇注，因成書年代（1979 年）影響，書中存在很多問題。較大的問題，一是還有階級鬥爭的餘痕，二是太拘於「互文」說，一些解說現在看來還不足以服人。1987 年，中華書局出版鄧紹基的《杜詩別解》，「此書守住清代的幾部注杜名作，即錢謙益、楊倫、仇兆鰲、浦起龍幾家注本，從這幾家有代表性注家的意見中引出歧義，由此而徵引有關的材料，斷以己意」[2]（傅璇琮語），因此，也不是專門研究仇注的，但大多數作品解析都涉及了仇注。全書共選杜詩 96 首，涉及仇注 82 首，根據書中內容，鄧紹基先生認為仇注存在的問題大約有四類：解釋不當者，牽強附會者，編年不確者，當論不論者。另有鄭文的《杜詩檠詁》，巴蜀書社 1992年出版，也是對舊注的辯正並兼以己說，內容非常豐厚，工作也很紮實，對大多數注解的辯說都很有說服力，但也不是專門針對仇注的，而且是以己說為主。相比較而言，只有譚芝萍的《仇注杜詩引文補正》是專門研究仇注的。故曰仇注研究單篇論文較多，大部頭著作極少。

（三）詰難仇注較多，總述成就較少

從目前所見文章看，人們不是不承認仇注的價值，但提到其成就時，往往一語帶過，或簡略交待幾句，而主要談論仇注失誤，如 1983 年《文學遺產》增刊發表許壽松《略論〈杜少陵集詳注〉中的問題》一文，只用不足百字簡述此書的成就，而後用洋洋萬餘言闡釋其存在的缺點，總其缺點為六個大的方面：1，援引失實；2，當注不注；3，自相矛盾；4，曲解牽合；5，注釋籠統；6，錯解詞義。1984 年，《社會科學研究》第一期發表許永璋《略評〈杜詩詳注〉》一文，用近 600 字說明《杜詩詳注》的功績，認為其長處有三：1，博採諸家注釋；2，廣集歷代名家評論；3，分類以示詩法。但也用了近萬字批評《杜詩詳注》中存在的問題，並總結其「大疵」為：1，儒家思想之牢籠；2，忠君思想之強制；3，「詩史」美稱之拘泥。1995 年《杜甫研究學刊》第 2期發表中國社會科學院蔣寅的《〈杜詩詳注〉與古典詩歌注釋學之得失》一文，此文從得失兩個大的方面對《杜詩詳注》進行了探討，認為其得在於內注，蔣寅說：「他的注解主要是兩部分工作：『內注解意』和『外注引古』。以我看，《詳注》最精彩的部分是在『內注』。關於內注，仇氏云：『歐公說《詩》，於本文只添一二字，而語意豁然。朱子注《詩》，得其遺意。茲於圈內小注，先

提總綱，次釋句意，語不欲繁，意不使略，取醒目也。』這實際就是增字串連原文、使原本跳躍的語意連貫通達的串講方法，朱子《詩集傳》通篇皆是。如《鄭風・山有扶蘇》首章：「山有扶蘇，隰有荷華。不見子都，乃見狂且。」朱子云：「淫女戲其所以私者曰：『山則有扶蘇矣，隰有荷華矣。今乃不見子都，而見此狂人，何哉敘」即其例也。《詳注》每首詩下都有一段講疏。或提要勾玄，或揭示結構層次。或點出迴環照應之妙，每得言外之意。這是仇氏對闡明杜詩極有貢獻的部分，也是全書的菁華所在。」[3]該文用約八分之二的篇幅對全書的優長進行了總結，大體歸結為：1，在內注中闡釋原文內涵，每得言外之意，是全書的精華所在；2，對一些詩歌的寫作特點、結構層次、承接照應等，有獨具慧眼的發現，顯示了卓越的鑒賞能力；3，對一些含義幽深的作品，能夠在以意逆志的基礎上深挖作品內涵，使詩意明瞭；4，外注部分，考證編年和注釋典章故實絕多可靠。之後用約八分之五的篇幅總結其存在的問題，主要從十個方面總結：1，畫蛇添足；1，附會典故；3，隔靴搔癢；4，不明出處；5，引而不釋；6，注語不注典；7，誤指典故；8，引而不斷；9，該注不注；10，割裂原文。這是目前所見到的最為詳盡的研究《杜詩詳注》文章，其總結相當精到和全面，但因其對仇注長處的闡述並不特別充分，容易引發否定仇注多、肯定仇注少的認識。

最近幾年，曾亞蘭、趙季的《仇兆鰲以……注解杜詩》系列論文開始關注仇注怎樣發掘杜詩集大成說的內涵，這是對仇注研究富有啟示意義的研究動向。日本學者佐藤浩一的《杜詩詳注》版本研究也觸及了目前學界尚未觸及的仇注研究領域。

（四）研究其引文及注釋中存在的問題者多，關注其詩法理論者少

建國以來研究仇注的文章僅 20 餘篇，著作僅一兩種，幾乎所有的研究者都注意了仇注中存在的引文錯誤、注釋錯誤，如酈健行的《詩詞與論偽》，借《愁》詩發表對仇注的不同意見；吳汝煜、謝榮福的《杜詩仇注獻疑》對仇注中個別作品存在的注釋問題進行糾正；徐希平的《杜詩舊注權正》也是對仇注中個別作品存在的注釋問題進行糾正；蔣誠的《對兩首杜詩仇注的意見》一文，就《課伐木》《杜鵑行》兩詩的注釋對仇注進行匡補。還有的是對仇注受葉音說影響提出了批評，如黃玉順《杜詩仇注葉音考》和陳若愚《仇兆鰲〈杜詩詳注〉音釋評議》，都指出仇注受葉音說影響很大，認為仇注沒有接受清代樸學反對葉音說的成就，影響了《杜詩詳注》注釋學的成就。關注其詩

法的研究，只在許永璋《略評〈杜詩詳注〉》一文中有百字左右，蔣寅《〈杜詩詳注〉與古典詩歌注釋學之得失》一文中有幾百字涉及，且均語焉不詳。另有李天道《論仇兆鰲的批評觀及其方法》一文，是目前所知唯一一篇專門關注仇兆鰲批評方法的文章，此文發表於《青海民族學院學報》1989 年第 2 期，約 9,000 字。文章的主要觀點是，一，仇兆鰲強調文學的社會功能，注重審視文學作品是否符合倫理道德規範，標舉重道德倫理價值的批評觀，但並不忽視作品的審美結構。二，在批評方法上，仇兆鰲立主採用傳統的「知人論世」和「以意逆志」的方法批評杜詩。李天道所理解的仇兆鰲的「知人論世」是從時代、作者、作品三個方面着手分析作品所包含的社會內容及意義，瞭解作者的思想生平；「以意逆志」是由文詞推斷詩人情志。三，指出了仇氏具體的批評方法主要是「內注解意」和「外注引古」。李天道還將仇兆鰲作為清代文學批評家對待。從文學批評角度關注仇兆鰲和《杜詩詳注》，李天道有首創之功，但稱仇兆鰲為清代文學批評家，且將其與孔子、王充、韓愈、白居易、蘇軾比併排序，則有失公允，畢竟，仇兆鰲在文學創作和文學觀念的影響方面都與前五人相差甚遠。

著作方面，譚芝萍《仇注杜詩引文補正》一書，是建國後出現的唯一一部《杜詩詳注》研究的專著。譚芝萍先生對此書用功甚勤，鍾樹梁先生為此稱其為仇兆鰲的「諍友」、「功臣」[4]，但因譚芝萍先生身患癌症後，時間與精力都受到影響，所以，此書的關注面僅限於對仇注中所引傳統典籍的補正，也沒有關注仇注的批評方法、批評思想、詩法理論等。其特點和缺陷主要有：

（一）此書以仇注杜詩所引傳統典籍的校正為主要內容，對《杜詩詳注》中所涉及的百餘部古籍進行了詳細的核對和校正，全面研究了仇注杜詩引文存在的問題，指出了仇注的四大問題：一是錯引原文；二是對原文的重引；三是引注不當；四是當注不注。

（二）分類校對引文。譚芝萍將《杜詩詳注》中所涉及的百餘部古籍分類排列，統計了《杜詩詳注》所引典籍的次數，使得檢索《杜詩詳注》引文的錯誤類型並進行對其錯誤的研究提供了很大方便，減省了人們查閱資料的時間，但是，因為與原書不對應，讀者很難依據「補正」的內容判斷仇注存在的問題，不利於明辨是非。

（三）對仇注引文的補正僅限於古代典籍，但對於書中所引宋元以來各家注杜評杜的精彩議論並未進行任何工作，這使得「引文補正」之名名不副

實，且爲後人做引文補正工作留下了很廣闊的天地。

（四）該書的前言部分對仇注杜詩存在的問題作了歸納總結，但卻沒有關注仇注在杜詩學中的地位，對仇注的理論框架，仇注的杜詩研究方法等許多方面尚未涉及，這也是其他仇注研究學者們所不曾關注到的問題，同時也是值得一做並很有意義的問題。

（五）就個別篇章個別注解研究者較多，就整體研究者很少

仇注的研究文章和著作，基本上就是前文提到的這些。總體分析這些研究文章和研究著作可以看出，人們對仇注單篇注解中存在的問題研究較多（相對而言），對細節問題比較關注，而對仇兆鰲及其《杜詩詳注》的整體研究極少，只有許壽松、許永璋、蔣寅算是從整體研究入手，但限於文章篇幅，仍然不很全面。從現在能看到的文章進行分析歸納，大家對於《杜詩詳注》存在的問題類型認識比較接近，基本上有了較爲一致的認識，但對於其取得的成就既沒有足夠的研究，也沒有形成較爲一致的意見。空缺比較大的地方是：沒有人對仇兆鰲的生平、思想、學術淵源、批評方法、批評理念、形成其批評方法和批評理念的社會文化背景等進行系統研究，因此，留下了較大的研討空間。進行這方面的研究，可以獲得新的成果，將仇注研究推進一大步。但因爲資料的匱乏，經營起來也有相當的難度。

參考文獻

[1] 安平秋、章培恒，《中國禁書解題》〔M〕，臺北：竹友軒出版公司，1992年。

[2] 傅璇琮，〈杜詩別解前言〉〔A〕，鄧紹基，《杜詩別解》〔M〕，北京：中華書局，1987年。

[3] 蔣寅，〈《杜詩詳注》與古典詩歌注釋學之得失〉〔J〕，《杜甫研究學刊》，1995年，（2）：44。

[4] 鍾樹梁，〈仇注杜詩引文補正·序〉〔A〕，譚芝萍，《仇注杜詩引文補正》〔M〕，西南師範大學出版社，1995年。

仇兆鰲以博學理念批評杜詩　吳淑玲

一、清初追求博學的文化傾向

仇兆鰲以博學理念批評杜詩根因於清初學術逞學炫博的文化傾向。這種風氣的形成，一是來自於學術自身的漸變，一是來自於官方的引導。

就學術本身而言，這種漸變從顧、黃、王的學術活動就已經開始。顧炎武提出了「博學於文」的文化觀念，他「潛心古學，九經諸史，略能背誦，猶留心當世之故實。」「當代文人才士甚多，然語學問必斂衽推顧先生。凡制度典禮有不能明者，必質諸先生，墜文軼事有不知者，必征諸先生。」[1]其注釋杜詩就有博學傾向；黃宗羲主張「學問必以《六經》爲根柢，遊腹空談，終無撈摸」，[2]他以通儒著稱，精熟經學，對古代典章制度、歷史文化的許多方面都有廣博研究；王夫之對古書「入其壘，襲其輈，暴其恃而見其假」。[3]通經學、治子史、深悉哲學、通曉政治，在自然觀、歷史觀、文化觀諸方面都有獨到見解。作爲清代學術的開山祖師，這些顯示博學的學術追求，沾漑後代學者，黃宗羲的學生仇兆鰲不免受其影響。

就官方引導而言，清初統治者組織的一些大型文化活動是促成這種漸變的重要因素。康熙年間編寫《康熙字典》、《御定分類字錦》、《古今圖書集成》等，都是集成性質的工作，參與其中的文人學子躲進象牙塔，爲這些工作竭心盡力搜求古今圖書，在浩如煙海的圖書中爬羅剔抉，細加審校，爲自己所獲得的官方認同和所獲得的淵博知識而沾沾自喜。乾嘉學風的先驅人物閻若璩曾自題楹聯：「一物不知，以爲深恥；遭人而問，少有寧日。」[4]P202這是在追求學問的文化環境中培養成對博學的認同。盛大的文化事業，是康熙時期文治武功的顯現方式，更是統治者籠絡文人的手段，卻從學術上引導了當時和以後逞學炫博的文化傾向。

仇兆鰲躬逢其世，與時代同其步伐，所參與的文化活動使他受到相關薰染，如參與《明史》、《通鑑彙編》、《方輿要覽》的編撰等，培養了他的求博意識。加之杜詩注釋傳統的影響，最後促成了以博學爲底色的《杜詩詳注》的成功。

二、以「博學」理念注杜是杜詩注釋的傳統

從「博學」的角度注釋杜詩是杜詩注釋學的傳統。究其原因，應與杜詩的「集大成」有關。杜甫「不薄今人愛古人」，在廣泛學習前人的基礎上取得了巨大成就，所以在中唐以後就得到了世人的承認，元稹《唐檢校工部員外

郎杜君墓係銘並序》中說：「至於杜子美，蓋所謂上薄風騷，下該沈宋，言奪蘇李，氣吞曹劉，掩顏謝之孤高，雜徐庾之流麗，盡得古今之體勢，而兼人人之所獨專矣。」[5] P5056 元稹的意見是否能代表唐人的觀點，今人尚有爭議，因為許多唐人選唐詩的選本不選杜詩，而元稹是受杜甫之孫杜嗣業之邀寫墓係銘的，難免有諛墓成分。儘管如此，韓愈以後詩人學杜卻是不爭的事實，宋人孫僅謂「公之詩，支而為六家，孟郊得其氣焰，張籍得其簡麗，姚合得其清雅，賈島得其奇僻，杜牧、薛能得其豪健，陸龜蒙得其瞻博。」[6] P2238 是對唐人學杜的總結，也是對杜甫在唐人心中地位的總評價。正是因為杜甫成就巨大，宋人論杜才有「集大成」之說，這種說法是注釋杜詩博學風氣形成的根因。

宋人注杜，是杜詩注釋學的開始，也是注釋杜詩博學傾向的萌生。

現殘存宋二十六卷本《新定杜工部古詩近體詩先後並解》，是較早的杜詩注本，這個注本，今人的評價就是：「注釋極繁，廣徵博搜，引經據典，考證字句出處，探討詩之涵義。」[7] P9

現殘存宋六卷本《門類增廣十注杜工部詩》二十五卷應是現存較早的杜詩集注本，這個殘本收集了十家注杜資料，計有蘇東坡、朱子（實際是鄭卬）、趙彥材、薛蒼舒、薛夢符、杜修可、杜田、鮑彪、王洙（書中未標姓字）、新注（不專一家）。也是極盡可能多收廣收諸家之注。

署名王十朋所輯《王狀元集百家注編年杜陵詩史》，陳振孫謂之偽作，然而就其百家注之說，已足見此本編印之時的追求目標。

郭知達《九家集注杜詩》是宋人注杜的精品，收有王文公（安石）、宋景文（祁）、豫章先生（黃庭堅）、王原叔（洙）、薛夢符、杜時可、鮑文虎、師民瞻、趙彥材九家之注，陳振孫盛讚此書「最為善本」，是書之注，精審簡要，然亦有「繁複累贅之嫌」。[7] P20

蔡夢弼《草堂詩箋》，「雖無集注之名，觀其例言，檢其注釋，實近於集注本。」「讀蔡記可知其成書之旨，乃想成為集眾家所長之會箋本，因杜詩版本複雜，蔡氏限於功力，故未能盡如人意。」[7] P28 所以就蔡夢弼的注杜意識而言，其旨在於求博求精。

黃希、黃鶴父子之《黃氏補千家集注杜工部詩史》，號稱「補千家集注」，可見其搜羅之廣。是書事實上收羅 151 家之注，但仍是宋代包羅鴻富的注杜版本。

　　元明兩代缺少這樣求博的注杜版本，然而到了清代，由於各種各樣的因素，杜詩學又發達了起來。這是杜詩注釋學的第二個高峰，求博傾向更加明確。自顧炎武《日知錄》卷二十七《杜子美詩注》呈現出「引據浩繁」的特點後，隨之出現的幾部注杜名著也都呈現出求博趨向，錢謙益《錢注杜詩》除在史料的搜羅、考訂、注解方面進行了大範圍的擴張外，對交遊、地理、職官與典章制度等方面的箋注，亦資料翔實；朱鶴齡的《杜工部詩集輯注》在文字訓詁、經史典故、地理職官、名物考證等方面收穫甚多；顧宸的《闢疆園杜詩注解》注解頗為詳盡，每詩詩題之後都有解題，時地凡可考者均予注明，對名物、詞語、典故、詩意、章法、句法，都一一關注。其它一些清代杜詩注本也在求博方面進行了努力。

　　由此可見，以「博學」理念注釋杜詩已經成為杜詩注釋學不爭的傳統。

　　清人注杜的求博當然有宋人注杜成就影響下的思維慣性，但顯然也與清初的文化傾向有關。仇兆鰲對歷代注杜版本情況極為熟悉，清楚「從前注解，不下百家；近日疏箋，亦將十種」（《進書表》）的研杜現狀，又生活在清初逞學炫博的文化氛圍中，且認同杜詩所包容的才學，認為「李豪放而才由天授，杜混茫而性以學成。昔人謂其上薄風騷，下該沈宋，言奪蘇李，氣吞曹劉，掩顏謝之孤高，雜徐庾之流麗，千古以來，一人而已。」（《進書表》）這就決定了他做《杜詩詳注》必以「博學」理念為重要指導思想之一。

三、仇兆鰲注杜的博學理念

（一）主觀意識求博

　　在宋人諸多注杜成果的基礎上，在明末清初各種優秀注杜版本紛紛出籠的情況下，要成就一部新的注杜的輝煌著作，其實很難。而仇兆鰲將他的杜詩注釋本稱名為「詳注」，可見他就是要做一個杜詩注釋的集大成著作。他的杜詩注解其實從一開始就確定了求博的傾向，《滄柱公年譜》康熙二十八年條：「暇日，輯注杜少陵詩，一考詩題歲月，一解詩中意義，一注典故淵源，一正從來謬說，一採諸家名論。」這是仇氏注杜的五種體例，其中，除「一解詩中意義」外，其它四種體例的實現，都需要搜集、考證、整理的功夫，決定了以博學注杜的方向。是書初稿完成後，仇兆鰲又申說了自己在求博方向上的努力：「臣於是集，矻矻窮年，先挈領提綱，以疏其脈絡，復廣搜博徵，以討其典故。汰舊注之揰釀叢脞，辯新說之穿鑿支離。夫亦據孔孟之論詩者以解杜，而非敢憑臆見為揣測也。第思顓蒙固陋，紕漏良多，幸逢聖世作人、

文教誕興之日，從此益擴見聞，以補斯編之闕略，是又臣區區之願爾。」（《原序》）從其言論中不難體味他下手注杜時的雄心和著作完成之後對這一傾向的自我欣賞。

（二）佔有資料求博

爲做好《杜詩詳注》，仇兆鰲極下功夫。他從康熙二十八年開始注釋杜詩，到康熙五十二年刊刻《杜詩補注》，前後長達二十四年，期間，爲搜求注釋杜詩的資料求朋問友，尋訪故老。如康熙三十四年，在杭州會見朱乾若，「相與參論杜說」[8]；康熙三十七年在廣州與潘次耕商榷杜詩；康熙三十九年，在杭州，從前朝遺逸林繭庵先生處獲注杜「名論數十條」[8]；《杜詩詳注·諸家詠杜》中王嗣奭一首詩後的仇氏注釋也透露了一些信息：「余近纂杜注，聞王氏向有《杜臆》一書，從林非聞先生齋頭得授抄本。」[6] P2295 康熙五十年，在告病回家的船上，命二兒仇廷模將他新收集到的注杜資料繕寫爲《杜詩補注》。雖然我們對仇兆鰲搜集杜詩注解的情況瞭解無多，但僅這幾條資料已經說明，仇兆鰲爲搜求《杜詩詳注》資料，曾經狠下過一番功夫，這種努力甚至在康熙三十二年《杜詩詳注》基本完成、已經「繕寫進呈」後都沒有停止。

在仇兆鰲的觀念裏，網羅天下注杜資料是其心願，就目前所知清人注杜的情況看，仇兆鰲佔有的資料確實鴻富。

《杜詩詳注·杜詩凡例》之「杜詩會編」條說：「自唐刺史樊晃首編杜少陵詩集，行於江右。至宋，王介甫爲鄞令，得未見者二百餘篇。嗣後王原叔取中秘藏本及舊家流傳者，定爲一千四百五篇。黃伯思校本，則有千四百四十七篇。蔡傅卿《草堂詩箋》，取後來增益者，如卞圜、吳若、員安宇、裴煜輩所收，別爲逸詩一卷。今依年次補入，不另置卷末，便省覽也。」這條資料說明，仇兆鰲知道樊晃小集本、王安石補遺本、王洙編集本、黃伯思校本、蔡夢弼《草堂詩箋》本及卞圜、吳若、員安宇、裴煜等爲杜詩做過的工作。

《杜詩凡例》之「外注引古」說：「李善注《文選》，引證典故，原委燦然，所證之書，以最先者爲主，而相參者，則附見於後半部。今圈外所引經史詩賦，各標所自來，而不復載某氏所引，恐冗長繁瑣，致厭觀也。其有一事而引用互異者，則彼此兩見，否則但注已見某卷耳。」這一條從佔有資料的角度說，他所引的經史詩賦多是從各注本中彙集而來。

《杜詩凡例》之「杜詩僞注」說：「分類始於陳浩然，元人遂區爲七十門，割裂可厭。又廣載僞蘇注，古人本無是事，特因杜句而緣飾首尾，假撰事實，

前代楊用修，力辯其謬妄。邵國賢、焦弱侯往往誤引。淩氏《五車韻瑞》援作實事。張邁可又據《韻瑞》以證杜詩，忽增某史某傳，輾轉附會矣。吳門新刊《庾開府集》亦誤採《韻瑞》，皆偽注之流弊也。今悉薙芟，不使留目。」可見仇兆鰲對杜詩偽注深惡痛絕，而能做到將偽注「今悉薙芟，不使留目」，如果不掌握偽注資料，不對偽注有過深入細緻的研究，這一點恐難做到。「杜詩謬評」情況類似於「杜詩偽注」，可見仇兆鰲對劉辰翁評杜亦有深刻見解。

《杜詩凡例》之「歷代注杜」說：「宋元以來，注家不下數百。如分類千家注所列姓氏尚百有五十人。其載入注中者，亦止十數家耳。其所未採者，尚有洪邁之《隨筆》，葉夢得之《詩話》，羅大經之《玉露》，王應麟之《困學記聞》，劉克莊、樓鑰之文集。元時全注杜詩者，則有俞浙之《舉隅》。七律則有張性之《演義》，五律則有趙汸之《選注》。明初有單復之《讀杜愚得》，嘉靖間有邵寶之《集注》，張綖之《杜通》、《杜古》及《七律本義》。他若天台謝省之《古律選注》山東顏廷榘之《七律意箋》、關中王維楨之《杜律頗解》、海寧周甸之《會通杜釋》、閩人邵傅之《五律集解》、楚中劉逴之《類選》、華亭唐汝詢之《詩解》，各有所長。其最有發明者，莫如王嗣奭之《杜臆》。而王道俊之《博議》、鄭侯升之《厄言》、楊德周之《類注》，俱有辯論證據，今備採編中。」說明仇兆鰲除關注《分類千家注》所載數十家注杜言論外，還關注到《分類千家注》不曾關注和使用的歷代注杜版本數十家（共列二十五家）。

《杜詩凡例》之「近人注杜」說：「如錢謙益、朱鶴齡兩家，互有同異。錢於《唐書》年月、釋典道藏，參考精詳。朱於經史典故及地裏職官，考據分明。其刪汰猥雜，皆有廓清之功。但當解不解者，尚屬闕如。若盧元昌之《杜闡》，徵引時事，間有前人所未言。張遠之《會粹》，搜尋故實，能補舊注所未見。若顧宸之《律注》，窮極苦心，而不無意見穿鑿。吳見思之《論文》，依文衍義，而尚少斷制剪裁。他如新安黃生之《杜說》、中州張溍之《杜解》、蜀人李長祚之《評注》、上海朱瀚之《七律解意》、澤州陳豸宰之《律箋》、歙縣洪仲之《律注》、吳江周篆之《新注》、四明全大鏞之《彙解》，各有所長。盧世㴶之《胥鈔》、申涵光之《說杜》、顧炎武、計東、陶開虞、潘鴻、慈水姜氏，別有論著，亦足見生際盛時，好古攻詩者之眾也。」清初注杜名家輩出，尺有所長，寸有所短，仇兆鰲亦收集有二十餘種，幾乎薈萃了清初注杜的所有精華成果。

除收集各種杜詩注本的注解外，《杜詩凡例》之「詩文附錄」條還告訴我們，《杜詩詳注》還收有「諸家序文」，「唐宋以後題詠詩章，及和杜、集杜諸什」，以及「諸家評斷見於別集凡有補詩學者」，可見仇兆鰲在搜求資料時極盡可能追求包容廣博，饒是如此，他還「猶恐掛漏蒙譏，尚俟博採以廣聞見焉耳。」

（三）實際操作示博

由於主觀意識求博，佔有資料廣博，使得仇兆鰲做《杜詩詳注》時在「詳」字上做足了文章。

一是注釋語典出處，詳之又詳。仇兆鰲非常重視杜詩文本文字的注釋，他在《進書表》中說「故實附詳，仿江都之注《選》」，就是指在注解文字出處時模仿李善《文選注》的做法。李善《文選》注的文字注解，已經相當繁富，他比李善走得更遠的地方在於：李善是當注則注（當然也不免少量濫注），他則是只要能夠尋求到出處者必注。比如《登兗州城樓》原詩是：

東郡趨庭日[1]，南樓縱目初[2]。
浮雲連海岱[3]，平野入青徐[4]。
孤嶂秦碑在[5]，荒城魯殿餘[6]。
從來多古意[7]，臨眺獨躊躇[8]。

【仇氏注解】

[1] 《前漢志》：東郡，秦置，屬兗州。隋孫萬壽詩：趨庭尊教義。

[2] 《晉書・庾亮傳》：「乘秋夜往，共登南樓。」此借用其字。張鏡《觀象賦》：爾乃縱目遠覽，傍通四維。

[3] 古詩：浮雲蔽白日。海岱青徐，與兗州接壤。《禹貢》：海岱惟青州。

[4] 鮑照詩：平野起秋塵。《海賦》：西薄青徐。《唐書》：青州北海郡、徐州彭城郡，俱屬河南道。

[5] 唐太宗《小山賦》：寸中孤嶂連還斷。《秦本紀》：始皇二十八年，東行郡縣，上鄒嶧山，刻石頌秦德。

[6] 謝玄暉詩：荒城迥易陰。徐摛詩：列楹登魯殿。王延壽《魯靈光殿賦》：殿本景帝子魯共王所立。《後漢書注》：殿在兗州曲阜縣城中。

[7] 《史記・龜策傳》：所從來久矣。
隋李密詩：悵然懷古意。

[8] 沈約詩：臨眺殊復奇。
《莊子》：聖人躊躇以興事。薛君曰：躊躇，躑躅也。《玉篇》：猶豫也。

全詩四十個字，有三十個字十五個詞出注。這首詩的注解，凡是形成雙音詞的詞彙，都進行了注解。而這樣的例子在《杜詩詳注》中不用尋找，幾乎篇篇都是。

二是注解事典淵源，盡力求詳。仇兆鰲在《滄柱公年譜》中談到他最初注杜的設想時，其中有「一注典故淵源」之說，這裏的「典故淵源」就是平常所說的事典出處及淵源。如《贈翰林張四學士垍》（《詳注》，頁 99）對「宮中漢客星」中「客星」一詞的出處，先引用《後漢書》中的記載：「光武與嚴光共臥，太史奏：客星犯帝座，甚急。」指出「客星」一詞的出處，又引宗懍《荊楚歲時記》：「漢武帝令張騫使大夏，尋河源，乘槎經月，而至一處，見一女織，一丈夫牽牛飲河，織女取支機石與騫而還。」指出其典故淵源，之後還引用庾肩吾《江州》詩「漢使俱為客，星槎共逐流」，虞茂《賦昆明池織女石》詩「船疑海槎渡，珠似客星來」，徐陵詩「張星舊在天河上，山來張姓本連天」等，介紹古詩對這一典故的使用情況，接著是仇氏按語，說明這首詩使用這一典故的因由：「公《贈太常卿張垍》詩『能事聞重譯，嘉謨及遠黎』，蓋嘗奉使於外，故有『宮中漢客星』句耳。」這一條注釋，可以說關注到了「客星」出典及用為典故的方方面面。又比如《諸將五首》（《詳注》，頁 1364）中對「昨日玉魚蒙葬地，早時金碗出人間」中「金碗」一語的注解，其實只要說明「金碗」一語是用來寫唐王朝武將不能滅寇，致使帝王陵寢被吐蕃挖掘，國家遭難，皇朝受辱即可，仇氏注解卻相當繁複，他先引《兩京新記》、《漢武帝故事》及朱注，說明「金碗」一詞的出處，證實「金碗」乃皇家之物，以說明詩的內涵，又收錄了《搜神記》中「金碗」出處的另一說，共達四百多字，至於怎樣認識和分析這兩種典故出處，仇兆鰲再引《杜詩博議》和胡應麟近三百字的說法列於後（文長不錄），可見對事典之求詳。

三是史實稽考訂正，務求其詳。由於有「詩史」說的存在，宋代注杜詩者就已經很注意對史實的考訂了，到清代初年，錢謙益將詩史互證方法推到極至，朱鶴齡、顧宸等在史實考訂方面也下過很多功夫，杜詩證史的資料相當豐富。加之清初史學發達，浙東學派對史學重視，就促使仇兆鰲在注釋杜詩時極為重視有關杜詩史實資料的收集和整理，凡與史實有關者，或引他人考訂資料，或據自己掌握材料說明，做到了務求其詳。如《鄭駙馬宅宴洞中》題下史實考證：

朱注：此詩乃天寶四五載歸長安後作。黃鶴以駙馬洞中與鄭氏東亭爲一處，誤矣。 錢箋：《長安志》：蓮花洞在神禾原鄭駙馬之居，杜詩所謂「主家陰洞」者也。

鶴注：唐史：臨晉公主，皇甫淑妃所生，下嫁鄭潛曜。公所撰《皇甫淑妃碑》：鄭潛曜尚臨晉公主，乃代國長公主之子，官曰光祿卿，爵曰駙馬都尉。又云：甫忝鄭莊之賓客，遊實主之山林。開元二十三年葬於河南縣。公主戚然謂左右曰：「自我之西，歲陽再紀。」乃以詩文見託。則是碑作於天寶四載矣。

引用朱注、錢箋、鶴注，對此詩的作時、地名位置、鄭潛曜與唐王室的關係一一理清。又如對《哀王孫》（《詳注》，頁 314）中「不敢長語臨交衢，且爲王孫立斯須。昨夜東風吹血腥，東來橐駝滿舊都」等內容的理解引錢箋近三百字的考證資料，以安祿山叛軍進入長安對王室宗親大肆殺戮的詳盡史實說明了「不敢」一詞的情感因由，挖掘出《哀王孫》所蘊含的深刻的史實含量。

四是搜求諸家彙評資料，能詳則詳。《滄柱公年譜》康熙二十八年條談及仇兆鰲集注杜詩的體例安排時有「一採諸家名論」一項，可見仇氏對收集諸家名論的重視。《杜詩詳注》的詩歌注解之後，大部分彙集有各家評語，而且，只要不違背仇兆鰲所反對的注杜理念，比如僞注、謬評類，能收集多少就收集多少，如《同諸公登慈恩寺塔》（《詳注》，頁 106～107）共引六條近八百字的資料（文長不錄），從比興、關注國家的情懷以及同題詩存在的情況三個角度收集材料，尤其是同題詩材料的收集，凡存於世的，全部錄入。

這種情況在《杜詩詳注》中比比皆是，如《登兗州城樓》（《詳注》，頁 6）摘引八條資料；《題張氏隱居》（《詳注》，頁 9～11）摘引七條資料，還有一條仇氏按語；《夜宴左氏莊》（《詳注》，頁 23）摘引四條資料；《臨邑舍弟書至苦雨黃河泛溢堤防之患簿領所憂因寄此詩用寬其意》（《詳注》，頁 26～27）摘引五條資料；《乾元中寓居同谷縣作歌七首》（《詳注》，頁 700）摘引了八條前人評論，兼有兩條仇氏按語；《不見》（《詳注》，頁 858）摘引五條前人評論；等等。從仇兆鰲收集評論資料的廣度看，其努力目標在於窮盡材料。

從今天研究杜詩仍以《杜詩詳注》爲重要參考書來看，仇兆鰲以博學理念注釋杜詩，使該書獲得了在杜詩學界難以動搖的地位。從學術史角度看，其廣搜博取的治杜方法，是清初學術影響的結果，與後來的乾嘉學風不謀而合，並在一定程度上引導了後世的治杜學風，其學術思路也頗具研究的前瞻性。

參考文獻

[1] 潘耒，〈日知錄序〉〔A〕，顧炎武，《日知錄》〔C〕，上海中華書局，四部備要本。

[2] 徐定寶，《黃宗羲年譜》，康熙五年條〔M〕，華東師範大學出版社，1995年。

[3] 王夫之，《老子衍序》，清同治四年〔1865〕刻本。

[4] 戴逸，《簡明清史》〔M〕，人民文學出版社，1984年。

[5] 劉昫，《舊唐書》，卷一百九十下，杜甫傳〔M〕，中華書局，1975年。

[6] 仇兆鰲，《杜詩詳注》〔M〕，中華書局，1979年。

[7] 鄭慶篤等，《杜集書目提要》〔M〕，齊魯書社，1986年。

[8] 仇兆鰲，《滄柱公年譜》〔M〕，浙江寧波天一閣博物館藏咸豐抄本。

仇兆鰲「杜詩分段」的學術史意義　吳淑玲

明及以前的唐詩注解，注釋多不分段，即使分段，注釋者也沒有明確的分段意識。清初仇兆鰲，始在注釋中立「分段」之說。從表面看，分段不過是把長詩截成小的段落，更加醒目，供人閱讀方便，而在古典詩歌注釋學中，卻是一個標誌性進步。

一、詩歌注釋的章節批評從重內容走向重脈理

仇氏之前的中國古典詩歌注釋學已經相當發達，較有代表性者，《楚辭章句》（王逸）、《文選注》（李善）、《毛詩注疏》（孔穎達）、《詩集傳》（蘇轍）、《詩經集傳》（朱熹）、《楚辭集注》（朱熹）以及《李太白集分類補注》（蕭士贇）等。其總體特點是：重詩意解說，不重文章脈理分析。

《楚辭章句》和《文選注》的注釋，有句注，不分章，亦無章解。

《毛詩正義》分章，亦言及多章之設置，認爲「風雅敘人事、刺過、論功，志在匡救，一章不盡，重章以申殷勤，故風雅之篇，無一章者。頌者，太平德洽之歌，述成功以告神，直言寫志，不必殷勤，故一章而已。魯頌不一章者，魯頌美僖公之事，非告神之歌，此則論功頌德之詩亦殷勤而重章也，

雖云盛德所同，魯僖實不及制，故頌體不一也。」（《關雎》）具體注釋中亦言及各章所寫內容，甚至涉及根據上下章互相推測所寫內容者，如《氓》之正義：「上二章說女初奔男之事，下四章言困而自悔也。『言既遂矣，至於暴矣』，是其困也。『躬自悼矣』盡『亦已焉哉』，是自悔也。」是對章節內容進行解說。「以上章初秋云『以爾車來』，始令男子取車，下章季秋云『漸車帷裳』謂始適夫家，則桑之未落爲仲秋明矣。」是聯繫上下章內容推測事件發生之時間，但一般不涉及各章之間之層次關係。

《詩集傳》分章，多在第一章釋詞義並對全篇內容進行概括，以下各章只注詞義，不涉及章與章之間關係。如《碩鼠》第一章後：「碩，大也，重斂以自封，猶鼠之食人以自養也。貫，事也。」第二章和第三章之後：「勞，勞來也。欲適樂郊而不可得，故曰誰爲樂郊，可長號而求之者哉。」《氓》第一章後：「此詩前二章皆男女相從之辭，後四章皆女見棄而自悔之辭。布，幣也。貿，買也。託買絲而就之，謀爲淫亂也。頓丘，一成之丘也。」

《詩經集傳》分章，只在每一章後釋詞義並對章內容進行概括，不涉及章與章之間關係。如《碩鼠》第一章後：「比也。碩，大也。三歲，言其久也。貫，習；顧，念；逝，往也。樂土，有道之國也。爰，於也。民困於貪殘之政，故託言大鼠害已而去之也。」

《楚辭集注》分章不分段，基本按四句一章處理，但大多章後不稱「某章如何如何」，只在注家想做說明處做出說明，有時開始涉及章與章之間關係，如《離騷》：「自『汨余』至此（導夫先路），三章同用一韻，意亦相承。」，「自『怨靈修』以下至此（前聖之所厚），五章一意，爲下章回車復路起。」但不分段，脈絡不明。

《李太白集分類補注》其實是已經分段，但只有注釋，不言分段，亦不做段意解說和篇章脈絡分析。

這些重要的詩歌注釋學著作的章節關係處理方式，說明元以前注釋學家審視詩歌尚不具備完整的篇章脈絡意識。

明末清初，八股文興盛，八股文風產生了較爲廣泛的影響，詩歌注釋也在一定程度上接受了八股解說的方法，析脈理的注釋路子進入詩歌注釋學著作，如明正統十二年刊孫鼎《新編詩義集說》即多以解說八股之法解說《詩經》，其《七月》篇引《詩經旨要》曰：「此題平作，上股言衣，下股言食。衣食者，民生日用之所繫。上股是先時而有備，則在己者可以無憂；下股是

因時而用力，則在上者見之而喜，大概歸重於先公風化。上股就『無衣無褐，何以卒歲』上發意，下股就『田畯至喜』上發意。」完全借用八股術語分析文句之間的關係，但還是沒有涉及章節關係。

金聖歎以時文之法評杜論杜，具有較明確的文法意識。金聖歎用解說八股文法解說杜詩，認爲詩與文雖是兩種體裁，卻是一樣法則，一樣具有起承轉合，認爲除起承轉合，更無文法。因此，他在進行藝術分析時對所謂句法、字法的評點，便與八股文有了極深刻的聯繫，解詩時往往根據八股文起承轉合的理論把律詩分爲前後兩解，將前解作爲起和承，後解作爲轉和合。如《贈李白》（「二年客東都」）批云：「唐人詩，多以四句爲一解，故雖律詩，亦必作二解。若長篇，則或至作數十解。夫人未有解數不識而尙能爲詩者也。如此篇……分作三解，文字便有起有轉，有承有結。從此雖多至萬言，無不如線貫華，一串固佳，逐朵又妙，自非然者，便更無處用其手法也。」（《唱經堂杜詩解》卷一）又如《秋興八首》批云：「大抵聖賢立言有體，起有起法，承有承法，轉合有轉合之法，大篇如是，小篇亦復如是，非如後世塗抹小生視爲偶然而已，吾不信天下事有此偶然又偶然也。」（《唱經堂杜詩解》卷三）

金氏解詩法將解說八股文脈理的理性術語全部納入詩歌解說中，雖不無武斷，但對揭示大部分杜律的基本特徵提供了方向，對讀者理解和學習杜律的基本章法提供了路徑，而且，他將起承轉合看作律詩創作的整體構架，強調詩的整體意義的貫通性，反對只重中間兩聯的「工致」，對把握杜律脈理也很有幫助。

這種方法頗有響應者，徐增完全服膺金氏理論，說「讀唐人詩，須觀其如何用意，如何用筆，如何裝句，如何成章，如何起，如何結，如何開，如何闔，如何截，如何聯，自有得處。」這個「得處」就是八股解詩法：「解數及起承轉合，今人看得甚易，似爲不足學。若欲精於此法，則係十年不能盡。宗家每道佛法無多子，愚謂詩法雖多，而總歸於解數，起承轉合，然則詩法亦無多子也。學人當於此下手，盡力變化。至于大成，不過是精於此耳。向來論詩，皆屬野孤，正法眼藏，畢竟在此不在彼也。」可見徐增對金氏解詩法的認同。

八股解詩法對詩歌注釋學的滲透，說明在明末清初，分析詩歌脈理的解詩思維已經萌生，詩歌注釋不再僅僅圍繞字詞、典故、史事等，而開始關注

文章脈理。

二、詩歌注釋中篇章脈絡意識的確立

元以前的評點批評與注釋批評都以重句重意為其主要特徵，基本無篇章脈絡意識。如《珊瑚鈎詩話》：

> 予讀杜詩云：「江漢思歸客，乾坤一腐儒」、「功業頻看鏡，行藏獨倚樓」，歎其含蓄如此。及云「虎氣必騰上，龍身寧久藏」、「蛟龍得雲雨，雕鶚在秋天」，則又駭其奮迅也。「草深迷市井，地僻懶衣裳」、「經心石鏡月，到面雪山風」，愛其清曠如此。及云「退朝花底散，歸院柳邊迷」、「君隨丞相後，我住日華東」，則又怪其華豔也。（卷一）

> 篇章以含蓄天成為上，破碎雕鏤為下。如楊大年西崑體，非不佳也，而弄斤操斧太甚，所謂七日而混沌死也。以平夷恬淡為上，怪險蹶趨為下。如李長吉錦囊句，非不奇也，而牛鬼蛇神太甚，所謂施諸廊廟則駭矣。（卷一）

在詩話裏，都是這類鑒賞式批評，即使提到篇章，也是注重篇章的氣格方面，很少對篇章脈絡發言。注釋著作則關注字詞解釋、事典出處、史實考證等，也不關注篇章脈絡。

元人詩話比較注重篇章意識，如范梈說：「五言長篇法有四要，曰分段、過脈、回照、讚歎。先分為幾段幾節，每節句數多少，要略均齊。首段是敘子，一篇之意，皆含在其中。結段要照應起段，且選詩分段節數要均，三句則皆三句，四句、六句、八句，則皆不參差。惟工部夔州後詩，間有錯綜，然亦不太長太短也。次要過句，名為血脈，此處用兩句，一結上，一生下也。回照謂十步一回頭，以照題目。又五步作一消息語以讚歎之，方不甚迫促。長篇怕雜亂，一意為一段。以上四法，備於《北征》詩，舉一隅之道也。」（《詳注》卷一《奉贈韋左丞丈二十二韻》引）但這樣的篇章意識在注釋著作裏並沒有實現。如《李太白集分類補注》卷二注解《蜀道難》「問君西遊何時還，畏途巉岩不可攀。但見悲鳥號古木，雄飛從雌繞林間。又聞子規啼夜月，愁空山。蜀道之難，難於上青天，使人聽此凋朱顏。」下列楊齊賢注：

> 齊賢曰：《蜀記》曰：昔有人姓杜名宇，王蜀，號曰望帝。宇死，俗說云宇化為子規。子規鳥名也，蜀人聞子規鳴，皆曰望帝也。

楊齊賢注只是對「望帝」「杜宇」的解釋，而沒有章節或段意的理解，蕭士贇
每兩句一解的補注放置全篇之後，亦難理出對篇章脈絡的把握。元代之注釋
批評大體都是這一類。

　　王嗣奭說杜，已經開始分段，但不列原文，故不能清晰地看到他的杜詩
分段情況，而且王氏不是篇篇分段，甚至有時一篇之內或分或不分，如《自
京赴奉先縣詠懷五百字》：

> 　　自「杜陵布衣」起，至「放歌破愁絕」，自敘其憂君憂民之切。
> 　　自「晨過驪山」至「路有凍死骨」，敘當時君臣宴安獨樂而不恤其民
> 　　之狀。（《杜臆》卷一）

自「清晨過驪山」至「路有凍死骨」，很長，沒有分開小段，「路有凍死骨」
之後，也沒有再分。如果將「路有凍死骨」之後認作「結語」，王氏也只點出
「蓋憂在祿山，知其必反也。」（同上）而不涉及三大段之間關係，故其篇章
脈絡意識尚不完善。

　　金聖歎雖然把八股解詩法運用到極至，差不多律詩都分上下兩段，但由
於他只是注解杜甫律詩，而未涉及長篇，故此只能說古典注釋學的章節批評
從重內容走向重脈理，而不能說篇章脈絡意識已經確立。

　　仇兆鰲卻有明確的分段意識。《杜詩詳注・凡例》「杜詩分段」條說：

> 　　《詩經》古注，分章分句。朱子《集傳》，亦踵其例。杜詩古律
> 　　長篇，每段分界處，自有天然起伏，其前後句數，必多寡勻稱，詳
> 　　略相應。分類千家本，則逐句細斷，文氣不貫。編年千家本，則全
> 　　篇渾列，眉目未清。茲集於長篇既分段落，而結尾則總括各段句數，
> 　　以見制格之整嚴，仿《詩傳》某章章幾句例也。

此為仇兆鰲杜詩分段之聲明。表面看，仇注聲言仿《詩傳》體例，似無創新，
其實不然。《詩經》分章，可以順其重章之自然段落，斷開而已，仇注分段，
卻要關注文章的「天然起伏」，還要讓「文氣」貫通，「眉目」清楚，可見仇
氏分段已經開始關注上下關係，分析詩之脈理，意在發現篇章結構之內在規
律。仇氏的「杜詩分段」，已經在古典注釋學的基礎上向前跨進了一大步，說
明古典詩歌注釋學中的篇章脈絡意識已經基本確立，這為後人說詩提供了方
法。其實，我們今天解說長篇詩歌仍然採用的分段析意的方法，就是對仇氏
分段的進一步發展。

三、長篇詩法的理性總結

　　由於完成了從重感悟向重析理的思維的轉變，也確立了較爲完整的篇章
意識和研究方法，加之前人成果的積纍，仇兆鰲最終完成了古典長篇詩法的
理性總結。

　　在杜集中，長篇主要是古詩和排律。我們以五言古詩爲例說明。

　　仇兆鰲以五言古詩講究賦、比、興，講究用意深遠、託詞溫厚，講究分
段、過脈、回照、段落均齊等爲標準，對自己所在時代能見到之古今五古詩
歌進行了統籌關照，認爲杜甫五古非常講究章法布局，也具有五古應該具備
的風格特徵，並以此爲對照，認爲自己所在時代的五古並沒有學到杜詩的章
法眞諦：

　　　　今人作五古長篇，多任意揮灑，不知段落勻稱之法。杜詩局陣
　　布置，章法森嚴，如此篇，首位中腰各四句提束，前後兩端各十六
　　句鋪敍，有毫法不容增減者。然此法起於魏人繁欽《定情》詩「我
　　出東門遊」八句起，「中情即款款」八句作結。前面「何以致拳拳」
　　兩句一轉者十段，後面「與我期何所」六句一轉者四段。後四段，
　　本張平子《四愁詩》，其前十段則韓昌黎《南山》詩所自出也。古詩
　　各有淵源如此。（《詳注》卷九《贈蜀僧閭丘師兄》）

在仇兆鰲看來，杜詩五古最大的特點是章法森嚴、段落勻稱，故凡遇五古長
篇，他就將段落分出，略析大意和段落句數分配，然後大段引錄他人或加入
自己分析，使讀者明晰其章法脈絡，如《北征》，全詩共一百四十句，將其分
爲八段，並分別概括每段段意後，在結尾段分析全詩章法布局：

　　　　此章大旨，以前二節爲提綱。首節北征問家，乃身上事，伏第
　　三、四段。次節恐君遺失，乃意中事，伏五、六、七段。公身爲諫
　　官，外恐軍政之遺失，內恐宮闈之遺失，凡辭朝時，意中所欲言者，
　　皆罄露於斯。此其脈理之照應也。若通篇構局，四句起，八句結，
　　中間三十六句者兩段，十六句者兩段，後面十二句者兩段，此又部
　　伍之整嚴也。（《詳注》卷五）

在仇兆鰲的分析中，每一段與每一段之間的層次關係都清晰可見，既能見出
杜詩脈絡，又便於學習者領會詩歌的章法結構。

　　將詩歌按段落勻稱之規律斷出段落，再分析上下段落之間的關係，是仇
氏分段的慣常做法，如《奉贈韋左丞丈二十二韻》將全詩分爲四大段，各段
所寫內容及其關係，段後俱有分析，全篇結尾有總結：「詩到尾梢，他人幾於

力竭，公獨滔滔滾滾，意思不窮，正所謂篇終接混茫也。然須玩其轉折層次，不可增減，非汗漫敷陳者比。此章首段四句，中二段各十二句，末段十六句收。」（《詳注》卷一）然後大段引他人有關分析，如范元實（文長不錄）、范梈（上已引）兩大段分析，揭示此詩文意脈理。

仇兆鰲在注釋中貫徹分析篇章脈絡的意識非常清晰，故常常結合具體詩作，以理性語言概括杜詩長篇規律，如在《寄高三十五書記》的仇氏按語云：「各體中皆有法度，長篇則有段落勻稱之法，連章則有次第分明之法，首尾有照應之法，全局有開闔之法，逐層有承頂之法。且章有章法，句有句法，字有字法。謹嚴於法，而又能神明變化於法，方稱宗工巨匠。此云『佳句法如何』，蓋欲與之互證心得耳。」（《詳注》卷三）這已經不是針對《寄高三十五書記》發言，而是對各體詩歌的總體概括，是在具體詩作中總結出來的「詩歌文章學」。

在具體的注釋中貫徹篇章脈絡意識，並從理性的角度對杜詩長篇進行篇章脈絡分析，這是仇兆鰲惠及後人的貢獻。

清初文化的遺民傾向與封建文化的專制化
——兼談《杜詩詳注》的文化底色　　吳淑玲

一、清初文化的遺民傾向

遺民概念專指改朝換代後不仕新朝者，自《藝文類聚》所引後漢杜篤《首陽山賦》始：「其二老（伯夷、叔齊）乃答余曰：『吾殷之遺民也』。」[1]但《藝文類聚》表述尚不清晰，較為清晰的表述是歸莊的《歷代遺民錄序》：

> 孔子表逸民，首伯夷、叔齊；《遺民錄》亦始於兩人，而其用意則異。
> 凡懷抱道德不用於世者，皆謂之逸民；而遺民則唯在廢興之際，以
> 為此前朝之所遺也。[2]

即，遺民指處於江山易代之際、忠於先朝而又恥仕新朝者。此概念更加清楚地交待了遺民群體的內涵。按這一概念理解，清初文人中有一個為數不少的遺民群體。

　　滿清王朝入主中原，一如由唐入宋，由元入明，不過是一個王朝代替另一個王朝，沒有實質性變化。但在明末清初遺民群體的眼中卻全然不同，因爲滿清王朝是異族統治！清初文化因之呈現出濃重的遺民情調。

（一）清初文學的遺民傾向

　　當一切抵抗都成泡影、滿清統治者入主中原已經成爲定局後，由明入清之文人便發生分化，形成入仕文人和遺民文人兩大群體。遺民文人憎恨新建王朝，對滿清統治者懷有刻骨仇恨，採取決不與新建王朝合作的處世態度。他們保持民族大節，在作品中反映明末清初的戰亂給人民帶來的深重災難，抒發國破家亡的沉重情緒，宣泄對滿清統治者踐踏中原的排斥心理，頌揚抗清英烈，寄託反清復明的強烈願望。這種濃濃的遺民情結在詩文和小說領域都有反映。其中，遺民詩歌成就最爲突出，據卓爾堪《遺民詩》統計，清初遺民詩人就有四百多人，作品近三千首，重要遺民詩人作家有顧炎武、吳嘉紀、屈大均、王夫之、黃宗羲、閻爾梅、錢澄之、杜濬、陳恭尹、歸莊、萬斯同、李鄴嗣等。小說家則以陳忱爲代表。

　　遺民詩具有強烈的興亡之感。如顧炎武詩風骨直追杜甫，字裏行間回蕩著滄桑之感，其《大行哀詩》哀悼崇禎死難，《京口記事》記史可法督師揚州抗擊清兵，《秋山》詩描寫江南人民與清軍浴血奮戰……他還用詩歌傳達了復國無望、壯志難酬的痛苦：「十年天地干戈老，四海蒼生痛哭深。水湧深山來白鳥，雲浮仙闕見黃金。此中何處無人世，只恐難酬烈士心。」（《海上》詩之一）沈德潛評其詩曰：「詞必己出，事必精當，風霜之氣，松柏之質，兩者兼有。就詩品論，亦不肯作第二流人。」[3]其他如黃宗羲詩：「如何江山殘照下，奈何心事菊花邊。不須更覓登高處，只恐登高更泫然。」（《出北門，惜自庵至范文清東籬》）閻爾梅詩：「殷商全賴西山土，蜀漢孤生北地王。豈有丈夫臣異類，羞於華夏改胡裝。」（《滿巡撫趙福星遣營招余余卻之》）屈大均詩：「狼山秋草滿，魚海暮雲黃。日月相吞吐，乾坤自混茫。乘槎無漢使，鞭石有秦皇。萬里扶桑客，何時返故鄉敘」（《通州望海》）留戀故國、排斥滿清、渴望復國，是這些詩歌共有的民族情緒。

　　《水滸後傳》的作者陳忱，自稱「古宋遺民」，就亮出了鮮明的政治態度，其詩作《九歌》，把遺民情緒抒發得淋漓盡致：「江南半壁已崩裂」，慨歎南明王朝在風雨中飄搖；「拋戈解甲誰適謀，南人頸試北人鐵」揭示人民生靈塗炭、任人宰割的殘酷現實；「掉頭豈復念妻子，《懷沙》《哀郢》知者稀」表示願舍

生忘死，效屈原爲國家興亡奔走吶喊；「孤城晝夜黑雲壓，搏人當路嗥豺狼」慨歎國家傷痕累累、豺狼當道，「丈夫生死安足計，但求一寸乾淨地」表達爲驅逐豺狼、爲重獲洙泗絃歌式的生存之地而不懼死亡的勇士心態。《水滸後傳》中，陳忱更是借水滸英雄之酒，澆自己心中壘塊。作品透過草澤英雄感念故國的言談話語，寄託了對故國消亡的無限傷感；通過英雄們把蔡京、童貫、高俅、蔡攸等賣國奸賊的懲治表達了遺民對禍國殃民之元兇的無比憎恨；通過水滸英雄對故主的支持表達了遺民對故國的無限忠誠；通過水滸英雄海外建國表達了遺民永不臣服的決心，寄寓了永盼復國的熱望。

濃郁的留戀故國、排斥滿清的民族情緒是清初遺民文學的主基調。

（二）清初史學的遺民傾向

明朝遺民對明王朝的留戀在史學上表現也非常突出，一方面是通過對明朝歷史的追憶表達對故國的眷戀，一方面是要尋找明朝滅亡的原因以求復國之路，故明末清初寫明史之風特盛。

黃宗羲是浙東史學的開創者。他首先是抗清義士，曾經毀家產紓國難，積極投入武裝抗清鬥爭，但歷經生死，迴天無力。至「海氛漸滅」[4]，復國希望均成泡影，才將精力轉移到著書立說。其學術成就是多方面的，而於史學成就猶大。抱著「國可滅，史不可滅」的宗旨，他潛心研究明史，撰寫了好幾部有關明朝歷史的巨著，《弘光實錄抄》、《行朝錄》、《海外痛哭記》收集了大量南明珍貴史料，《明文海》包容了有明一代豐富的歷史文化資料，《明儒學案》完整地保存了有明一代的學術史資料。其弟子亦多在史學方面成就卓越。除浙東史學外，此時期的私修明史幾成熱潮，出現了一批明代斷代史，張岱的《石匱書》、查繼佐的《罪惟錄》、談遷的《國榷》、傅維麟的《明書》、谷應泰的《明史紀事始末》、莊廷鑨的《明史》等，都是上乘之作。與黃宗羲史學著作相通的地方是，清朝這些私人修撰的明史從各自不同的角度反映了明朝走向衰亡的歷史，發表了個人對明朝歷史的見解，並在不同程度上表現了對明王朝的留戀，在探討明王朝滅亡原因的同時，尋求復國的出路。

（三）清初學術的遺民傾向

「華夷之辨」是以漢民族爲中心的中原文化對四夷民族的歧視，先秦典籍時有談論，《國語‧周語下》：「夫戎狄，冒沒輕儳，貪而不讓。其血氣不治，若禽獸焉。」「狄，豺狼之德也。」[5]孔子：「微管仲，吾其披髮左衽矣！」[6]孟子稱南人爲「南蠻鴃舌之人。」[7]在對四夷民族侮辱性的稱謂和對四夷服飾

不屑一顧的態度中，體現出中原民族自視優等的大民族主義心態。這當然是一種錯誤態度，於民族團結極為不利，應當予以摒棄。但是，「嚴華夷之辨」在不同歷史條件下的價值取向是不同的，當分別視之，如明末清初的這種思想就在很大程度上體現了明末遺民的愛國思想。

明王朝滅亡後，「嚴華夷之辨」成為許多清初學者眷戀明王朝的難解的心結。王夫之、顧炎武等人文化視野非常開闊，並不堅執四夷民族一定比中原民族差，但在民族興亡之時，都共同對「夷狄異類迭起以主中國」表示了強烈的憤慨，顧炎武說：

> 「素夷狄行乎夷狄」，然則將居中國而去人倫乎？非也。處夷狄之邦，而不失吾中國之道，是之謂「素夷狄行乎夷狄」也。六經所載，帝舜滑夏之《咨》，殷宗「有截」之頌，《禮記》「明堂」之位，《春秋》會盟之書：凡聖人以為內夏外夷之防也，如此其嚴也。……漢和帝時，侍御史魯恭上疏曰：夫戎狄者，四方之異氣，蹲夷踞肆，與鳥獸無別。若雜居中國，則錯亂天氣，污辱善人。夫以亂辱天人之世，而論者欲將毀吾道以殉之，此所謂悖也。孔子有言：居處恭，執事敬，與人忠，雖之夷狄，不可棄也。夫是之謂「素夷狄行乎夷狄」也。若乃相率而臣事之，奉其令，行其俗，甚者導之以為虐於中國，而藉口於「素夷狄」之文，則子思之罪人也矣。（此條不見潘耒福建所刊《日知錄》32 卷本，係黃侃據張溥泉（繼）所藏《鈔本》錄出者）

這代表了清初不願接受異族統治的漢族知識分子的共同意願。王夫之也有類似觀點，認為天下之大防有二：中國和夷狄，一可比為君子，一可比為小人。（參見《讀通鑑論》卷十四）他看不起夷狄等少數民族，認為其猛悍有餘，智巧不足（參見《讀通鑑論》卷二）甚至將四夷民族視為「禽獸」，認為不必對他們講什麼仁義道德，「欺之而不為不信，殺之而不為不仁，奪之而不為不義者也。」[8]這當然是偏見，但在明滅於清的特殊歷史環境中，恰恰能傳達出明末遺民對故國的留戀和對新建王朝的強烈牴觸情緒。這種情緒在清初學人的論述中比比皆是，如鄧漢儀《詩觀初集自序》：

> 嗟乎！此真一代之書也。當夫前朝末葉，銅馬縱橫，中原盡為荊榛，黎庶悉遭虔戮。於是乎神京不守，而廟社遂移。有志之士為之哀板蕩、痛忛離焉。此其時之一變。繼而狂寇鼠竄於秦中，列鎮

鴟張於淮甸。馴至甌閩黔蜀之間，兵戈罔靖，而烽燧時聞，此其時
為再變。[9]

以「狂寇鼠竄」「列鎮鴟張」指斥滿清入侵者，可以見出明末遺民對滿清統治
者的憤怒情懷。

這種「華夷之辨」的激烈言辭，傳達的不僅僅是明清易代的滄桑巨變給
知識分子造成的巨大心理衝擊和震撼，還傳達了易代之際的明末遺民對新建
王朝決不認同的排拒心理，傳達了他們恢復「華冠麗服」的不肯放棄的信念。

清初文學的遺民情調，清初史學的明史熱潮，清初學術的華夷之辨，都
從文化理念上與新建王朝形成異調，對清朝統治者建樹自己的文化觀念、形
成自己的統治思想、安定天下百姓之心等構成嚴重威脅，它不僅僅是引發漢
民族的不臣之心，讓清朝統治者很難進行其統治，甚至容易蠱惑起漢民族的
反叛之心，給清朝政權帶來動蕩，因而很快引起清朝統治者的注意，他們要
加強統治、維持政權，就決不能允許這種風氣繼續存在，就必須在文化政策
上採取必要的措施，扼殺明末遺民的戀明情結，於是，清朝統治者開始了嚴
酷的文化專制政策。

二、封建專制文化的極端化

為了徹底清除漢族文化中的排滿情緒，維護滿清統治者的威嚴，加強新
建王朝的統治地位，滿清統治者在文化政策上採取了各種各樣的手段。主要
有三種，一曰束縛，二曰控制，三曰封殺。

（一）在思想領域裏以程朱理學統御天下，束縛人們的思想

在中國，長期佔據統治地位的是儒家思想。清代使用的是被朱熹神聖化
了的儒學——理學。理學又稱「道學」，是變異了的儒家思想。以程頤、朱熹
為代表的程朱理學斷言「理」是離開客觀事物而獨立存在的客觀實體，理在
沒有天地之先就已經存在，「未有這事，先有這理。如未有君臣，已先有君臣
之理；未有父子，已先有父子之理。不成元無此理，直待有君臣父子，卻旋
將道理入在裏面。」[10]他們所說的「理」，是封建社會倫理綱常的極端化，所
謂「君為臣綱，父為子綱，夫為婦綱」，「存天理，滅人欲」，無非是為封建統
治者製造順民，讓人敬謹服從，失掉反省與自我，成為沒有思想、不思反抗
的木頭。程朱理學對維護現存秩序極為有益，對規範臣民行為有極大作用，
清代統治者確定以程朱理學為統治思想，還以此作為科考的主要內容，就是
要以此對各階層民眾尤其是對人進行精神上的奴役，「以理殺人」[11]，將人們

的思想緊緊束縛在以程朱理學爲中心的框子裏，規規矩矩，不思反抗。清朝統治者的聰明就在於，他們雖然也存在滿漢不平等意識，但他們不僅沒有像元朝統治者那樣將人分爲幾等，在爲官做宰等方面鄙視和淩辱漢人，而且注意吸收漢人文化的優長，注意籠絡漢人中的優秀分子，並利用漢人的思想對漢人進行統治。這樣，使漢人不僅會逐漸消除牴觸情緒，而且願意接受自己原本承認的思想的統治。清朝統治者利用這些手段，在思想領域裏形成了一統天下的格局。

（二）用行政手段控制文人思想

滿清統治者雖然採用了漢族知識分子認可的程朱理學作爲統治思想，但還有許多人仍不認同新建王朝。雖然隨著新建王朝統治的逐漸穩固，他們已對亡明故國不再心存幻想，但他們也不與新建王朝積極合作。他們散居於山間草澤，或行吟逸釣，或著書立說，行爲自由，思想各異，使清初文化異調紛呈，這同樣不利於形成一致的聲音。於是清朝統治者接受漢族大臣的建議，採用兩種手段控制文人思想：一是開科取士，二是特開「博學鴻詞科」。

開科取士是利用大規模的正規科舉活動，羅致大批文人士子加入爲清朝統治者服務的行列，使文人士子成爲他們的同道；「博學鴻詞科」是一種徵辟制度，統治者利用這種方法將那些自命爲遺老或高才、標榜孤忠或借寫詩文發泄牢騷的文人以及那些不屑參加科舉考試而隱居山林且又頗有聲望的隱士徵辟入朝，由皇帝親自授給他們一定官職，偃武修文，大規模編輯經書、字典、類書等。將明朝遺老遺少集中在一起，統一管理，既給他們找了事情做，又將他們放置在自己的監管之下，嚴格控制他們的文化動向，這在控制文人思想方面起了極大作用。康熙時期編纂的《四書講義》、《康熙字典》、《古今圖書集成》等就起了這樣的作用。

《康熙字典》是世界上最早的字數最多的字典，共收字四萬七千零三十五字，動用了當時許多著名的學者集體編纂。官修類書《古今圖書集成》共一萬卷，分六編，三十二典，六千一百零九部，集經史子集之大成，同樣耗費了大量的人力和物力。爲了避免民間私修明史風氣的繼續，也爲了形成官方對明代評價的聲音，清朝特闢「明史館」，將對明史有瞭解的人盡可能搜羅入館，黃宗羲、萬斯同、黃百家、萬言等就是幾被徵辟，黃宗羲爲氣節而堅執不受徵辟，但卻同意他的弟子萬斯同、萬貞一和他的兒子黃百家接受徵辟，進入明使館纂修明史。當然，其目的是不願意將明史的纂修全數交給清朝統

治者及其治下的明史官員，希望通過自己的努力保持明史基本準確的風貌，而且在具體的工作中他們確實起到了這樣的作用，如萬斯同以布衣參與史局，隱忍二十餘年，不受官，不受俸，住在總纂修官徐元文家，卻是實際的總纂修官，對把握明史大局起了相當重要的作用。儘管如此，他們也只能在基本史實的校訂上起一些作用，卻不能真正左右明史的基本觀點。清朝統治者通過這些方式，將文人學子嚴格控制在自己的掌握之中，使他們接受監督和限制，難以保有自己的思想。

嚴密的行政手段形成了對文人學子嚴密的監控網，為控制文人思想、為形成清王朝的統一思想提供了行政保證。

（三）大興文字獄，封殺異己思想

清初統治者畏懼漢人的民族情緒，認為這種民族意識一天不清除，清朝的統治就一天不得鞏固，而漢人的這種民族意識來源於「人文淵藪」的士子和士子所擁有的漢族文化，因此清朝統治者將封殺漢族意識的矛頭指向了士人階層，文字之禍由是而生。

清朝的文字之禍實自順治朝就已經開始，順治五年的「毛重倬坊刻製藝序案」，原因是毛重倬、胥庭清等人坊刻選文，撰寫序文未用順治年號，只用干支紀年，被認為「目無本朝，陽順陰違，逆罪犯不赦之條」[12]，與此書勘刻有關的許多人被治罪。順治朝高壓政策下受迫害的著名學者顧炎武、孫夏峰等，也曾被捕受審，黃宗羲前後四次被懸賞、緝捕，都是清廷欲形成文化專制的重要行動。

但順治朝的這種文字案還少，康熙時便有所發展。歸靜先《清代文獄紀略》記載康熙時期五大案：莊廷鑨《明史稿》案、沈大甫《江南忠義錄》案、鄒流騎《鹿樵紀聞》案、戴名世《南山集》案和陳鵬年《虎邱詩》案。這些案件有的還能算是捕風有影，可從中找出對清廷的不敬，如莊廷鑨《明史稿》案和戴名世《南山集》案。

莊案發生在康熙初年。莊廷鑨因病失明，無以為業，便以「盲史」自居，潛心搜羅明史，召集賓朋著書立說。莊氏從明代大學士朱國禎後人手裏購得朱著「明史」稿本，召賓朋修飾之，並繼續纂修天啓、崇禎兩朝史事，名曰《明書輯略》。書成，未及刊刻，莊廷鑨便因病離世。其父莊允誠傷子早逝，為之刊印。書行於世，不避清帝諱，崇禎後不寫關外年號，中多觸諱之語。歸案知縣吳知榮索詐不遂，便向朝廷告發，指責其書對清太祖努爾哈赤直呼

其名爲大不敬，丙辰至癸未（即由清太祖努爾哈赤天命元年至清太宗皇太極崇德八年）均未書清朝年號，而將南明隆武、永曆二帝視作正統，是大逆不道，遂成大獄。時莊廷鑨雖逝，仍被掘墓鞭屍。其父莊允誠被捕入獄，死於京師獄中，亦遭戮屍之辱。弟莊廷鉞及族中子孫，年十五歲以上者均被處斬，妻女被發配瀋陽爲奴。書之作序者、禮部侍郎李令晰淩遲處死。書中列名參閱者十八人，有十四人被淩遲處死。刻匠、書商、藏書者也未能幸免，一一問斬。據陸莘行《秋思草堂遺集》載，莊氏明史稿案發以後，牽連而死者七十二人，受迫害者數以百計。另據《郎潛紀聞》卷一一「盛名爲累」條載：「莊廷鉞（鑨）、朱佐明私撰明史一案，名士伏法者二百二十一人。莊朱皆故富人，卷端羅列諸名士，蓋欲藉以自重。故老相傳，此二百餘人中，多半未與編纂之役。」[13] 由此可見此案牽連之廣。

戴名世《南山集》案發生於康熙末年。當時的翰林院編修戴名世讀到清初文人方孝標的《鈍齋文集》、《滇黔紀聞》，對其中之民族情緒頗有共鳴。他將方著中的紀事、論述文字引入己著《南山集》中，在清朝已經建國後仍直稱南明三帝年號，還敘述了弘光之帝南京，隆武之帝閩粵，永曆之帝兩粵、帝滇黔的事迹。《南山集》在尤雲鶚、方正玉捐助下刊行，由汪灝，方苞作序，書板藏於著名古文家方苞處。後被左都御史趙申喬上奏康熙帝，康熙大怒，着令九卿會審，嚴查叛逆言辭，確定戴名世爲大逆罪，處斬，子孫數人並斬。時方孝標已死，仍戮屍懲處，方氏後代多人坐死。尤雲鍔、方正玉、汪灝、方苞等判絞刑，後由康熙改判爲放逐、貶謫。此案牽連數百人，震驚當時文化界。

如果說，莊廷鑨明史案確實捕風有影，沈大甫《江南忠義錄》案，鄒流騎《鹿樵紀聞》案和戴名世《南山集》案，還能夠從中找出對清廷的不敬言辭，對清廷而言，爲維護其統治，有必要進行一定的懲治（只是懲治太過了），那麼，陳鵬年的《虎邱詩》案就純粹是欲加之罪何患無辭式的案件了。陳鵬年曾經得罪江南總督噶禮，噶禮便尋機報復，因陳鵬年《虎邱詩》中有「棟花風后遊人歇，一任鷗盟數往還」的詩句，噶禮便將「鷗盟」指爲鄭經，劾奏陳鵬年與臺灣鄭經私相勾結，陳鵬年因之被削職下獄。幸有康熙明察，以爲詩人吟詠未必實有所指，才未至鑄成冤案。但由此亦可見清廷之敏感。類似的案件，實際是清廷抓住一事大做文章，殺一儆百，以懲不臣之心。

清朝的文字獄愈演愈烈，到雍正八案和乾隆十七案，大部分屬於嚴苛的

文字獄範疇。他們抓住類似「維民所止」（查嗣廷所出試題，乃《詩經・商頌・玄鳥》中詩句）是「雍正」砍頭，「奪朱非正色，異種也稱王」（沈德潛《詠黑牡丹》）是影射滿清以異族奪取朱明皇位之類的用玩文字遊戲的手段獲得的「罪證」，對文人嚴加懲治，使文人動輒得咎。文人已經完全失去了話語權力，封建專制文化達到了頂峰。

在清朝封建文化極端化的過程中，文人逐漸異化爲非文人，他們不再保有自己的思想，不再擁有思考的活力，逐漸蛻變爲官方思想、官方文化的傳聲筒。文人的才學無處施展，加之清初「經世致用」、「尊經復古」學風的引導，不少文人學子便放棄了思想的權力。因爲不敢對現實發表自己的任何見解，大部分學者將自己關進了象牙塔，成爲學術的奴隸，寄身於故紙堆中，將功夫用在了對古籍的校勘、辯僞、考據等方面，皓首窮經，皓首窮理，皓首窮史，皓首窮典。這樣一種文化狀況爲以考據爲主的乾嘉學風的形成奠定了文化基礎，這種傾向也是仇兆鰲《杜詩詳注》注重考據之功、注重忠君思想、注重以詩證史的文化底色。

參考文獻

[1] 歐陽詢，《藝文類聚》，上海古籍出版社，1965 年，頁 138。

[2] 歸莊，《歸莊文集》，中華書局，1962 年，頁 170。

[3] 沈德潛，《清詩別裁集》，浙江古籍出版社，1998 年影印本。

[4] 黃宗羲，《南雷詩曆・題素香齋小說》，清康熙刻本。

[5] 《國語・卷二・周語中》，臺灣商務印書館影印文淵閣《四庫全書》本，1986 年。

[6] 朱熹，《四書集注・論語・憲問》，中國書店，1994 年，頁 138。

[7] 朱熹，《四書集注・孟子・滕文公上》，中國書店，1994 年，頁 239。

[8] 王夫之，《船山遺書》之《讀通鑒論》卷二十八，嶽麓書社，1996 年，頁 1081。

[9] 鄧漢儀，《詩觀初集自序》，清康熙年間慎墨堂刻本。

[10] 黎德清編，《朱子語類》卷九十五，中華書局，1986 年，頁 2436。

[11] 戴震，《戴震全集》第一冊《與某書》，清華大學出版社，1991 年，頁 212。

[12] 鄭桐庵，《筆記補逸》，丁丑叢編十種本，吳縣王氏鉛印，民國 26 年〔1937〕。

[13] 《郎潛紀聞》卷一一，中華書局，1984 年，頁 236～237。

仇兆鰲超越前人的絕句觀　　吳淑玲

　　仇兆鰲注釋杜詩，以唐詩爲整體關照對象，對各種詩體之發展變化、藝術規律尤爲關注。在注釋學著作中關注詩體演變，仇兆鰲開風氣之先。《杜詩詳注》以編年排列，不易照顧詩體，但仇兆鰲爲較好地關注詩體的發展變化，總是在杜詩每一種詩體第一次出現時進行多角度關注，不僅收集歷代相關評論，亦提出自己的認識。其立足於文學發展史角度對絕句的關注，超越了元明時人，尤值得注意。

一、絕句源於漢魏古詩，聲律不必絕對化

　　絕句是一種獨立的詩體形式，不是哪一種詩體形式的附庸，自有其發展路徑。宋人不注重考察詩體流變及其特徵，有謂絕句爲「絕律」（即截律）者。馮班《鈍吟雜錄》卷三謂：「詩家常言有聯有絕，二句一聯，四句一絕。宋孝武言『吳邁遠聯絕之外無所解』是也。古人多有是語。四句之詩，故謂之絕句。宋人不知，乃云是絕律詩首尾，目不識丁之人，妄爲詩話，以誤後學，可恨之極。」[1]由此知宋人對絕句認識之粗疏。

　　對絕句的源流考察始於明，胡應麟、高棅都有獨到之見。

　　清初學者，仇兆鰲較早關注絕句的詩體流變及其特徵，他借注杜發言，在收集前人言論的基礎上強化對絕句源流的認識。《杜詩詳注》第一首絕句《贈李白》出現時，集評中大量引用胡應麟語，探討絕句淵源：

　　　　近體之攻，務先法律，絕句之構，獨主風神。此結撰之殊途也。……又曰五七言絕句，蓋五言短古、七言短歌之變也。五言短古，雜見漢魏詩中，不可勝數，唐人絕體，實所從來。七言短歌，始於垓下，梁陳以降，作者坌然。第四句之中，二韻互叶，轉換既迫，音調未舒，至唐諸子，一變而律呂鏗鏘，句格穩順，語半於近體，而意味深長過之。節促於歌行，而詠歎悠永倍之，遂爲百代不易之體。又曰：絕句之義，迄無定説，謂截近體首尾或中二聯者，恐不足憑。五言絕，起兩京，其時未有五言律。七言絕，起四傑，其時未有七言律也。但六

　　　　朝短古，概目歌行，至唐方曰絕句。[2]P43~44

對這段引述，仇兆鰲未加任何按語，可見他對於絕句的發展和流變，基本認同胡應麟之說，認爲絕句源於漢魏短古和短歌，至唐受到近體格律影響，有節促而詠歎悠永之特徵。爲強調絕句源於漢魏古詩，仇兆鰲在《絕句·江邊踏青罷》後又引高棅言論，進一步探討：

　　　　五言絕句，作自古也。漢魏樂府古詞，則有《白頭吟》、《出塞曲》、《桃葉歌》、《歡問歌》、《長干曲》、《團扇郎》等篇。下及六代，述作漸繁。唐初工之者衆，四傑尤多，宋之問、韋承慶之流，相與繼出，可謂盛矣。開元後，獨李白、王維，尤勝諸人。次則崔國輔、孟浩然，可以並駕。若儲光羲、王昌齡、裴迪、崔顥、高適等數篇，辭簡而意長，與前數公，實相羽翼。中唐雖聲律稍變，而作者接迹之盛，過於天寶。元和以後，不可得矣。[2]P874

兩大段引述仍嫌不足，又在《絕句二首》後重申對絕句來源的認識：

　　　　五言絕句，始於漢魏樂府，六朝漸繁，而唐人尤盛。[2]P1135

正是基於堅信絕句源於漢魏古詩而不是律詩附庸的認識，仇氏才堅持認爲，不講究對偶的絕句才是絕句的正體：

　　　　大約散起散結者，一氣流注，自成首尾，此正法也。」（同上）

這是仇氏不要求絕句創作堅守唐人近體詩「截律」規律的理論基礎。由此，仇兆鰲不要求絕句聲律絕對化。

　　　仇兆鰲之前的明人，特別崇尚格律。明人關於「七律第一」的爭論，實際是關於是否遵守格律的爭論。何景明、薛蕙推沈佺期《古意呈補闕喬知之》（《獨不見》）爲七律第一，基於對七律趨於規範和定型的認識；謝榛認同孔天胤推張說《侍宴龍慶池應制》爲七律第一，基於他對聲律「數改求穩，一悟得純」[3]的認識；王世貞在《藝苑卮言》中反對以《黃鶴樓》和《古意》爲「七律第一」，因爲這些詩歌從聲調上不能盡合唐律本色；胡應麟推杜甫《登高》爲古今七律第一，是因爲這首詩「氣象雄蓋宇宙，法律細入毫芒」[4]P90，既關注氣格，又照顧格律；明末胡震亨否定《黃鶴樓》、《古意》，並花較多筆墨指出杜律可議之處，更見對格律的精推細求，等等。明代的唐詩選本也大多崇尚格律，如《唐律類抄》的編輯者蔡雲程在自序中說：「自《風》《雅》《騷》《選》之迭變，至唐人始以律名家，於體爲近，於詞爲精，於法度森整之中，而格律雄渾，意興超逸，斯亦善之善乎？」[5] 高廷禮的《唐詩正聲》更是以

講究聲律純完爲己任。明中葉顧璘批點的楊士弘《唐音》也主要是關注音律，《唐雅》的編輯者胡纘宗則在序言中明示以「協」「諧」二字爲選詩標準，完全是以聲調品評詩歌。明代對聲律的堅守是一以貫之的。

　　仇兆鰲生於明末，學習仕宦於清初，熟稔明代積習，卻不囿於前人觀點。他既肯定律化的絕句，也肯定並未律化的古體絕句。這種聲律雙軌並存的現象，與他認爲絕句來源於漢魏古辭、至唐而眾體皆備的觀點相吻合：

> 　　有全首聲律謹嚴不爽一字者，如白居易《竹枝詞》云「瞿塘峽口冷煙低，白帝城頭月向西。唱到竹枝聲咽處，寒猿晴鳥一時啼」，賈島《渡桑乾》云「客舍并州已十霜，歸心日夜憶咸陽。無端更渡桑乾水，卻望并州是故鄉」。有平仄不諧而近於七古者，如李白《山中問答》云「問余何意棲碧山，笑而不答心自閒。桃花流水杳然去，別有天地非人間」，韋應物《滁州西澗》云「獨憐幽草澗邊生，上有黃鸝深樹鳴。春潮帶雨晚來急，野渡無人舟自橫」。有平仄未諧而並拈仄韻者，如君山老父聞吟云「湘中老人讀黃老，手援紫藟坐碧草。春至不知湖水深，日暮忘卻巴陵道」，李洞《繡嶺宮》云「春草萋萋春水綠，野棠開盡飄香玉。繡嶺宮前鶴髮翁，猶唱開元太平曲。」有首句不拈韻腳而以仄對平者，如王維《九日憶兄弟》云「獨在異鄉爲異客，每逢佳節倍思親。遙知兄弟登高處，遍插茱萸少一人。」《戲題磐石》云「可憐磐石臨泉水，復有垂楊拂酒杯。若道春風不解意，何因吹動落花來。[2]P1144~1145 （《絕句四首》）

在仇兆鰲所列舉的詩例中，從聲律角度進行考察，大多違反「截句」聲律規律，如有平仄不諧而近於七古者，平仄未諧而並拈仄韻者，首句不拈韻腳而以仄對平者等，仇氏對此考索甚清，而他的前提是「唐人諸法畢備，皆當參考，以取眾家之長。」[2]P1144 也就是說，他對不合「截律」規則的古體不僅沒有任何懷疑，還堅持提倡之，這是對明人死守律呂的反動。

　　對於絕句首句是否用韻，他也是採取寬泛的處理原則，《夔州十絕句》尾部仇氏語：

> 　　唐人七絕，多從首句拈韻，如李太白、王龍標諸作盡然。杜詩有對起而不用韻者，如「落落出群非櫸柳，青青不朽豈楊梅」是也。有散起而不用韻者，「憶昔咸陽都市合，山水之圖張賣時」是也。唐詩如盧照鄰「日觀仙雲隨鳳輦，天門瑞雪照龍衣」，亦是對起無韻。

劉長卿「天書遠召滄浪客，幾度臨岐病未能」，又是散起無韻。楊用
修謂劉詩起句尤奇。[2]P1306

仇兆鰲很清楚唐人絕句以首句入韻為基本規律，但對於首句不入韻，他用楊
用修的「起句尤奇」表示了欣賞的態度。

仇兆鰲的這些認識很有意義，不惟破了宋人「截句」之說，唐絕句首句
要入韻的規矩，而且給絕句指點了更大的創作空間。

二、為律變後絕句的四種寫法命名

仇兆鰲承認絕句源於漢魏古詩，亦認同胡應麟關於絕句入唐後律化的觀
點，認為入唐以後，五律、七律的聲律、對仗等格式定型，絕句亦受其影響，
有部分絕句呈現律化特徵，故不廢宋人「絕律」之說。

仇兆鰲之前，元人大約在宋人影響下接受「絕律」之說，稱其為「截句」，
且有準確概括。傅與礪《詩法源流》：「絕句者，截句也。後兩句對者，是截律
詩前四句；前兩句對者，是截律詩後四句；四句皆對者，是截律詩中四句；四
句皆不對者，是截律詩前後四句。」[6]P679 但仇兆鰲似乎沒有見到《詩法源流》
和《歷代詩話》。《杜詩詳注》引書，或出書名，或出人名，卻未曾提及這兩部
著作，估計是未得抄本。《杜詩詳注》顯示，仇兆鰲接受的是楊慎的影響。但他
所引楊慎之說，只有截律詩「中四句」一種，其它則是在楊慎之說啓發下所進
行的進一步研討。他從具體詩例裏獲得了四種截句法，並為之命名：

> 升菴所引，此一體也（指四句皆對，取律詩中四句者）。唐人諸
> 法畢備，皆當參考，以取眾家之長。凡絕句散起散結者，乃截律詩
> 首尾，如李白《春夜洛城聞笛》云「誰家玉笛暗飛聲，散入春風花
> 滿城。此夜曲中聞折柳，何人不起故園情」，張繼《楓橋夜泊》云「月
> 落烏啼霜滿天，江楓漁火對愁眠。姑蘇城外寒山寺，夜半鐘聲到客
> 船」是也。有對起對結者，乃截律詩中四句，如張仲素《漢苑行》
> 云「回雁高飛太液池，新花低發上林枝。年光到處皆堪賞，春色人
> 間總未知」，王烈《塞上曲》云「紅顏歲歲老金微，砂磧年年臥鐵衣。
> 白草城中春不入，黃花戍上雁長飛」。有似對非對者，如張祜《胡渭
> 州》云「亭亭孤月照行舟，寂寂長江萬里流。鄉國不知何處是，雲
> 山漫漫使人愁」，張敬忠《邊詞》云「五原春色舊來遲，二月垂楊未
> 掛絲。即今河畔冰開日，正是長安花發時」，是也。有散起對結者，
> 乃截律詩上四句，如李白《上皇西巡歌》云「誰道君王行路難，六

龍西幸萬人歡。地轉錦江成渭水，天回玉壘作長安」，李華《春行寄興》云「宜陽城下草萋萋，澗水東流復向西。芳草無人花自落，春山一路鳥空啼」；有對起散結者，乃截律詩下四句，如李白《東魯門泛舟》云「日落沙明天倒開，波搖石動水縈回。輕舟泛月尋溪轉，疑是山陰雪後來」，雍陶《韋處士郊居》云「滿庭詩景飄紅葉，繞砌琴聲滴暗泉。門外晚晴秋色老，萬條寒玉一溪煙」，是也。[2]P1144（《絕句四首》）

四種截法簡括而言就是：截律詩首尾，可以沒有對句，稱爲「散起散結」；截律詩中四句，四句皆對，稱爲「對起對結」；截律詩上四句，前兩句不對，後兩句對，稱爲「散起對結」；截律詩下四句，前兩句對，後兩句不對，稱爲「對起散結」。

　　仇兆鰲所概括之截句方式俱從具體詩例裏來，而獲得結果與傅與礪完全一致，可見其對絕句藝術研究之深、之透。且仇兆鰲所概括，規律整齊，名稱準確精到，易於口誦和記憶。《杜詩詳注》康熙年間已有刻本，《歷代詩話》成書後「二百餘年竟無刻本」（《歷代詩話》初刻本劉承乾跋語），應該說，在清代，仇注之影響當較《歷代詩話》爲大，至今講絕句的截律術語，其實沿用的正是仇氏之說（參見周嘯天《唐絕句史》，頁 45～47）。今提截律之法不言仇氏，可能因爲後人見到較早說法而認同前人，亦可能因爲仇氏注杜多引他人言論，自己成績反被淹沒。

三、對杜甫有意改變絕句風範的嘗試給予肯定

　　絕處生姿、專主風神是唐絕句的最具代表性的特點，故前人一般認爲絕句的正體是風華流麗、圓潤自然一類，而杜甫成就主要在律詩，絕句創作，多認爲其成就平平，故有不屑於杜甫絕句者。如申涵光曾說：

　　　絕句，以渾圓一氣，言外悠然爲正，王龍標其當行也。太白亦有失之輕者，然超軼絕塵，千古獨步。惟杜詩別是一種，能重而不能輕，有鄙俚者，有板澀者，有散漫潦倒者，雖老放不可一世，終是別派，不可效也。李空同處處摹之，可謂學古之過。「恰似春風相欺得，夜來吹折數枝花」，語尚輕便。「莫思身外無窮事，且盡生前有限杯」，似今小說演義中語。「糝徑楊花鋪白氈」則俚甚矣。[2]P792

　　此爲批評杜甫絕句並非當行本色，仇兆鰲大段引錄，似有認同之意，其實不然。

　　從仇兆鰲提倡的「一氣流注」「自成首尾」[2]P1135 的絕句寫作原則看，他也認同風華流麗、圓潤自然是絕句的正體，而且他認為杜甫有能力創作標高唐絕之作，如《虢國夫人》、《贈花卿》、《江南逢李龜年》等。《贈花卿》結尾仇氏語：「此詩風華流麗，頓挫抑揚，雖太白、少伯無以過之。」[2]P847 可見仇兆鰲對杜甫絕句之讚賞程度。《三絕句·楸樹》後引楊慎語：「楸樹三絕句，格調既高，風致又韻，眞可一空唐人。」[2]P897《江南逢李龜年》後引黃生語：「此詩……見風韻於行間，寓感慨於字裏，即使龍標、供奉操筆，亦無以過。」[2]P2061 也能說明他對杜甫正體絕句創作水平的欣賞。

　　但仇兆鰲有更寬廣的學術視野。《江南逢李龜年》所引黃生語後另有幾句：

　　　　乃知公於此體，非不能爲正聲，直不屑耳。有目公七言絕句爲

　　　別調者，亦可持此解嘲矣。[2]P2061

這幾句話，雖爲引用他人語，卻不可輕易放過。仇兆鰲在《凡例》裏曾明言引黃生語爲引其所長，也即所引黃生語皆仇氏認同之說，亦即仇兆鰲同於黃生，認爲《虢國夫人》、《贈花卿》、《江南逢李龜年》等可以證實杜甫創作正體絕句的實力，杜甫只是「直不屑」於這樣進行寫作罷了。當然，從今天看來，「不屑」未必符合杜甫創作心態，因爲杜甫從來不輕視別人的創作，但此語指出了杜甫有意創作「別調」絕句的意圖，這實際也正指出了杜甫在絕句上的創新。

　　對於杜甫在絕句上的創新，仇兆鰲之前的學人除清初黃生曾經給與隻言片語的讚賞外，基本沒有讚賞的聲音，而仇兆鰲注釋杜詩，一直用心關注杜甫絕句的變化，且多從絕句發展史的角度表示贊同。這種力排眾議的學術見解，不僅見出了仇兆鰲獨到的學術眼光，而且顯示了超人的學術勇氣。他對杜甫絕句的創新主要從三個方面給予了肯定：

　　其一，對杜甫將議論筆調帶進絕句給予了充分的肯定。「盛唐絕句重抒情，主情景，使人神遠」[7]P205，但杜甫的《戲爲六絕句》不主情景，而專爲議論。以詩論詩，杜甫不是第一個，東晉的樂府短歌、李白的五古都曾出現過，但在絕句裏以詩論詩，杜甫確是第一個，而且這種形式對後人如元好問等影響很大。在絕句體詩講究抒情寫景、獨主風神韻致的時代，杜甫的做法沒有獲得過認同。同時代及後人讚美唐絕句，都以李白、王昌齡、王維等的絕句創作爲佳，絕少讚賞杜甫絕句者，而仇氏明確指出：「少陵絕句，多縱橫跌宕，能以議論擴其胸臆。氣格才情，迥異常調，不徒以風韻姿致見長矣。」

[2]P902 仇氏指出以議論入絕句異於「常調」、可以「攄其胸臆」的特點，可見仇氏對杜甫用絕句大發議論的詩作持讚賞態度。

其二，肯定杜甫俗語入絕句和拗體寫絕句。杜甫入蜀後，有一段時間寫作絕句較多，其中一個很重要的原因可能是生活的需要。那時他的詩名很好，書法亦不錯，而資用短少，於是他把絕句作為交際的手段，通過詩歌，以風趣幽默而又不失風雅的方式向朋友和一些有錢人求助。大約因為與生活貼得太近，杜甫絕句中出現了很多生活化的語言，甚至有些作品因為使用方言而成為拗體，可謂大乖絕句風範。然而，「盛唐絕句，音調自然婉轉、跌宕悠揚，諧於唇吻」[7]P207，因此而有人譏諷杜甫為村夫俗子。仇兆鰲卻不這樣看，在《夔州歌十絕句・五》後仇氏言：

> 杜詩「瀼東瀼西一萬家，江北江南春冬花」，詠村居景物，而語涉拗體，白玉蟾詩云：「山後山前鳩喚婦，舍南舍北竹生孫」，則調逸而意更新矣。[2]P1304~1305

「調逸而意更新」，可見仇兆鰲已經注意到杜甫絕句的別樣風神。他一反前人對杜甫絕句的村夫俗子之論，對杜甫用俗語入詩、嘗試拗體絕句表示欣賞，這在杜詩評議上是第一次。

其三，肯定杜甫以絕句敘事的創新意義。《喜聞盜賊總退，口號五首》是絕句的又一個另類，其最大變異是，杜甫將以抒情寫景為主的短小絕句用來記事。絕句只有四句，離首即尾，用以敘事非常艱難，故此，杜甫之前絕無用絕句敘事的先例，而杜甫卻敢於衝破前人藩籬。仇兆鰲不僅發現了杜甫絕句的這一變異，而且特別讚賞這一組詩的「另開手眼」：

> 詩以絕句記事，原委詳明，此唐絕句中，另開手眼者。」[2]P1860

「另開手眼」其實就是「開闢新的寫作路徑」、「不拘於前人」、「大膽創新」等的同意語。這是從文學發展史的角度認識問題，不死守固有的創作路數，對杜詩推動詩歌變化的創作給予了肯定。

杜甫的絕句，衝破了傳統絕句的藩籬，而這種衝破又似乎是杜甫有意為之，從杜甫的一些以《戲為×××》為題的絕句看，這種推測應該不差。前人不解杜甫「頗學陰何苦用心」（杜甫語）的創作意圖，而對杜甫的良苦用心給予否定，辜負了杜甫的努力。而仇兆鰲不認同對杜甫絕句的普遍否定態度，並從不同角度肯定杜甫絕句的創新價值，這是對「子美集開新世界」（王禹偁語）的又一種闡釋，不僅對研究唐絕句的變化有篳路藍縷之功，而且有助於

進一步認識杜甫的文學史價值。

　　由上觀之，仇兆鰲立足於文學發展史角度對絕句的研究，眼界開闊，觀念疏放，結論不拘於舊說，對後人有深刻影響，其成就不容埋沒。

參考文獻

[1] 馮班，《鈍吟雜錄》〔M〕，上海：上海古籍出版社，1987 年影印四庫全書本，第 886 冊。

[2] 仇兆鰲，《杜詩詳注》〔M〕，北京：中華書局，1979 年。

[3] 謝榛，《詩家直說・卷三》，李慶立、孫慎之箋注本〔M〕，濟南：齊魯書社，1987 年。

[4] 胡應麟，《詩藪・內編・卷五》〔M〕，北京：中華書局，1959 年，頁 90。

[5] 蔡雲程，《唐律類抄》〔M〕，嘉靖刻本。

[6] 吳景旭，《歷代詩話・卷六十七》〔M〕，上海：上海古籍出版社，1987 年影印四庫全書本第 1483 冊。

[7] 周嘯天，《唐絕句史》〔M〕，重慶：重慶出版社，2006 年。